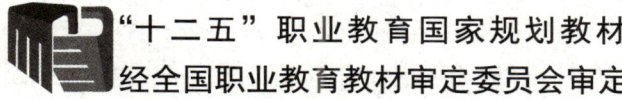

高等职业教育新形态系列精品教材

仓储管理实务
（第4版）

庄佩君　范芳芳　主　编
马仁锋　方　诚　冯锦军　副主编
陈　良　吴健富　林若萍　高　妞　参　编

电子工业出版社

Publishing House of Electronics Industry

北京·BEIJING

内 容 简 介

本教材以"任务引领、项目驱动、教学做合一、理实一体"为编写思路和指导思想,将仓储企业的典型工作项目转换为学习项目,设计了仓储中心规划设计、仓储设施设备及配置、货物入库作业、货物出库作业、货物在库保管作业、仓储经营管理,以及仓储成本核算与绩效评估七大学习项目。每个学习项目根据需要又设计了若干个引导任务驱动的学习任务。学习内容不仅涵盖了仓储操作层面和流程层面的知识和技能,而且涵盖了仓储经营和管理层面的知识和技能,真正实现了与仓储职业岗位的无缝对接。

本教材既可作为高等院校物流管理专业的教学用书,也可供有志从事仓储管理工作的人士及企业物流管理人员自学、提高使用。

未经许可,不得以任何方式复制或抄袭本书之部分或全部内容。
版权所有,侵权必究。

图书在版编目(CIP)数据

仓储管理实务 / 庄佩君,范芳芳主编. —4 版. —北京:电子工业出版社,2024.6
ISBN 978-7-121-37912-3

Ⅰ. ①仓… Ⅱ. ①庄… ②范… Ⅲ. ①仓库管理—高等学校—教材 Ⅳ. ①F253

中国版本图书馆 CIP 数据核字(2019)第 259255 号

责任编辑:潘 娅
印　　刷:三河市良远印务有限公司
装　　订:三河市良远印务有限公司
出版发行:电子工业出版社
　　　　　北京市海淀区万寿路 173 信箱　　邮编:100036
开　　本:787×1 092　1/16　印张:17.25　字数:453 千字
版　　次:2005 年 3 月第 1 版
　　　　　2024 年 6 月第 4 版
印　　次:2025 年 2 月第 2 次印刷
定　　价:59.00 元

凡所购买电子工业出版社图书有缺损问题,请向购买书店调换。若书店售缺,请与本社发行部联系,联系及邮购电话:(010)88254888,88258888。
质量投诉请发邮件至 zlts@phei.com.cn,盗版侵权举报请发邮件至 dbqq@phei.com.cn。
本书咨询联系方式:(010)88254573,zyy@phei.com.cn。

前言

本教材编写团队深刻领悟习近平新时代中国特色社会主义思想，增强政治意识和大局意识，重视教材建设中的国家事权，紧密围绕国家战略需求开展本教材的建设，为党和国家培养人才；结合专业特点，在教材内容上落实国家意志，开展课程思政，坚定道路自信、理论自信、制度自信和文化自信。

为了贯彻党的二十大精神，本教材的建设始终围绕国家战略需求。随着"一带一路"倡议的实施，我国沿海和内地经济迅猛发展，现代物流业市场广阔，相应职业人才的需求量增加。仓储是现代物流的重要组成部分，也是社会物质生产的基本保障。现代仓储能有效解决供需之间和不同运输方式之间的矛盾，提供创造场所价值和时间效应的机会，在物流系统中起着缓冲、调节和平衡作用。有效的仓储管理对于保证社会再生产的顺利进行和提高生产率有着极其重要的意义。

为了落实党的二十大报告中所要求的科教兴国战略和人才强国战略，服务于高质量教育体系建设，编写团队在本教材第 3 版的基础上进行修订，尽全力提高教材质量。本教材自 2005 年首版以来，得到了广大师生的高度认可和欢迎。这次修订更关注党的二十大报告中所要求的"着力造就拔尖创新人才"，以培养学生的仓储管理职业行动能力为核心，以仓储管理的工作过程为主线，采用"任务引领、项目驱动"的方式安排教材内容，通过"教师引导、学生主导、教学做合一、理实一体"的方式进行教学，极大地调动学生的学习兴趣和主动性，使教师好教、学生乐学。

这次修订在结合学科特点、与职业教育有机融合的基础上贯彻党的二十大精神。编写团队听取了一线应用型学校教师的建议：一是方便教师的"教"和学生的"练"，对每个学习任务提供学习情况自评表，以方便学生对学习情况进行自我检查与评价；二是增加仓储经营管理学习项目，丰富和完善教材内容；三是针对危险品、冷藏品和医药商品等特种货物的仓储管理知识与技能，提供更为详细的讲解，以拓展学生的就业领域和提高学生的岗位适应能力；四是根据教育部职业技能的考试要求，对每个学习项目中涉及的技能考试要点进行梳理、提炼，促进课堂教学内容与职业技能证书考核内容的融通。同时，编写团队对仓储企业进行了深入调研，对本教材从结构到内容进行了适当的调整。

为实现党的二十大报告中所提出的"办好人民满意的教育"的目标，为党和国家培养社会发展和企业发展迫切需要的人才，本版教材在编写形式上将仓储企业的典型工作项目转换为学习项目，以此为主线，以"任务引领、项目驱动、教学做合一、理实一体"为编写思路和指导思想，将理论教学与实践教学有机地结合起来，以项目教学为主，将理论知识的教学穿插在项目教学中。修订后的教材除保留了原教材的主要特色外，还呈现出如下新特色。

1. 多校联合和校企合作。教师编写团队成员来自应用型本科院校宁波大学科学技术学院、国家"双一流"高校宁波大学、浙江交通职业技术学院等多个教育层次的高校。这些院校的物流管理专业为省市特色建设专业或全国骨干院校重点建设专业。编写团队调研了多家仓储企业，请教了多位仓储业一线专家。包括上海医药物流中心有限公司、浙江万达仓储有限公司和宁波舟山港股份有限公司在内的多家企业对本版教材的编写给予了大力支持，提供了素材和咨询建议。校企合作指将仓储企业实际工作和运营融入教材中，使教材内容更加贴近仓储企业实际，确保教师教的和学生学的都是企业最需要的，真正做到和企业岗位的零距离对接。

2. 在内容构建上，做好高质量教育体系的基础保障，为科教兴国战略、人才强国战略和创新驱动发展战略提供重要支撑。本次修订较好地处理了高职仓储管理教材和应用型本科仓储管理教材在知识、技能上的衔接和贯通，呼应了教育部关于职教人才多层次培养的理念和精神。修订后的教材，理论知识难易适度，符合培养高技能、应用型仓储管理人才的需要；设计的学习项目中有操作层面的技能项目（基础技能）、流程层面的技能项目（业务技能）和经营层面的技能项目（综合技能）；将物流相关职业技能证书考试中的仓储知识和技能较好地融入教材中，且在每个学习项目后都系统梳理了"职业考证要点"，将学历教育与职业技能等级考试相结合，实现了学历证书和职业技能证书的双证融通。修订后的教材，不仅有仓储操作知识和技能、仓储业务管理知识和技能，而且有经营计划、经营方法、成本核算和绩效管理等仓储经营管理方面的知识和技能，满足了高层次仓储管理人才培养要求；不仅有普通货物的仓储管理知识和技能，而且有特种货物的仓储管理知识和技能，涵盖的知识、技能更加全面，使学生更能适应未来的就业需要。此外，修订后的教材引入了仓储业的创新实践内容，如保税仓库、海外仓、虚拟仓库和融通仓等，教材内容与时俱进，推陈出新。

3. 在教材呈现形式上，注重活泼的编写体例与丰富的栏目。"想一想，议一议"有助于引导学生进行思考，调动学生的学习主动性；"知识链接""知识拓展""小提示"开阔了学生的视野，拓宽了学生的知识面，提升了学生的知识层次；"文、图、表"的有机结合使内容与知识形象化，让学生好学易记。

4. 体现专业课思政教育特点，坚定"四个自信"，保障立德树人。每个学习项目中都提供了"思政指导"，从多个方面融入思政教育：从专业性着眼，将思政教育整合在仓储专业知识案例和行业文化中，融入教学理论知识讲解中；从社会主义核心价值观着眼，使学生在掌握专业知识的基础上，能够树立正确的价值观和职业观，培养敬业精神和职业道德；从创新性着眼，仓储业在设施设备和经营模式上有许多创新，譬如用云仓储、保税仓库、海外仓和无人机等视频激发学生的专业自豪感、专业和岗位情感、爱国情怀，锻炼学生的专业想象力和创新能力；从工作专业流程着眼，培养学生树立工匠精神的意识，敬业、精益、专注的品质，以及责任感。

本教材由宁波大学科学技术学院庄佩君教授全面负责。庄佩君和范芳芳担任主编，宁波大学马仁锋教授、浙江交通职业技术学院方诚教授、山西经济管理干部学院冯锦军副教授担任副主编，参与编写工作的还有宁波大学科学技术学院陈良、高妞和广西工业职业技术学院吴健富、漳州职业技术学院林若萍。兼任宁波顺圆物流有限公司副总经理的周甫宾教授和宁波舟山港股份有限公司的徐峰高级工程师也为本教材的编写做出了很多贡献。

在本教材的编写过程中，编写团队参考、引用了学术界同仁的有关著作、教材和案例等，在此一并表示衷心的感谢！由于编写水平有限，不足之处在所难免，敬请广大读者批评指正。

编者

目 录

项目1 仓储中心规划设计 ... 1

任务1 仓库选址与布局模式选择 ... 1
一、仓库选址 ... 2
二、仓库布局模式 ... 9

任务2 仓库主要参数设计 ... 13
一、仓库规模的确定 ... 14
二、仓库数量的确定 ... 14
三、仓库储存区域面积的确定 ... 15
四、仓库主体结构的确定 ... 16
五、仓库建筑物主要参数的确定 ... 17

任务3 仓库布局设计 ... 20
一、仓库总平面布置 ... 21
二、货区布置 ... 22
三、仓库内非保管场所布置 ... 25
四、装卸平台设计 ... 26

任务4 仓库货位编号 ... 30
一、货位编号的要求 ... 31
二、货位编号的方法 ... 32

实践与思考1 ... 37

项目2 仓储设施设备及配置 ... 39

任务1 仓储设施设备 ... 39
一、装卸搬运设备 ... 39
二、保管设备 ... 55
三、自动化立体仓库 ... 61

任务2 仓储作业设备配置 ... 65
一、计算配置系数 ... 66

仓储管理实务（第 4 版）

　　二、计算设备配置的数量 67

实践与思考 2 70

项目 3　货物入库作业 71

任务 1　入库货物的接运与验收 71
　　一、货物的接运 72
　　二、货物的验收 74

任务 2　入库货物的编号 83
　　一、流水号编号法 84
　　二、数字分段编号法 84
　　三、分组编号法 85
　　四、实际意义编号法 85
　　五、后数位编号法 85
　　六、暗示编号法 86

任务 3　入库货物的货位安排 88
　　一、货位安排应遵循的原则 92
　　二、货位安排的方式 94
　　三、货位储存策略 96

任务 4　入库货物的装卸搬运 98
　　一、货物的分类 100
　　二、装卸搬运活性分析 101
　　三、确定搬运方式 102
　　四、装卸搬运工艺设计与组织 104
　　五、装卸搬运作业注意事项 106

任务 5　入库货物的堆存 108
　　一、货垛占地面积、可堆层数的确定 109
　　二、堆存的基本方法 110
　　三、垛形与码垛 116
　　四、货垛的"五距"要求 121
　　五、特殊货物的堆存要求 122

任务 6　入库货物的苫垫 124
　　一、苫盖 125
　　二、垫垛 127

任务 7　入库货物的手续办理 129
　　一、立卡 131

目录

    二、登账 132
    三、建档 132
    四、签单 133
  实践与思考 3 137

项目 4 货物出库作业 **143**
  任务 1 货物出库作业流程 143
    一、货物出库的依据 145
    二、货物出库的程序 145
  任务 2 货物出库过程中发生的问题及其处理 152
    一、出库凭证（提货单）上的问题及处理 153
    二、提货数与实存数不符的问题及处理 153
    三、串发货和错发货及处理 154
    四、包装破漏及处理 154
    五、漏记账和错记账及处理 154
  实践与思考 4 157

项目 5 货物在库保管作业 **159**
  任务 1 货物在库养护作业 159
    一、控制好仓库的温湿度 160
    二、防止储存货物霉腐 167
    三、做好金属制品的防锈与除锈 169
    四、防治仓库虫害 170
    五、抓好在库货物的安全管理 170
    六、搞好仓库卫生 174
    七、加强日常在库检查 175
  任务 2 货物在库盘点作业 179
    一、盘点作业的内容 181
    二、盘点作业的步骤 181
  实践与思考 5 189

项目 6 仓储经营管理 **191**
  任务 1 仓储经营计划 191
    一、仓储经营计划体系与指标体系 193
    二、仓储经营计划的编制依据 195
    三、仓储经营计划的制订程序 196

仓储管理实务（第4版）

  任务2 仓储经营方法 199
    一、保管仓储经营 200
    二、混藏仓储经营 201
    三、消费仓储经营 202
    四、仓库租赁经营 203
    五、流通加工经营 204
    六、仓储经营的新形式 205
  任务3 仓储合同 210
    一、仓储合同的形式与格式 211
    二、仓储合同的种类 212
    三、仓储合同的主要条款 213
    四、仓储合同当事人的义务 217
    五、仓储合同的变更及解除 219
    六、仓储合同的违约责任和免责 220
  实践与思考6 224

项目7 仓储成本核算与绩效评估 226

  任务1 仓储成本核算 226
    一、仓储成本的要素及构成 227
    二、仓储成本的计算方法 229
    三、降低仓储成本的措施 231
  任务2 仓储绩效评估 234
    一、仓储绩效评估的作用 236
    二、仓储绩效评估的指标体系 236
    三、仓储绩效评估的方法 240
  实践与思考7 246
    一、几组数据 247
    二、几件小事 247

附录 249

  附录A 仓储管理制度（范例） 249
  附录B 仓库主要岗位工作职责及操作流程 251
  附录C 包装储运指示标志一览表 261
  附录D 危险品包装指示标志一览表 263

参考文献 267

Project 1 项目 1 仓储中心规划设计

Mission 任务 1 仓库选址与布局模式选择

 知识要点

- ◆ 仓库选址应考虑的因素
- ◆ 仓库选址的步骤
- ◆ 仓库选址方案的评估方法

 能力培养

学生能够运用本任务所介绍的知识和方法，根据给定的条件，完成仓库选址并确定仓库的布局模式。

 任务背景

上海 MB 仓储有限公司有一个大客户，该客户拥有两个工厂 P_1 和 P_2，工厂 P_1 生产甲种产品，工厂 P_2 生产乙种产品。该客户刚刚开辟了三个新市场 M_1、M_2、M_3，为了及时、低成本地满足这三个市场的需求，该客户要求上海 MB 仓储有限公司在工厂和三个市场之间建立一个新仓库，用来集中储存两个工厂生产的产品。工厂和市场的空间分布坐标如图 1-1 所示。工厂 P_1 的总运输量为 2500 t/h，平均运费率为 0.055；工厂 P_2 的总运输量为 3000 t/h，平均运费率为 0.055；市场 M_1 同时需要甲、乙两种产品，总运输量为 3000 t/h，平均运费率为 0.080；市场 M_2 同时需要甲、乙两种产品，总运输量为 1500 t/h，平均运费率为 0.080；

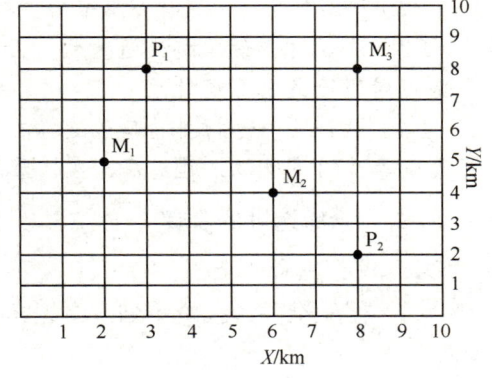

图 1-1　工厂和市场的空间分布坐标

市场 M_3 同时需要甲、乙两种产品，总运输量为 2000 t/h，平均运费率为 0.080。试着为该公司寻找一个使运输费用最少的单一仓库的大概位置。

任务分析

仓储是在特定的场所储存货物的行为，这一行为不仅能使货物得到符合市场和客户需求的有效处理，如储存、保管、包装、拼装、分类等，而且通过高质量的仓储作业和服务，能给仓储企业带来增值利益。此外，良好的仓储作业与管理还是生产、生活连续性的重要保障。因此，从整个物流过程来看，仓储是整个物流过程的基础环节之一。仓储的作用是通过仓库这一载体来发挥的，因为在物流系统中，仓库是重要的组成部分之一，也是分布最广、数量最多的物流节点，它是连接生产者和消费者的纽带。仓库的位置直接影响到货物的流转速度和流通费用，并关系到仓储企业对客户的服务水平和服务质量，最终影响到仓储企业的利润。为了有效利用仓库，提高仓库的存货能力和周转速度，使仓库的作业有条不紊地进行，必须对仓库进行合理的选择与规划。

任务实施

一、仓库选址

（一）仓库选址应考虑的因素

在仓库的实际选址中，应该综合考虑以下因素。
（1）客户条件，指客户需求情况及未来可能发生变化的情况。
（2）自然条件，指该地区有无阻碍仓库建设的特殊的自然条件。
（3）运输条件，指现有的交通设施及对各种运输方式是否许可。
（4）用地条件，指地价或地租是否高昂及有无可以利用的旧库房。
（5）法律政策条件，指仓库的建设是否符合当地法律规定及当地的税收状况。

小提示

特殊储存品种的仓库选址应注意的事项

（1）果蔬食品仓库在选址时应选择入城干道处，以免因运输距离过长造成商品损耗过大。
（2）冷藏品仓库应选择在屠宰场、加工厂附近，由于设备噪声较大，因此应选择在城郊。
（3）建筑材料仓库因流通量大，占地多，防火要求严格，有些还有污染，所以应选择在城市周边的交通干线附近。
（4）燃料及易燃材料仓库应选择在有独立的地段且气候干燥、风大的郊外，并且应选择大风季节的下风位，远离居民区，最好在地势低洼处。

（二）仓库选址的步骤

1. 调查准备

（1）组织准备。投资策划方组织相关的工程技术人员、系统设计人员和财务核算人员成立一个专门的工作小组。
（2）技术准备。投资策划方根据拟建仓库的任务量大小和拟采用的储存技术、作业设备对仓库需占用的土地面积进行估算，通过调查了解仓库所处地区的自然环境、协作条件、交通运输网络等资料。

（3）现场调查。现场调查的主要任务是具体考察拟建仓库地点的实际情况，为提出选址报告掌握第一手资料，并进行综合分析，确定多个备选地。

2. 提出选址报告

仓库选址报告应该包括以下内容。

（1）选址概述。这部分要简明扼要地阐述选址工作组的组成、选址工作进行的过程、选址的依据和原则，简单介绍几个可供选择的地点，并推荐一个最优方案。

（2）选址要求及主要指标。这部分要说明为了适应仓储作业的特点、完成仓储生产任务，备选地应满足的基本要求，简述各备选地满足要求的程度，列出选址的主要指标，如仓库总占地面积、仓库储存能力、仓库职工总数、水电需用量等。

（3）选址说明及平面图。这部分说明仓库的具体方位，四周距主要建筑物及大型设施的距离，附近的地形、地貌、地物等，并画出区域位置图。

（4）建设时占地及拆迁情况。这部分要说明仓库建设占地范围内的耕地情况、拆迁户数及人口数，估算征地和拆迁费用。

（5）当地地质、地震、气象和水文情况。这部分包括备选地的地质情况、地震强度、气温、降水量、汇水面积、历史洪水水位等。

（6）交通及通信条件。这部分要说明备选地的铁路、公路、水运及通信的设施条件和可利用程度。

（7）地区协作条件。这部分要说明备选地供电、供水、供暖、排水等协作关系，以及职工福利设施共享的可能程度。

（8）方案对比分析。这部分要对提出的几个备选地，依照已经确定的原则和具体指标进行对比分析，分析每个仓库选址方案的利弊得失。

（三）仓库选址方案的评估

1. 确定单一仓库地址

1）为现有用户确立一个仓库

问题定义如下：给出现有仓库位置、新仓库和现有仓库之间的运输量，确定使总运输费用最少的最优选址方案。这里的运输费用是以运输距离乘以运输量来确定的。

（1）直角选址模型。求解空间是一个工厂、仓库或城市，根据线路结构，当物质移动以直角形式进行时最适合此模型。现有仓库 A 坐标 (x,y) 和新仓库 P 坐标 (a,b)，它们之间的直角距离为 $d(A,P)$，定义如下：

$$d(A,P) = |x-a| + |y-b|$$

当有 m 个现有仓库时，每个现有仓库和新仓库有一运输量 ω_j，使总位移最小的新仓库选址问题可表示如下：

$$\min \sum \omega_j(|x_j - a| + |y_j - b|) = \min \sum \omega_j |x_j - a| + \min \sum \omega_j |y_j - b|$$

上式可分解为两个单独最小化问题，得到下面两个公式：

$$\min f(x) = \min \sum \omega_j |x_j - a|$$

$$\min f(y) = \min \sum \omega_j |y_j - b|$$

为了能够简易地确定新仓库的坐标，可假设上式的最优解满足下面两个特性。

第一，新仓库的 x 坐标将和某一现有仓库的 x 坐标相同，新仓库的 y 坐标也和某一现有仓库的 y 坐标相同，但新仓库的 (x,y) 坐标与现有仓库 (x,y) 的坐标不同时一致。

第二，新仓库的 x 坐标（y 坐标）的最优位置是一个中间位置，不超过一半的运输量在新仓库位置的左边（y 坐标的下边），同时不超过一半的运输量在新仓库位置的右边（y 坐标的上边）。

在一般情况下，这两个假设可以得到满足。对于特殊情况，如三点一线问题、处于圆周上的点等，应具体问题具体分析，不一定按上述方法来确定。

（2）加权因素法。在选址过程中要考虑的因素有很多，但是总有一些因素比另一些因素更重要，决策者要判断各种因素孰轻孰重，从而使评估更接近现实。这种方法有以下几个步骤。

第一，对选址涉及的非经济因素赋以不同的权重，权重大小为 1～10 或 1～100。

第二，对各因素就每个备选场址进行评级，共分为 5 组，用 5 个字母 A、E、I、O、U 表示。各级别分别对应不同的分数，A=4 分、E=3 分、I=2 分、O=1 分、U=0 分。

第三，将某因素的权重乘以其对应级别的分数，得到该因素所得分数，将各因素所得分数相加，分数最高者为最佳仓库选址方案。

$$v(j) = \sum \omega(i) \times s(i,j)$$

式中，$v(j)$——加权评分；
$\omega(i)$——因素 i 的权重；
$s(i,j)$——地点 j 在因素 i 上的打分。

加权因素法举例如表 1-1 所示。

表 1-1　加权因素法举例

考虑因素	权重	各因素等级和分数/分			
		M 选址	N 选址	P 选址	Q 选址
场址位置	9	A/36	E/27	I/18	I/18
面积和外形	6	A/24	A/24	E/18	U/0
地势和坡度	2	O/2	E/6	E/6	I/6
风向和日照	5	E/15	E/15	I/10	I/10
铁路接轨条件	7	I/14	E/21	I/14	A/28
施工条件	3	I/6	O/3	E/9	A/12
同城市规划关系	10	A/40	E/30	E/30	I/20
合计		137	126	105	94

（3）重心法。重心法是单设施选址中的常用模型。这种方法中选址因素只包含运费率和该点的货物运输量，在数学上被归纳为静态连续选址模型。

设有一系列点 $i=1,2,\cdots,k$ 分别代表供应商位置和需求地位置，各自有一定量的货物需要以一定的运费率运往待定仓库或从仓库运出，那么仓库应该处于什么位置？

计算方法如下：

$$\min TC = \sum_{i=1}^{k} V_i R_i D_i$$

式中，TC——总运输成本；
V_i——选址仓库至 i 点的运输量；
R_i——到 i 点的运费率；
D_i——从拟新建仓库到 i 点的距离。

$$D_i = \sqrt{(x-x_i)^2 + (y-y_i)^2}$$

式中，x、y——新建仓库的坐标；
x_i、y_i——供应商和需求地位置坐标。

需要注意的是，场址的选择涉及多方面的因素，不可能通过简单的计算确定。由重心法计算出的场址不一定是合理的地点，如计算出的位置已有建筑物或有河流经过，不能建仓库。另外，采用重心法确定的距离是直线距离，这在大多数情况下是不合理的。所以用重心法求出的解比较粗糙，它的实际意义在于能为选址人员提供一定的参考，当不同选址方案在其他方面与之相差不多时，可以考虑选择与重心法计算结果接近的方案。

（4）因次分析法。因次分析法指将经济因素（成本因素）和非经济因素（非成本因素）按照相对重要程度统一起来。

设经济因素和非经济因素重要程度之比为 $m:n$，经济因素的相对重要性为 M，则

$$M = \frac{m}{m+n}$$

相应的非经济因素的相对重要性为 N，则

$$N = \frac{n}{m+n}$$

且有 $M+N=1$。

2）确定经济因素的重要性因子

设有 k 个备选场址，c_i 为备选场址 i 的各种经济因素所反映的货币量之和，c_j 为所有备选场址的各种经济因素所反映的货币量之和，则用其倒数表示如下：

$$\frac{1}{c_j} = \sum_{i=1}^{k} \frac{1}{c_i}$$

那么在 k 个备选场址中，备选场址 i 的经济因素重要性因子 T_{ji} 为

$$T_{ji} = \frac{1}{c_i} \bigg/ \left(\sum_{i=1}^{k} \frac{1}{c_i} \right)$$

此处取成本的倒数进行比较，是为了和非经济因素相统一。因为非经济因素越重要，其指标越大，而经济因素成本越高，经济性越差。所以取倒数进行比较，计算结果大者则经济性好。

3）确定非经济因素的重要性因子

非经济因素的重要性因子 T_f 的计算分为 3 个步骤。

（1）确定单一非经济因素对于不同备选场址的重要性。具体来说，就单一非经济因素将备选场址进行两两比较，令较好的比例值为 1，较差的比例值为 0。将各方案的比例除以所有方案所得比例之和，得到单一非经济因素 d 相对于不同场址的重要性因子 T_{di}，则用公式表示如下：

$$T_{di} = \frac{W_i}{\sum_{i=1}^{k} W_i}$$

式中，T_{di}——单一非经济因素对于备选场址 i 的重要性因子；

W_i——第 i 个方案就单一非经济因素所获得的比例值；

$\sum_{i=1}^{k} W_i$——单一非经济因素对于所有备选场址 i 的总比例和。

（2）确定各因素的权重比率。在所有非经济因素中，对于不同的非经济因素 j，确定其权重比率 G_j。G_j 的确定可以用两两相比的方法，也可以由专家根据经验确定，所有因素的权重比率之和为 1。

（3）将单一非经济因素的重要性因子乘以其权重，将各种因素的乘积相加，得到所有非经济因素对候选场址 i 的重要性因子 T_{fi}。其公式为

$$T_{fi} = \sum_{j=1}^{n} G_d T_{di}$$

式中，T_{di}——非经济因素 i 对备选场址的重要程度；

G_d——经济因素 d 的权重比率；

n——非经济因素的数目。

4）确定选址的重要性指标

将经济因素的重要性因子和非经济因素的重要性因子按重要程度叠加，得到选址 i 的重要性指标 C_i：

$$C_i = MT_{ji} + NT_{fi}$$

式中，C_i——选址 i 的重要性指标；

T_{ji}——选址 i 的经济因素重要性因子；

T_{fi}——选址 i 的非经济因素重要性因子；

M——经济因素的相对重要性；

N——非经济因素的相对重要性。

【例 1-1】 某公司拟建一座仓库，有三处选址 A、B、C，不同经济因素的生产成本如表 1-2 所示，非经济因素主要考虑政策法规、气候因素和安全因素。就政策法规而言，A 地最宽松，B 地次之，C 地最严格；就气候因素而言，A 地、B 地气候对比相平，C 地次之；就安全因素而言，C 地最好，A 地最差。据专家评估，三种非经济因素比例为 0.5、0.4 和 0.1。请用因次分析法确定最佳场址。

表 1-2 不同经济因素的生产成本一览表

单位：万元

经济因素	生产成本		
	A	B	C
原材料	300	260	285
劳动力	40	48	52
运输费用	22	29	26

续表

经济因素	生产成本		
	A	B	C
其他费用	8	17	12
总成本	370	354	375

【解】

第一步，确定经济因素的重要性因子 T_j。

$$\frac{1}{c_1} = \frac{1}{370} \approx 2.703 \times 10^{-3}$$

$$\frac{1}{c_2} = \frac{1}{354} \approx 2.825 \times 10^{-3}$$

$$\frac{1}{c_3} = \frac{1}{375} \approx 2.667 \times 10^{-3}$$

则

$$\sum_{i=1}^{3} \frac{1}{c_i} = 8.195 \times 10^{-3}$$

$$T_{jA} = \frac{1}{c_1} \bigg/ \left(\sum_{i=1}^{3} \frac{1}{c_i}\right) = \frac{2.703 \times 10^{-3}}{8.195 \times 10^{-3}} = \frac{2.703}{8.195} \approx 0.330$$

同理

$$T_{jB} = \frac{2.825 \times 10^{-3}}{8.195 \times 10^{-3}} = \frac{2.825}{8.195} \approx 0.345$$

$$T_{jC} = \frac{2.667 \times 10^{-3}}{8.195 \times 10^{-3}} = \frac{2.667}{8.195} \approx 0.325$$

第二步，确定非经济因素的重要性因子 T_f。

首先确定单一非经济因素的重要性因子 T_d。

政策法规比较、气候因素比较、安全因素比较情况及各因素汇总情况分别如表1-3~表1-6所示。

表1-3　政策法规比较表

选址	两两相比			比例和	T_d
	A和B	A和C	B和C		
A	1	1		2	2/3
B	0		1	1	1/3
C		0	0	0	0

表1-4　气候因素比较表

选址	两两相比			比例和	T_d
	A和B	A和C	B和C		
A	1	1		2	2/4
B	1		1	2	2/4
C		0	0	0	0

表 1-5　安全因素比较表

选　　址	两两相比			比 例 和	T_d
	A 和 B	A 和 C	B 和 C		
A	0	0	—	0	0
B	1	—	0	1	1/3
C	—	1	1	2	2/3

表 1-6　各因素汇总表

因　　素	选　　址			权　　重
	A	B	C	
政策法规	2/3	1/3	0	0.5
气候因素	2/4	2/4	0	0.4
安全因素	0	1/3	2/3	0.1

第三步，计算各场址非经济因素重要性因子 T_f。

$$T_{fA}=2/3\times0.5+2/4\times0.4\approx0.533$$

$$T_{fB}=1/3\times0.5+2/4\times0.4+1/3\times0.1\approx0.4$$

$$T_{fC}=2/3\times0.1\approx0.067$$

第四步，计算特定选址的经济因素和非经济因素合成的重要性指标 C_t。

$$C_t = MT_j + NT_f$$

假定经济因素和非经济因素同等重要，则

$$M=N=0.5$$

$$C_{tA}=0.5\times0.330+0.5\times0.533=0.4315$$

$$C_{tB}=0.5\times0.345+0.5\times0.4=0.3725$$

$$C_{tC}=0.5\times0.325+0.5\times0.067=0.196$$

根据以上计算，A 场址重要性指标最高，故选 A 作为建厂场址。

2. 确立多个仓库地址

多仓库选址指的是在存在 m 个现有仓库的情况下，为多于一个的新仓库进行选址，同时新仓库（如 n 个新仓库）需服务于现有仓库。当 $m=n$ 时，只需在每个现有仓库旁建一个新仓库即可；当 $m>n$ 时，需要考虑开放连续解空间和运输费用，为现有工厂和市场服务的新仓库选址，为拼车装货网络建立散装站。这个问题虽然很复杂，且解决方法并不完善，但精确法、多重心法、混合整数线性规划法、模拟法、启发法还是具有参考价值的。下面以基于聚类的方法来说明这个问题。

m 代表客户区域的数量，即每个客户区域现有一个仓库；n 代表新仓库的数量。聚类模型有两步：第一步，将 m 个客户区域按它们距离接近的程度分成 n 组；第二步，每组中新仓库的最佳位置通过使用中线或重心法确定。当新仓库数量没有预先制定时，可用合适的聚类方法确定分组的数量，这个数量等于所需的新仓库的数量。

【例 1-2】某公司要建 2 个仓库以满足市场需求，客户区域分为 4 个地区。表 1-7 给出了地区位置及需求量。

表 1-7　地区位置及需求量

客户区域	位置坐标	需求量/个	运费率
1	(3,8)	5000	0.04
2	(8,2)	7000	0.04
3	(2,5)	3500	0.095
4	(0,4)	3000	0.095

【解】

在这个例子中，$m=4$，$n=2$。第一步，把现有仓库通过最近距离聚类方法聚类成两组，用距离作为相似系数。这里用直角矩阵来形成表 1-8 所示的距离相似矩阵。

表 1-8　距离相似矩阵

	客户 1	客户 2	客户 3	客户 4
客户 1	0	11	4	7
客户 2	11	0	9	4
客户 3	4	9	0	5
客户 4	7	4	5	0

应用最近距离聚类方法产生下面两组。1 组：客户区域 1 和 3。2 组：客户区域 2 和 4。

至此，本例子就有两个单一仓库选址问题，第一个在客户区域 1 和 3 中选址，第二个在客户区域 2 和 4 中选址。服务于 1 组的新仓库的最佳位置在客户区域 3，因为这样可最大限度地节省运输费用，同样，服务于 2 组的新仓库的最佳位置在客户区域 4。因此，两个仓库分别位于客户区域 3 和 4。

知识链接

仓库选址的标准

（1）有利于降低运输费用。为此，要考虑客户的地址、订货量及购买频率。发货作业频繁的，仓库的位置一般应选择在靠近主干线的地方，即为最大卸货量或最频繁卸货的卸货点位置，与配送点的距离最短。

（2）有利于提高客户服务水平。仓库应设立在有利于缩短交货时间、提高交货速度的地方。

（3）选址要与仓库数量相配合。仓库的合适数目与地理位置是由客户、制造点与产品要求决定的。

二、仓库布局模式

在对仓库选址做出全面分析之后，企业应先找出影响仓库位置的主要因素，然后针对这些因素选择仓库布局的模式。

（一）辐射型仓库布局模式

辐射型仓库布局模式是指仓库位于许多客户的一个居中位置，产品由此中心向各方向的客户运送，形如辐射状。它适用于客户相对集中的经济区域，或者仓库是运输主干线中的一个转运站时的情况。这种仓库布局模式如图 1-2 所示。

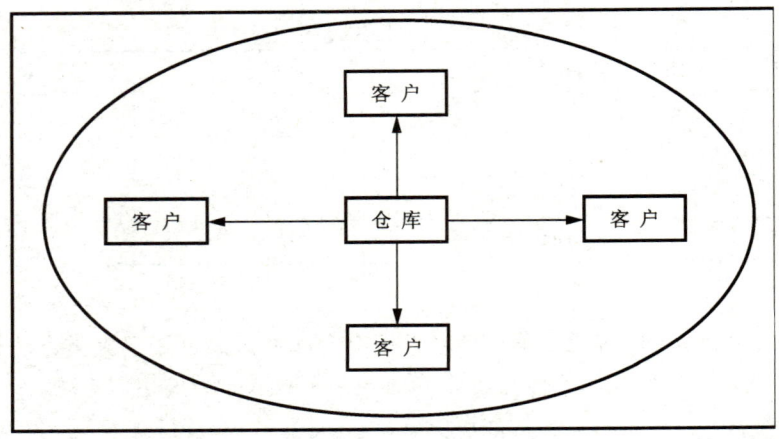

图 1-2 辐射型仓库布局模式

(二) 扇形仓库布局模式

扇形仓库布局模式是指产品从仓库向一个方向运送,仓库的辐射方向与主干线上的运送方向一致。客户在运输主干线上且距离较近,客户位置恰好是仓库合理运送区域的情况,适合采用这种布局模式,如图 1-3 所示。

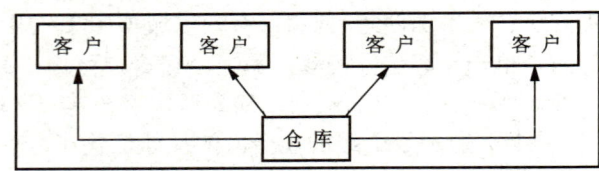

图 1-3 扇形仓库布局模式

(三) 吸收型仓库布局模式

吸收型仓库布局模式是指仓库位于许多货主的某一居中位置,货物从各个生产据点向此中心运送,形成吸收。这种仓库大多在集货中心所处的位置,与各货主的位置距离较近,这种仓库布局模式如图 1-4 所示。

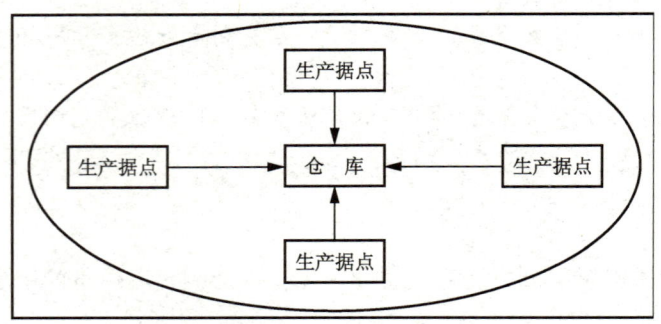

图 1-4 吸收型仓库布局模式

(四) 聚集型仓库布局模式

聚集型仓库布局模式类似于吸收型仓库布局模式,但处于中心的不是仓库,而是一个生产企业密集的经济区域,四周分散的是仓库而不是货主或客户。这种模式适合经济区域中生产性企业十分密集、不可能设置若干仓库的情况,如图1-5所示。

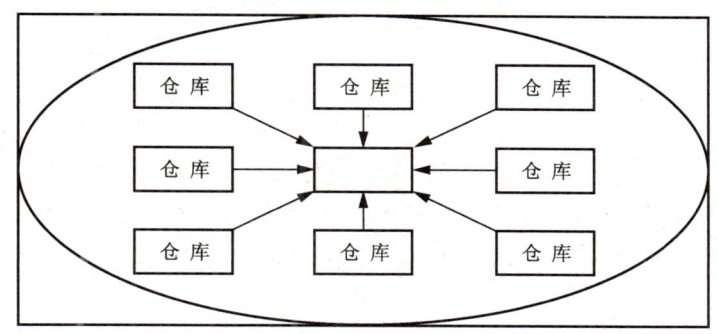

图1-5 聚集型仓库布局模式

想一想,议一议

四种仓库布局模式分别有哪些优点?请结合示例来分析这些布局模式所适用的情况。

知识拓展

仓库选址的原则

1. 适应性原则

仓库的选址要与国家及地区的产业导向、产业发展战略相适应,与国家的资源分布和需求分布相适应,与国民经济及社会发展相适应。

2. 协调性原则

仓库的选址应将国家的物流网络作为一个大系统来考虑,使仓库的设施设备在区域分布、物流作业、生产力、技术水平等方面相互协调。

3. 经济性原则

仓库选址要保证建设费用和物流费用最低,比如是选定在市区、郊区,还是靠近港口或车站等,既要考虑土地费用,又要考虑将来的运输费用。

4. 战略性原则

战略性原则指仓库选址时要有大局观,一是要考虑全局,二是要考虑长远。决策者要有战略眼光,坚持局部利益服从全局利益,眼前利益服从长远利益,用发展的眼光看问题。

5. 可持续发展原则

可持续发展原则主要指在环境保护上充分考虑长远利益,维护生态环境,促进城乡一体化发展。

 同步练习

思考题

1. 储备型仓库主要经营国家或所在地区的中、长期储备物品。一般应设置在城市的什么位置呢?

2. 转运型配送中心大多经营倒装、转载或短期储存的周转类商品,大都使用多式联运方式,因此一般应设置在城市的什么位置?

3. 国内某著名的体育用品公司在华北地区的北京、天津、唐山、沧州和石家庄设有分店。因业务需要，该公司拟在华北地区建一个配送中心为上述分店送货。请问在这种情况下，配送中心的布局模式应该选用哪种？

计算题

某家电产品仓库选址，有三个备选方案 H、I、J，经济因素如下表，另外在选址的时候还考虑非经济因素，如当地竞争能力 a、劳动力的可获得性 b 和周围环境安全 c 是否适合家电产品储存等。对于竞争能力，J 最强，I、H 持平；对于劳动力的可获得性，H 比 I 好，J 最好；对于环境安全，I 最好，其次为 J，最后是 H。如果各个非经济因素的重要性指数 a、b、c 依次为 0.5、0.3、0.2，请使用因次分析法评定最佳的仓库选址方案。

因　　素	生产成本/千元		
	H	I	J
工资	260	230	248
运输费用	185	203	190
租金	75	83	91
其他费用	10	9	22

 引导任务操作提示

第一步，计算每千米运费单价。
第二步，计算 X 坐标运费。
第三步，计算 Y 坐标运费。
第四步，填制表 1-9。

表 1-9　引导任务的案例相关数据

i	X_i（km）	Y_i（km）	V_i（t）	R_i [美元/（t·km）]	V_iR_i （美元/km）	$V_iR_iX_i$ （美元）	$V_iR_iY_i$ （美元）
1-P_1							
2-P_2							
3-M_1							
4-M_2							
5-M_3							
合计					P_0	P_x	P_y

第五步，根据上述计算结果，利用公式 $X_0=P_x/P_0$ 和 $Y_0=P_y/P_0$ 可计算出新建仓库的坐标。

 学习情况自评表

班级：　　　　姓名：　　　　学号：　　　　组别：

序　号	评价内容	分值/分	实际得分/分
1	引导任务的操作方法选择得当	5	
2	引导任务的计算过程和步骤详细、正确	35	

续表

序　号	评价内容	分值/分	实际得分/分
3	引导任务的结果正确	10	
4	工作计划表填写规范	5	
5	能在规定的时间内完成引导任务	5	
6	不迟到、不早退、不缺课	5	
7	课堂表现好，积极参加讨论	20	
8	撰写的学习报告内容正确、完整，有自己的心得体会	15	
合　　计		100	

Mission 任务 2　仓库主要参数设计

 知识要点

- ◆ 确定仓库规模的方法
- ◆ 确定仓库储存区域面积的方法
- ◆ 仓库的主体结构
- ◆ 确定仓库建筑物主要参数的方法

 能力培养

学生能够运用本任务所介绍的知识和方法，根据给定的条件，完成为仓库确定应占的储存区域面积。

 任务背景

上海 XC 仓储有限公司是 2023 年 7 月 1 日成立的新公司，主要提供食品、粮油、服装、牙膏、肥皂、洗发液、洗衣粉、洗洁精、酒类、饮料等日用百货的仓储服务。公司预测，年业务量大约能达到 $3.25×10^8$ t，每笔业务平均库存期为 30 天，公司占地面积为 95m×68m，办公面积需 600m²，主要的作业设备是货架、1.5t 的前移式电动叉车、小推车、1.140m×1.140m 的托盘等。

（1）假设仓库单位有效面积平均承载能力为 2.5t/m²，储存区域面积利用系数为 0.4，年有效工作日为 300 天，那么，该公司需要建多大的仓库？其中储存区域面积应为多少？仓库的主要技术参数如何设计？

（2）假设该公司采用托盘平置堆码，平均每个托盘堆码货物量为 0.1256t，作业通道占仓库储存区域面积的 35%，那么，该公司需要建多大的仓库？其中储存区域面积应为多少？仓库的主要技术参数应如何设计？

（3）假设该公司采用托盘多层叠堆，每个托盘平均可码放 16 箱货物，托盘在仓库内可堆码 4 层，那么，该公司需要建多大的仓库？其中储存区域面积应为多少？仓库的主要技术参数应如何设计？

（4）假设该公司采用托盘货架储存，货架为 6 层，每个托盘占用一个货格，每个货格放入货物后的左右间隙和前后间隙均为 4cm，每个托盘可码放 16 箱货物，那么，该公司需要建多大的仓库？其中储存区域面积应为多少？仓库的主要技术参数应如何设计？

任务分析

仓库是根据人们从事货物储存活动的功能需要，按照货物对储存环境的要求而建立的储存场所，具有调节供需、衔接运输、流通加工等功能。因此，建立多大的仓库，以及需要考虑哪些技术参数才能使建立的仓库既满足储存业务的需要，又能达到安全、经济、合理的要求，是仓库规划中必须考虑的重要问题。

任务实施

一、仓库规模的确定

直接影响仓库规模的因素是货物的储存量。货物的储存量越大，所需建设仓库的容量也就越大，仓库的规模势必随之增大，只有准确预测货物储存量，才可能正确地估计所需要的仓库容量。仓库规模的大小不但取决于货物储存量，而且与货物储存时间有关。在货物储存量不变的情况下，货物在仓库里的平均储存时间越短，所需要的仓库容量就越小，因此，在确定仓库的规模之前，必须仔细地搜集有关货物储存量和货物储存时间两方面的资料。货物储存量与仓库容量之间存在客观的比例关系，准确确定仓库规模，不但要求能够准确地预测货物储存量，而且要求根据货物储存量与货物储存空间占用之间的比例关系，正确计算仓库容量。货物性能、包装、保管要求、仓库设施、设备情况和仓库管理水平等影响二者的比例关系。因此，必须对这些因素做大量、细致的调查分析，摸清规律，这样才能较为准确地计算出仓库规模。

另外，在对仓库规模进行整体设计的时候，要遵循以下原则：

（1）安全第一，即要保证仓储作业、货物保管、人员等方面的安全，满足保卫、消防工作的要求；

（2）防止重复装卸搬运、迂回运输，最大限度地减少用地，充分利用仓库面积、仓库设施和机械设备；

（3）既能满足当前需求，又符合长远发展，要有利于未来仓库的扩建。

二、仓库数量的确定

仓库数量的确定主要受成本、客户服务水平、中转和储存等不同货类所占的比例、单个仓库的规模、信息化水平等因素的影响。

在一定范围内，所建仓库的数量越多，单个仓库覆盖的服务面积越小，这样仓库能更快地服务到客户，使客户服务水平提高，仓储服务销售损失的机会成本变低，但随之上升的是仓库运营的成本。在服务区域内，若中转货物所占的比例大，长期储存货物所占的比例小，则可以少建仓库或建规模小一些的仓库；反之，需要多建仓库或建规模大一些的仓库。仓库的信息化水平高，能实现快速作业和货物的周转，对缩小仓库面积有帮助，反之需要更大面积的仓库。

三、仓库储存区域面积的确定

仓库储存区域面积指货架、料垛实际占用面积，其计算方法有如下几种。

（一）荷重计算法

荷重计算法是一种常用的计算方法，是根据仓库有效面积的单位面积承重能力来确定仓库储存区域面积的方法。

储存区域面积=全年货物储存量/单位有效面积的平均承重能力×
（货物平均储存天数/年有效工作日数）×（1/储存区域面积利用系数）

用公式符号表示为

$$S = (Q/q) \times (T/T_0) \times (1/a)$$

式中，S——储存区域面积（m^2）；
　　　Q——全年货物储存量（t）；
　　　T——货物平均储存天数（天）；
　　　q——单位有效面积的平均承重能力（t/m^2）；
　　　a——储存区域面积利用系数（实用面积与使用面积的比率，%）；
　　　T_0——年有效工作日数（天）。

（二）托盘尺寸计算法

若货物储存量较大，并以托盘为单位进行储存，则可先计算出存货实际占用面积，再考虑叉车存取作业所需通道面积，这样就可以计算出储存区域的面积了。

1）托盘平置堆码

若货物以托盘为单位置于地面上以平置堆码的方式储存，则计算储存区域面积所需考虑的因素有货物数量、托盘尺寸、通道等。假设托盘尺寸为 $P \times P$（m^2），由货物尺寸及托盘尺寸算出平均每托盘堆码货物箱数 N。若仓库的平均存货量为 Q，则存货面积 D 可通过以下公式计算。

存储面积=（平均存货量/平均每托盘堆码货物箱数）×托盘尺寸

用公式符号表示为

$$D = (Q/N) \times (P \times P)$$

计算储存区域面积还需考虑叉车存取作业所需通道面积，一般通道占全部面积的30%～35%。假设取值35%，则储存区域面积 A 为

$$A = D/(1-35\%)$$

2）托盘多层叠堆

若货物以托盘为单位多层叠堆于地面上，则计算储存区域面积需考虑货物尺寸、货物数量、托盘尺寸、堆码层数和高度，以及通道等因素。

假设托盘尺寸为 $P \times P$（m^2），由货物尺寸及托盘尺寸算出平均每托盘堆码货物箱数 N，托盘在仓库内的堆码层数为 L。若仓库的平均存货量为 Q，则存货面积 D 可通过以下公式计算。

存货面积=[平均存货量/（平均每托盘堆码货物箱数×堆码层数）]×托盘尺寸

用公式符号表示为

$$D=[Q/(N×L)] × (P×P)$$

计算储存区域面积还需考虑叉车存取作业所需通道面积。

3）托盘货架储存

若使用托盘货架来储存货物，则存货占地面积与空间的计算除了考虑货物尺寸、货物数量、托盘尺寸、货架形式、货格尺寸及货架层数，还需考虑所需的通道的面积。

假设货架层数为 L，每托盘占用一个货格，每货格放入货物后的左右间隙尺寸为 P'，前后间隙尺寸为 P''，每托盘约可码放 N 箱货物。若公司平均存货量为 Q，存货面积为 D，那么

每层所需托盘货位数=平均存货量/（平均每托盘堆码货物箱数×货架层数）

$$=Q/(N×L)$$

存货面积=每层所需托盘货位数×托盘货位尺寸

$$=\frac{Q}{N×L}×[(P+P')×(P+P'')]$$

由于货架储存系统具有分区特性，每区由两排货架及存取通道组成，因此由基本托盘占地面积加上存取通道面积，才是实际储存区域面积，其中存取通道面积需视叉车是否做直角存取或仅为了通行而定。

想一想，议一议

应根据哪些主要因素来确定仓库的储存区域面积？

四、仓库主体结构的确定

（一）基础

建筑物的基础部分根据建筑物重量、地面的耐压强度及土质条件，采用预制混凝土桩或现浇混凝土桩进行建筑。基础桩的数量根据建筑物重量和桩的耐压强度确定。

（二）骨架构成

梁和主椽构成支撑屋顶的骨架，柱、中间柱或墙壁构成框架的骨架，支撑地板及地板龙骨构成地板的骨架。仓库建筑物由上述骨架形成主结构，其中，柱的间隔、柱的位置会直接影响仓库的使用效果。

（三）柱

仓库内如果有柱子，就会减小仓库容量并影响装卸，因此，应尽量减少柱子。但当平房仓库中梁的长度超过25m时，建无柱仓库有困难，而应设梁间柱——仓库就成为有柱结构仓库。在开间方向上的壁柱，虽然按柱的粗细，每隔5~10m设一根，但由于这个距离仅和门的宽度有关，且库内不设柱子，因此和梁间柱相比，壁柱在设柱方面比较简单。但是，开间方向上的柱间距必须和墙、防火墙的位置，以及门、库内通道的位置和天花板的宽度等相匹配。只有在不得已的情况下，多层仓库才采用库内有柱的结构，不同结构适宜的柱间距不同：钢筋混凝土结构的柱间距为6~8m，钢架、钢筋混凝土混合结构的柱间距为8~10m，预应力钢筋混凝土结构的柱间距为15m。实际上，多层仓库的柱间距进深方向多为4~8.5m，开间方向多为5~11.5m。

（四）出入库口

出入库口的位置和数量由建筑物的主体结构、进深长度、出入库次数、库内货物堆码形式及通道设置等因素决定。例如，面积为1500m²的一般仓库，可以设4个出入库口。普通仓库宽度、高度的尺寸多为3.5～4m。出入库口的开启方式多为拉门式、开启式及卷帘式三种。

（五）墙壁

在设计内墙时，要特别注意防火墙的问题。如果不具备设置自动喷水灭火装置等必要防火设备的条件，或者在扣除灭火装置设备的那一部分的面积后，总面积仍超过1500m²，则必须设防火墙。在这种情况下，防火墙的中间部分要设通道，必须通过防火门在各区域间来往，使这个区域成为独立的场所。外墙则包括地板、楼板和门。外墙必须是防火结构或简易耐火结构。

（六）屋顶

屋顶的构造主要考虑屋顶的倾斜度，即斜坡。当屋顶为人字形木屋架时，一般坡度为1/10～3/10。在容易有积雪的地方，坡度可大一些，根据需要还可设防雪板。对于屋顶材料，平房仓库可采用镀锌板、大波石棉瓦、长尺寸带色铁板。

（七）地面

地面的构造主要考虑地面的耐压强度，一般平房仓库地面的耐压强度为2.5～3t/m²，也有的是3～3.5t/m²。随着多层仓库层数的增加，地板的承受载荷能力会减小。地面的载荷能力取决于保管货物的重量、所使用的装卸机械的总重量及楼板骨架的跨度。通常，平均每平方米承载3t是一个大致的标准。为防止地面磨损、龟裂和剥离，施工时应采取适当的方法，最好采用喷射混凝土并结合抹板加工的方法。其他特殊的施工方法包括人造石铺装、真空混凝土并结合金属抹板加工等。

（八）窗

仓库窗的主要作用是采光。窗的种类有高窗、地窗、天窗等，为了防盗、防漏雨和排水，一般采用高窗。不同建筑物窗的尺寸不同，但多为0.6m×1.3m、0.6m×2m、1m×2m等，且大多设在较高的位置。

五、仓库建筑物主要参数的确定

仓库建筑物主要参数指仓库建筑物的长度和宽度（长宽比）、层数、高度、占地面积、梁间距、容积、允许库容量、站台、库房门窗尺寸等。以下主要介绍前三个参数。

（一）仓库长度和宽度的确定

在库房面积一定的条件下，只要确定长度或宽度中的一个变量，另一个变量即可确定。库房的宽度一般用跨度表示，通常由储存货物的堆码形式、库内道路、装卸方法、理货方法，以及是否需要中间柱等决定。

（二）仓库层数的确定

从建筑费用、装卸效率、地面利用率等方面衡量，建平房仓库最佳；如果仓库面积很有限，则可建多层仓库。

(三)仓库高度(或层高、梁下高度)的确定

仓库高度取决于库房的类型、储存货物的品种和作业方式等因素。层高或梁下高度由托盘堆码高度、托盘货架高度、叉车及运输设备等决定。

知识链接

如何规划仓库高度

在储存空间中,仓库的有效高度也被称为梁下高度,其值在理论上是越高越好,但实际上受货物所能堆码的高度、叉车的扬程、货架高度等因素的制约,库房太高有时反而会增加成本及减少建筑物的楼层数,因此要合理设计库房的有效高度。

储存空间梁下有效高度计算公式:梁下有效高度=最大举升的货高+梁下间隙尺寸。

由于不同货物的储存方式、堆垛搬运设备的种类对库房有效高度的要求不一样,加之要考虑仓库的消防、空调、采光等因素,因此在进行库房的有效高度设计时,应根据货物的存储方式、堆垛搬运设备等因素,采用不同的计算方式。

1. 采用地面层叠堆码时,梁下有效高度的计算

算例:货高 H_A=1.3m,堆码层数 N=3 层,货叉的抬货高度 F_A=0.3m,梁下间隙尺寸 a=0.5m,求最大举升货高与梁下有效高度。

最大举升货高 $H_L=N×H_A+F_A=3×1.3+0.3=4.2$(m)

梁下有效高度 $H_e=N×H_A+F_A+a=3×1.3+0.3+0.5=4.7$(m)

2. 采用货架储存时,梁下有效高度的计算

算例:货架高度 H_r=3.2m,货物高度 H_A=1.3m,货叉的抬货高度 F_A=0.3m,梁下间隙尺寸 a=0.5m,求最大举升货高与梁下有效高度。

最大举升货高 $H_L=H_r+H_A+F_A=3.2+1.3+0.3=4.8$(m)

梁下有效高度 $H_e=H_r+H_A+F_A+a=3.2+1.3+0.3+0.5=5.3$(m)

小提示

立体仓库总体尺寸的确定

确定立体仓库总体尺寸的关键是确定货架的总体尺寸,也就是货架的长、宽、高的尺寸,当货格尺寸确定后,只要知道货架的排数、列数、层数和巷道宽度,即可计算出其总体尺寸。

长度 L=货格长度×列数;

宽度 B=(货格宽度×2+巷道宽度)×排数/2;

高度 $H=H_0+H_i$,其中 H_0 为底层高度,$H_i(i=1,2,…,n)$ 为各层高度,共 n 层;

巷道宽度=堆垛机最大外形宽度+(150~200mm)。

值得注意的是,总体尺寸的确定除了取决于上述因素,还受用地情况、空间、投资情况和自动化程度的影响,故设计者需要根据具体情况和实际经验来综合考虑、统筹设计,而且在设计过程中需要不断地修改和完善。

知识拓展

双货位货格仓库空间的计算

货架是仓库中最常见的存储设备。对于货架货位内的空间计算,应以一个货格为计算基准,一般的货格可存放两个托盘,图1-6为储存区域面积的计算方法。

相关符号说明如下。

P_1：货格宽度。

P_2：货格长度。

Z：每个货架区的货格数（每个货格含两个托盘空间）。

W_1：叉车直角存取的通道宽度。

W_2：货架区侧向通道宽度。

A：货架使用平面面积。

B：储存区域内货架总存货面积，即货架使用总面积。

S：储存区域总平面面积。

Q：平均存货需求量。

L：货架层数。

N：平均每托盘码放货物箱数。

D：存货所需的基本托盘地面空间。

则：

货架使用平面面积 $A=(P_1\times 4)\times(P_2\times 5)=4P_1\times 5P_2$

货架总存货面积 $B=$货架使用平面面积$\times$货架层数$=A\times L$

储存区总平面面积 $S=$货架使用平面面积+叉车通道+侧通道$=A+[(W_1\times(5P_2+W_2))]+(2P_1\times 2\times W_2)$

图1-6 储存区域面积的计算方法

 同步练习

请使用图示将仓库数量、客户服务水平、物流成本、货类情况、单个仓库规模、仓库信息化水平等之间的关系表示出来。

同步练习答案

 引导任务操作提示

（1）先利用荷重计算法计算储存区域面积，再根据储存区域面积利用系数确定仓库面积，最后根据储存的货物情况确定仓库的主要技术参数。

（2）先利用托盘尺寸计算法计算托盘平置堆码所需的储存区域面积，再根据作业通道占储存区域面积比确定仓库面积，最后根据储存的货物情况确定仓库的主要技术参数。

（3）先利用托盘尺寸计算法计算托盘多层叠堆所需的储存区域面积，再根据储存的货物情况确定仓库的主要技术参数。

仓储管理实务（第 4 版）

（4）先利用托盘尺寸计算法计算托盘货架储存所需的储存区域面积，再根据储存的货物情况确定仓库的主要技术参数。

 学习情况自评表

班级：　　　　姓名：　　　　学号：　　　　组别：

序　号	评　价　内　容	分值/分	实际得分/分
1	第一个问题计算正确，过程详细	10	
2	第二个问题计算正确，过程详细	10	
3	第三个问题计算正确，过程详细	10	
4	第四个问题计算正确，过程详细	10	
5	工作计划表填写规范，分工明确，并能在规定的时间内完成任务	5	
6	合作态度好，服从分工和领导	5	
7	不迟到、不早退、不缺课	5	
8	课堂表现好，积极参加讨论	20	
9	PPT 制作精美，汇报展示内容全面、详略得当、语言清晰	15	
10	撰写的学习报告内容正确、完整，有自己的心得体会	10	
	合　　计	100	

 仓库布局设计

 知识要点

◆ 仓库总平面布置的要求
◆ 仓库总体布置应遵循的原则
◆ 仓库货区平面布置的主要形式及其优缺点
◆ 仓库内非保管场所的布置方法

 能力培养

学生能够运用本任务所介绍的知识和方法，根据给定的条件，为仓库进行货区保管场所和非保管场所的布置，并能够根据情况确定装卸平台的位置，选择装卸平台的类型，设计装卸平台的外围区域和高度。

 任务背景

上海 QB 仓储有限公司占地面积为 620m×400m，主要提供建材、装饰装潢材料、服装、鞋帽、食品、药品、生活日用品、家用电器等货物的储存服务。该公司打算建设 150m×60m 的 6 层办公大楼 1 座、140m×80m 的平房仓库 5 座、110m×60m 的 3 层楼房仓库 7 座、90m×60m

的露天货场 6 座,以及 600m² 的验货区、500m² 的机具设备房(平房,含维修区),并设一地磅。建材、装饰装潢材料主要堆存在露天货场上,服装、鞋帽、食品、药品、生活日用品存放在平房仓库和楼房仓库,家用电器存放在平房仓库。楼房仓库里配置货架,主要作业设备是 1.5t 的电动叉车(前移式叉车和侧面叉车)、2t 和 5t 的柴油叉车(前移式的)、小推车、悬臂起重机、1.140m×1.140m 的托盘。请为该公司进行仓库总体布置、货区布置、仓库内非保管场所布置,并设计装卸平台(作业设备的技术参数由学生上网或通过其他途径查询解决)。

 任务分析

仓库布局就是在一定区域内,对仓库的数量、规模、位置、仓库设施、道路等要素进行科学规划和整体设计,以最大限度地提高仓库的储存作业能力,降低各项储存作业费用,保证各个物流环节的有效运作,从而快速、准确地完成物流作业。

 任务实施

一、仓库总平面布置

仓库总平面布置包括库区的划分、通道的设计、库内作业活动线路的组织等内容。仓库总平面通常可以划分为仓储作业区、辅助作业区、行政工作生活区等。仓库总体布置图是整个仓库库区的分布和各种设施及场地用途的图示,如图 1-7 和图 1-8 所示,方便查阅和接送货作业。

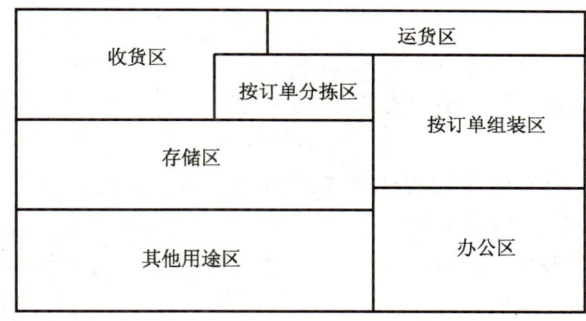

图 1-7　仓库总体布置图 1

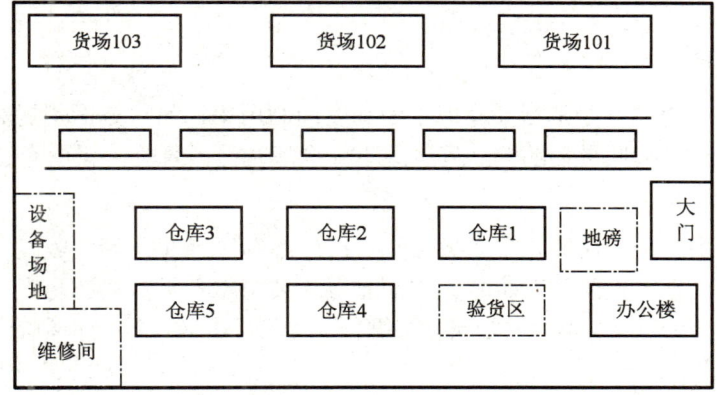

图 1-8　仓库总体布置图 2

在仓库布局中，一般要对仓库、货场及货位进行编号，以便记忆和查阅。编号可以采用数字或字母加数字编号，也可采用中文加数字编号，如"5号仓库103货场"表示5号仓库1区3号货场。

仓库总平面布置需要满足以下基本要求。

1. 适应仓储生产的流程

库房、货棚、货场等储存场所的数量和比例要与储存货物的数量和保管要求相适应，保证库内货物的流动方向合理，运输距离最短，作业环节和次数最少，仓库面积利用率最高，并能做到运输通畅，方便保管。

2. 有利于提高仓库的经济效益

在进行总体布置时，要考虑地形、工程地质条件等，因地制宜，使之既能满足货物运输和存放的要求，又能避免大挖大掘，减少土方工程量。平面布置应该与竖向布置相适应，既要满足仓储生产的要求，有利于排水，又要充分发挥设备的效能，合理利用空间。

3. 符合安全、卫生要求

仓库内各区域间、各建筑物间应该留有一定的防火间距，同时要设有各种防火、防盗等安全保护设施。此外，仓库内的布置要符合卫生要求，考虑通风、照明、绿化等情况。

小提示

仓库总体布置应遵循的原则

1. 系统化原则

根据物流标准化做好包装盒等物流容器的标准化，以实现集装单元与运输车辆的载重量与有效空间尺寸的配合，集装单元与装卸设备的配合，以及集装单元与仓储设施的配合。

2. 平面设计原则

若无特殊要求，仓储系统中的物流都应在同一平面上实现。

3. 物流和信息流的分离原则

如果能够实现物流和信息流的尽早分离，将所需信息一次识别出来，并通过计算机网络传至各个节点，就可以降低成本。

4. 柔性化原则

柔性化原则是指在设计时要注意机械化和机械化系统的柔性和仓库扩大经营的可能性。

二、货区布置

货区布置的目的一方面是提高仓库平面和空间利用率，另一方面是提高保管质量，方便进出库作业，从而降低货物的仓储处置成本。仓库货区布置分为平面布置和空间布置。

（一）平面布置

平面布置是指对货区内的货架（货垛）、通道、架间（垛间）距、收发货区等进行合理的规划，并正确处理它们的相对位置。平面布置主要依据各类货物在仓库中的作业成本。货物按成本高低分为A类、B类、C类，根据作业量，A类应占据最有利的作业货位，B类次之，C类再次之。

平面布置的形式可以概括为垂直式布置和倾斜式布置。

1. 垂直式布置

垂直式布置是指货架（货垛）的排列与仓库的侧墙互相垂直或平行，包括横列式布局、纵列式布局和纵横式布局。

（1）横列式布局是指货架（货垛）的长度方向与仓库的侧墙互相垂直。这种布局的主要优点是主通道长且宽，副通道短，整齐美观，便于存取与查点，同时还有利于通风和采光，如图1-9所示。

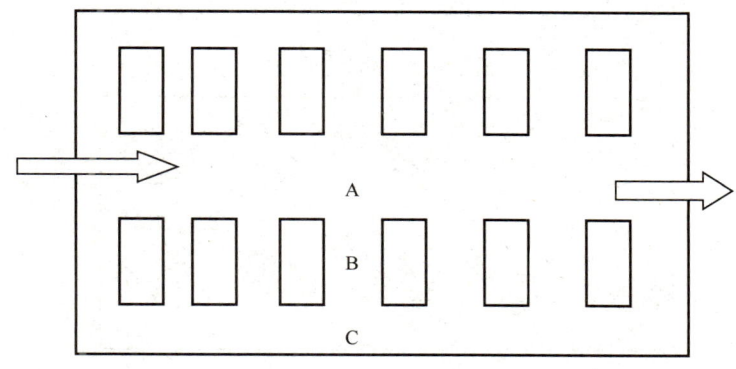

图1-9　横列式布局

（2）纵列式布局是指货架（货垛）的长度方向与仓库的侧墙平行。这种布局的主要优点是可以根据货物在库时间的不同和进出频繁程度安排货位，应将在库时间短、进出频繁的货物放置在主通道两侧，将在库时间长、进出不频繁的货物放置在里侧，如图1-10所示。

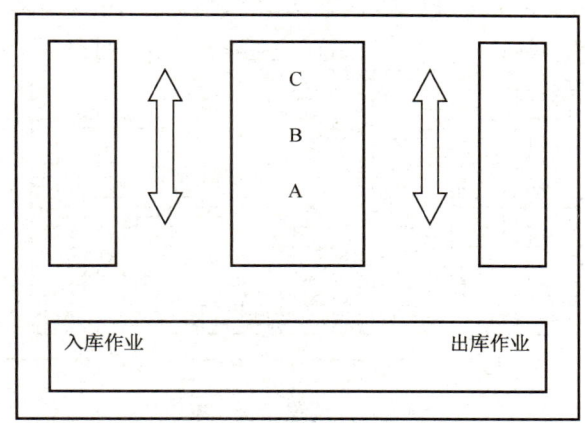

图1-10　纵列式布局

（3）纵横式布局是指在同一保管场所内，横列式布局和纵列式布局兼有，可以综合利用两种布局的优点，如图1-11所示。

2. 倾斜式布置

倾斜式布置是指货架（货垛）与仓库的侧墙或主通道成60°、45°或30°夹角，包括货架（货垛）倾斜式布局和通道倾斜式布局。

（1）货架（货垛）倾斜式布局是横列式布局的变形，是为了便于叉车作业、缩小叉车的回转角度、提高作业效率而采用的布局方式，如图1-12所示。

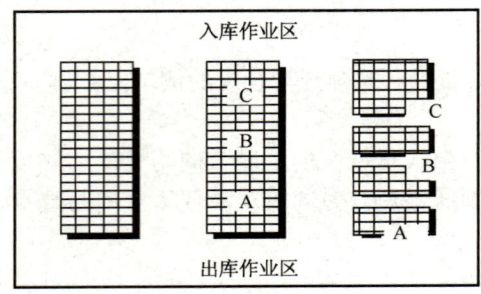

图 1-11 纵横式布局

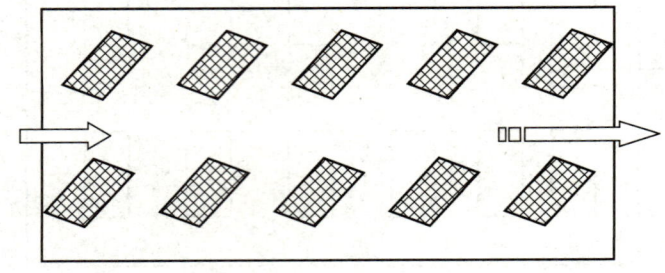

图 1-12 倾斜式布局

（2）通道倾斜式布局是指仓库的通道斜穿保管区，把仓库划分为具有不同作业特点的区域（如大量储存和少量储存的保管区等），以便进行综合利用。这种布局形式复杂，货位和进出库路径较多，如图 1-13 所示。

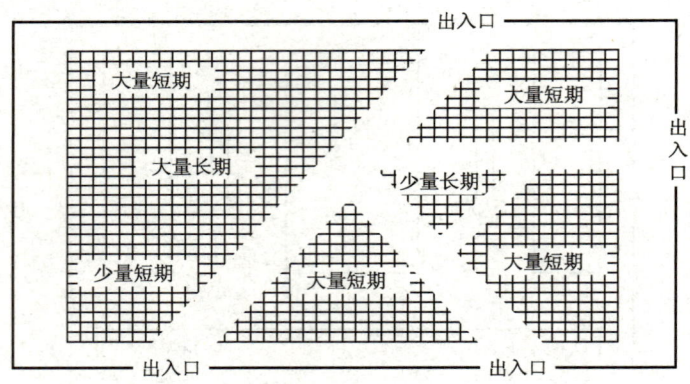

图 1-13 通道倾斜式布局

想一想，议一议

货区布置的基本思路有哪些？

（二）空间布置

空间布置是指货物在仓库立体空间上的布局，其目的在于充分有效地利用仓库空间。其中使用货架存放货物有很多优点，概括起来有以下几个方面。

（1）便于充分利用仓库空间，提高库容利用率，扩大存储能力。

（2）货物在货架里互补挤压，有利于保证货物本身和其包装完整无损。

（3）货架各层的货物可随时自由存取，便于做到先进先出。

（4）货物存入货架可防潮、防尘，某些专用货架还能起到防损伤、防盗、防破坏的作用。

知识链接

仓库货区平面布置的常用方法

（1）动线布置法：以仓库内的物流动线形式作为布置的主要依据。其主要包括两种方式：一种是流程式，确定仓库内货物从进货到出货的主要物流动线形式，并完成物流相关性分析，在此基础上，按作业流程顺序和关联程度配置各作业区域位置，即由进货作业开始进行布置，根据物流前后相关顺序按序安排各物流作业区域的相关位置；另一种是关联式，以整个仓库的作业配置为主，根据活动关联分析得出各作业区之间的活动流量，各作业区域之间的流量以线条表示，为避免流量大的区域间活动经过的距离太长，应将两个作业区尽量接近。

（2）活动相关性布置法：根据各作业区的活动相关表进行区域布置的方法。首先汇总各个作业区的基本资料，如作业流程与面积需求等；然后制作各个作业区的作业关联图，根据关联图的基本资料，将与各作业区活动相关性最高的区域置入规划范围内；最后按作业关联图中的关联关系和作业区的重要程度将相关区域置入布置范围内。

（3）图形构建法：与活动相关性布置法相似，不同的是活动相关性布置是以作业区间的接近程度（定性测量）作为挑选作业区的法则的，而图形构建法则是以不同作业区间的权数总和（定量测量）作为挑选作业区的法则的。

三、仓库内非保管场所布置

仓库内非保管场所是指仓库内除货架或货垛所占的保管区域外的其他区域，包括通道、墙间距、收发货区、仓库工作人员办公区等。仓库内非保管场所布置得合理，能够扩大保管场所范围，缩小非保管场所范围。

（一）确定通道的宽度

仓库内的通道分为运输通道（主通道）、作业通道（副通道）和检查通道。

1. 计算运输通道的宽度

运输通道供装卸搬运设备在库内行走之用，其宽度主要取决于设备的外形尺寸和单元装载的大小，计算公式为

$$A = P + D + L + C$$

式中，A——通道宽度；

P——叉车外侧转向半径；

D——货物至叉车驱动轴中心线的间距；

L——货物长度；

C——转向轮滑行的操作余量。

大体来说，在用小推车搬运时，通道的宽度一般为2~2.5m；在用小型叉车搬运时，通道的宽度一般为2.4~3m；汽车经过的单行通道一般为3.6~4.2m。

2. 确定作业通道的宽度

作业通道是供作业人员存取搬运货物的行走通道，其宽度取决于作业方式和货物的大小。采用人工存取的货架之间的通道宽度一般为 0.9～1m，货堆之间的通道宽度一般为 1m 左右。

3. 确定检查通道的宽度

检查通道是供检查人员检查库存货物的数量和质量的行走通道，其宽度只要能让检查人员自由通过就行，一般有 0.5m 就够了。

（二）确定墙间距

墙间距的作用主要是使货架（货垛）与库墙保持一定的距离，以减少库外温湿度对存储货物的影响。为了尽量缩小非保管场所的范围，可将墙间距同时兼做作业通道和检查通道，这样就能形成仓库内通道网络，方便作业。这样的墙间距应比单一的墙间距的宽度大，通常以 1m 为宜。

（三）确定收发货区

（1）收发货区位置的确定。收发货区是供收货、发货临时存放货物的作业场地，可划分为收货区和发货区，也可划定一个收发货共用的区域。其位置可设在仓库的两端或适中的位置。

（2）收发货区面积的确定。收发货区面积一般占仓库面积的 5% 左右。

（四）确定仓库工作人员办公区

仓库工作人员的办公区可设在仓库内，也可设在仓库外。如果设在仓库内，则需要隔成单间，这就影响了仓库内的布置，也占用了有限的储存空间，因此，宜在仓库外另建办公区。如果在仓库外建办公区，则需要考虑管理的方便性，不能离得太远。

知识链接

影响仓库储存空间规划的因素

（1）储存方式：一般储存方式有散放、堆码、货架储存三种。

（2）货物情况：主要有货物尺寸、数量。

（3）存储设施设备情况：主要有托盘尺寸、货架空间、使用的机械设备情况、通道宽度及位置、需求空间、库内柱距等。

（4）建筑物尺寸及形式。

（5）进出货及搬运位置。

（6）补货及服务设施（防火墙、灭火器、排水沟等）的位置。

四、装卸平台设计

（一）装卸平台位置的选择

装卸平台是仓储设施的重要组成部分。装卸平台是货物在设施流通程序中的起点和终点，它将货物在室内的流通与对外运输结合在一起，所以它必须与整个设施系统的效率相匹配，这样才能保持整个仓储公司的高生产力。

为减少搬运成本，选择装卸平台的位置应考虑尽量缩短搬运工具（车辆）在仓库内的行驶距离，同时应充分考虑仓库内生产流程及操作的需要，根据仓储公司年吞吐能力来规划和设计装卸平台的数量和类型。

装卸平台布置有两种模式：一是合并式（装货与卸货在同一平台），合并式平台常用于物流量不大的小型库房，但因这种平台需同时具备两种功能，所以不可避免地增加了搬运工具（车辆）在库房内的行驶距离；二是分离式（装货与卸货在不同平台），在分离式模式中，货物从库房的一端进入作业区，而从另一端的分离式平台离去，这样可最大限度地缩短货物在库房内流动的距离。

（二）装卸平台外围区域的设计

装卸平台外围区域指装卸平台前至围栏区（或障碍物区）之间可供货车使用的区域。它应包括装卸货物时用于泊车的装卸区及调动货车进出装卸区所必须经过的调动区。泊车位之间的中心线距离应至少为 3.5 m，如考虑同时开启车门，泊车位之间的中心线距离可为 4 m。装卸平台外围区域的大小取决于泊车位之间的中心线距离、货车长度及货车的转弯角度，比较常用的 12.192 m（40ft）标准货柜车所需的最小装卸平台外围区域尺寸如表 1-10 所示。

表 1-10　12.192m（40ft）标准货柜车所需的最小装卸平台外围区域尺寸

单位：m

中心线间距	3.5	4.0	4.5	5.0	5.5
外围区域长度	36.5	35.5	34.5	33.6	32.8

（三）装卸平台类型的选择

在确定装卸平台的类型时，安保需要、交通控制、作业安全、工人工作环境、现有空间大小及气候情况等是需要主要考虑的影响因素。

根据库房建筑物与货车的位置关系，最常用的装卸平台可分为穿墙式平台和开放式平台。

1. 穿墙式平台

穿墙式平台的特征是装卸平台设计在库房建筑物内，而货车装卸货时停靠在库房建筑物外，与合适的门封或门罩配合使用。这种平台可完全不受天气因素影响，安保工作也很容易开展。设计穿墙式平台时需要将库房建筑物的墙壁从平台边缘缩进一段距离，其作用如下。

（1）防止货车撞到墙壁。

（2）便于安装门封。

（3）减少人员受伤的风险。

货车尾端与墙壁之间至少要留有 20cm 的空隙（在平台平面以上 2m 处货车尾端顶部与墙壁之间至少要有 15cm 的距离）。

2. 开放式平台

开放式平台的特征是装卸平台和货车都处于库房建筑物外。

开放式平台因受天气因素影响大，故多用在气候温和地区的普通货物库房，通常会在平台上方加天棚或在平台周围加垂帘，以做保护。在设计开放式平台时，要注意在建筑物墙壁与高度调节板之间留有足够的空间深度（至少 4.5m），以供叉车转弯调动用（需考虑双向叉车行走情况）。同时，有必要在平台边缘设置水泥柱、安全链或其他类似障碍物，以减少叉车掉下平台的风险。

另外，由于库房建筑物本身的某些限制，可设计特殊平台布局，如锯齿形平台和码头式平台。当装卸平台外围区域不足时，锯齿形平台是最佳选择，它可大大减少货车靠泊或驶离时所需的外围区域空间；当建筑物墙壁空间不足以设置特殊平台或因库房建筑物及周围通道布局而不能沿墙壁周围设置特殊平台时，则可设计码头式平台。

（四）装卸平台高度的确定

装卸平台的高度是平台设计中最重要的因素，必须与使用装卸平台的货车相匹配。在确定这一高度时，应尽量使装卸平台与货车车厢底板之间的高度差缩至最小。使用平台高度调节板虽可解决高度差问题，但形成的坡度不能过大，以免调节板擦碰到叉车底盘；如坡度增大，会影响装卸效率，对调节板和叉车的结构和保养要求也会相应提高，容易造成意外危险。在确定装卸平台高度时，应首先确定使用该平台的货车底板高度的范围，然后以这个范围的中间高度作为装卸平台高度的参考值。通常货车所需平台高度为120～140cm。各种货车对应的装卸平台高度参考值如表1-11所示，仓库站台主要参数如表1-12所示，典型装卸平台布局如图1-14所示。

表1-11　各种货车对应的装卸平台高度参考值

单位：cm

货车类型	货柜车	平拖车	四轮货车	冷藏车	平板车
平台高度	135	120	110	130	130

表1-12　仓库站台主要参数

项　　目	汽车站台	铁路站台
一般站台宽度/cm	200～250	350
小型叉车作业站台宽度/cm	340～400	≥400
站台高度/cm	高于地面90～120	高于轨顶110
站台上雨篷高度/cm	高于地面450	高于轨顶500
站台边与铁路中心的距离/cm	—	175
站台端头斜坡道的坡度	≤10%	≤10%

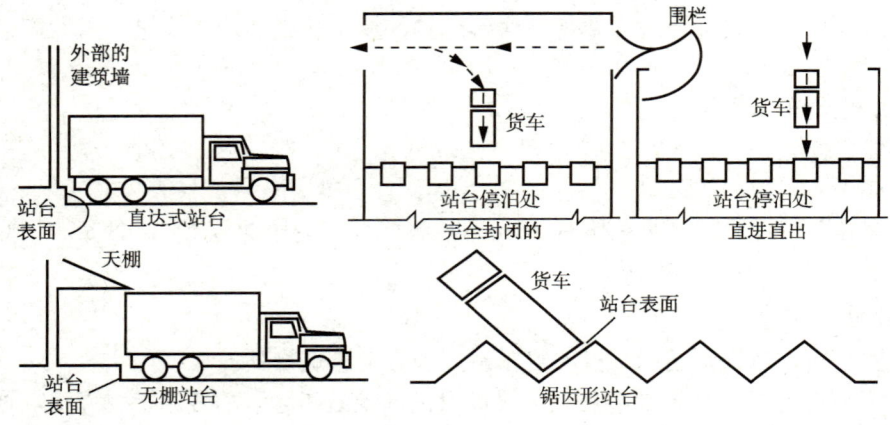

图1-14　典型装卸平台布局

知识拓展

如何有效利用储存空间

储存空间的有效利用有三种方法。

（1）向上发展。

（2）平面空间的有效利用：①非储存空间设置在角落；②减少通道面积；③货架的安装设置应尽量采用规范配置，以减少因货架安置而剩下过多无法利用的空间；④存储空间顶上的通风管路及配电线槽宜安装于最不影响存取作业的角落上方，以减少对货架安置的影响——相对地就可增加货架数量，从而提高保管使用空间。

（3）采用自动化立体仓库。

想一想，议一议

分析装卸搬运作业的工作流程，谈谈建设装卸平台的主要作用是什么。

同步练习

思考题

1. 储备型仓库的主要功能是进行货物的储备保管。这种类型的仓库在布置上有什么特点？
2. 流通型仓库的主要功能是服务于货物的快速周转流通。这种类型的仓库在布置上有什么特点？

引导任务操作提示

第一步，根据任务中给定的信息绘制并设计仓库总体布置图。

第二步，选择一种货区布置的方式，进行货区平面布置和空间布置。

第三步，根据任务中给定的产品和作业设备信息确定仓库通道宽度、墙距、收发货区、办公区，设计非保管场所。

第四步，根据任务中的信息选择装卸平台的位置和类型，并进行设计。

学习情况自评表

班级：　　　　姓名：　　　　学号：　　　　组别：

序　号	评 价 内 容	分值/分	实际得分/分
1	仓库总体布置符合仓库布置原则，合理、科学，图形规范	10	
2	货区布置符合货区布置要求，合理、科学，图形规范	10	
3	仓库内非保管场所布置符合布置要求，合理、科学，图形规范	10	
4	装卸平台设计科学、合理，方便操作，图形规范	10	
5	工作计划表填写规范，分工明确	5	
6	能在规定的时间内完成任务	5	
7	合作态度好，服从分工和领导	5	
8	不迟到、不早退、不缺课	5	
9	课堂表现好，积极参加讨论	20	
10	PPT制作精美，汇报展示内容全面、详略得当、语言清晰	10	
11	撰写的学习报告内容正确、完整，有自己的心得体会	10	
	合　　计	100	

Mission 任务 4　仓库货位编号

知识要点

- ◆ 仓库货位编号的原则
- ◆ 仓库货位编号的方法

能力培养

学生能够运用本任务所介绍的知识和方法，根据仓储公司的实际情况对货场、库房、货架等进行科学、合理的编号。

任务背景

上海 GS 仓储有限公司是刚刚成立的一家公司，仓库平面图如图 1-15 所示，货场主要用来堆存货物，平房仓库、楼房仓库里面均放置货架，一间库房里放置 16 排货架，每个货架有 4 层共 20 个货格，请为该公司的货场、货棚、平房仓库、楼房仓库、货架进行编号（货场、货棚要画出编号图）。

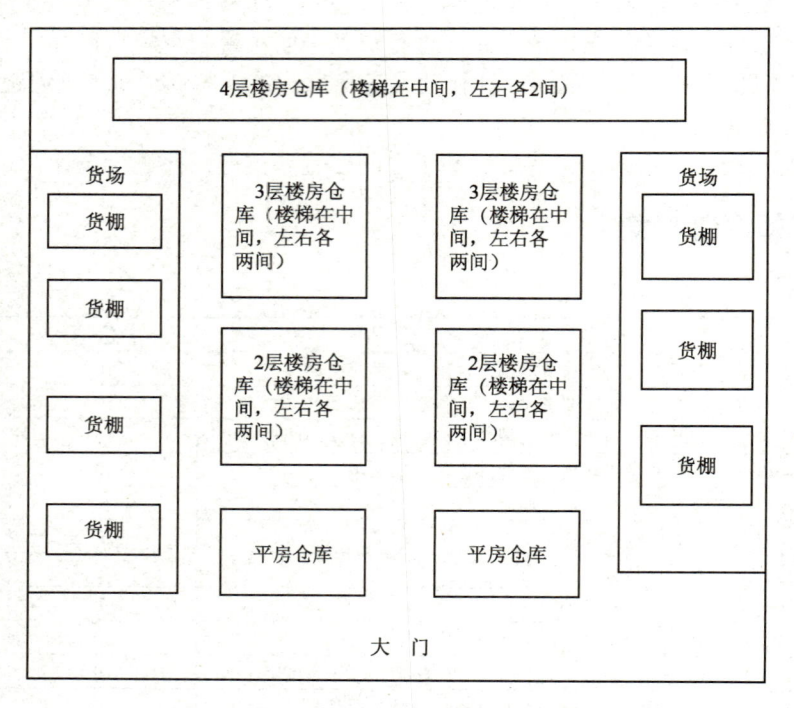

```
┌─────────────────────────────────────────────────┐
│         4层楼房仓库（楼梯在中间，左右各2间）      │
│                                                 │
│  货场     3层楼房仓    3层楼房仓      货场       │
│  货棚     库（楼梯在   库（楼梯在中   货棚       │
│           中间，左右   间，左右各                │
│           各两间）     两间）                    │
│                                                 │
│  货棚                                            │
│           2层楼房仓    2层楼房仓      货棚       │
│  货棚     库（楼梯在   库（楼梯在中              │
│           中间，左右   间，左右各                │
│           各两间）     两间）         货棚       │
│                                                 │
│  货棚     平房仓库     平房仓库                  │
│                                                 │
│                    大　门                        │
└─────────────────────────────────────────────────┘
```

图 1-15　上海 GS 仓储有限公司仓库平面图

任务分析

货位编号是仓储业务不可缺少的管理措施之一，是指在货物分区分类储存的基础上，将仓库范围内的房、棚、场，以及库房的楼层、仓间、货架、走支道等按地点、位置顺序编列号码，并做出明显标志，以便货物进出库可按号存取。实行货位编号的主要优点在于能提高仓库收发货效率，缩短收发作业时间，减少差错现象；便于保管员之间合作互助，调剂忙闲；利于仓储货物的统计和检查监督，做到账货相符。

任务实施

一、货位编号的要求

在品种、数量很多和货物进出频繁的仓库里，保管员必须正确掌握每批货物的存放位置。货位编号就好比货物在库的"住址"。做好货位编号工作，应从仓库条件、货物类别和批量整零的情况出发，选好标志位置，做好货位画线工作，满足一定的编号秩序，以符合"标志明显易找，编排循规有序"的要求。

（一）选好标志位置

货位编号的标志设置，要因地制宜，采取适当方法，选择适当位置。例如，仓库标志，可在仓库门外挂牌；仓间标志，可写在仓间门上；货场货位标志，可竖立标牌；多层库房的走支道、段位的标志，一般都刷置在地坪上（但存放粉末类、软性笨重物品的仓间，其标记也有刷置在天花板上的）；泥土地坪的简易货棚内的货位标志，可利用柱、墙、顶梁刷置或悬挂标牌。

（二）做好货位画线工作

在货棚、货场的货位上，由于铺垫了枕木、花岗石等垫垛物，所以一般不再画线。但在库房内，货位线是严格区分货物与走支道、墙距的界线，因此必须做到以下几点。

（1）货位线要直。货位线是否直，直接关系到货物堆垛是否整齐。画线时可先用线绳拉直，再以粉笔沿线绳画出线条，最后按线条刷上白漆。

（2）货位线的宽度一般以 3cm 为宜。

（3）货位线应刷置在走支道或墙壁上，并要求货垛不压货位线。

（三）满足一定的编号秩序

编号秩序是对货位的编号朝向、段号间隔和标志制作提出的统一要求。

（1）编号朝向。仓库范围内的房、棚、场，以及库房内的仓间、走支道、段位的编号，基本上都遵循进门的方向、左单右双或自前而后的规则。

（2）段号间隔。其间隔的宽窄取决于储存货物批量的大小。编排段号可沿着货位线，通常保持间隔 1m 或 2m。整个仓间段号间隔应该等距，这样除了正确掌握存货位置、加速发货和据此填报空仓，还可从间隔的段号上推算出仓间或走支道的深度和宽度。

（3）标志制作。目前仓库货位编号的标志种类繁多，很不规范，有的以甲、乙、丙、丁为标志，有的以 A、B、C、D 为标志，还有的以东、南、西、北方位和地名为标志。这样很容易造成货物的错收、错发事故。统一使用阿拉伯数字制作货位编号标志可避免以上问题。

知识链接

货位标志的管理功能

（1）能够确定货位资料的正确性。
（2）能够提供位置记录。
（3）能够提供储存货物的位置依据。
（4）能够提高调仓、移仓的效率。
（5）便于利用计算机进行处理分析。
（6）有利于依序储存或拣货。
（7）便于盘点。
（8）易于掌握储存空间。
（9）能够避免货物乱放。

二、货位编号的方法

（一）整个仓库编号

整个仓库编号是根据仓库建筑结构及其分布状况来进行的，即把整个仓库（包括库房、货棚、货场）按各储存场所的地面位置排列的顺序编号，同时应具有明显的区别。例如，可在编号的末尾加注"棚"或"场"的字样，若无"棚"或"场"的字样，即为库房的编号。

1. 货场编号

货场编号有两种方法：一是顺着进入仓库正门的方向，按照左面单号右面双号的顺序排列，如图1-16所示；二是顺着进入仓库正门的方向，按货场远近，自左而右的顺序排列，如图1-17所示。

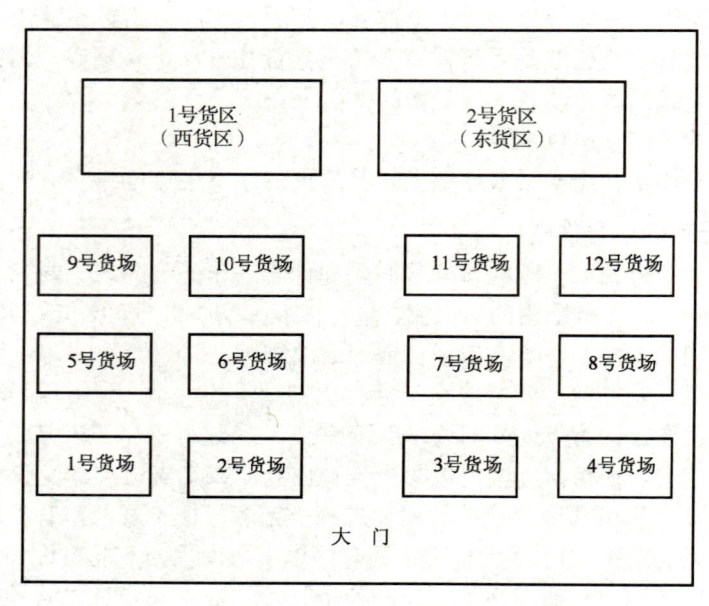

图1-16　左单右双的编号方法

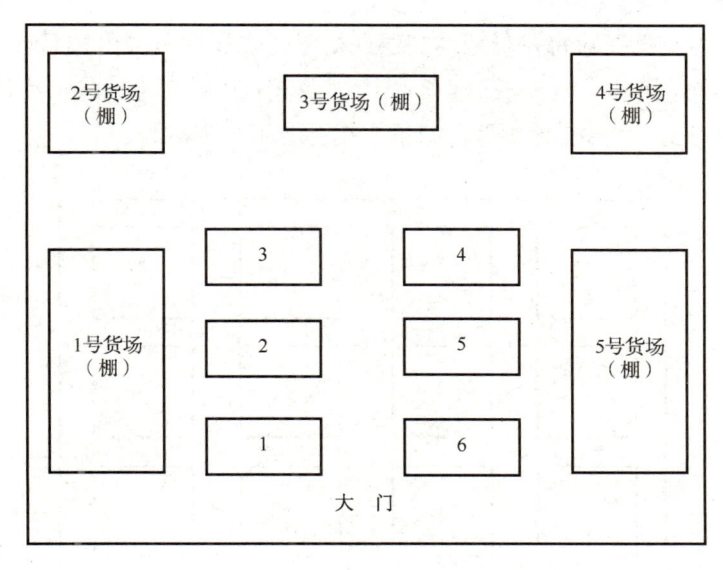

```
┌─────────────────────────────────────────────┐
│   ┌─────┐      ┌─────────┐      ┌─────┐    │
│   │2号货场│      │3号货场（棚）│    │4号货场│  │
│   │（棚）│      └─────────┘      │（棚）│    │
│   └─────┘                        └─────┘    │
│                                              │
│            ┌───┐      ┌───┐                  │
│            │ 3 │      │ 4 │                  │
│   ┌─────┐  └───┘      └───┘      ┌─────┐    │
│   │1号货场│ ┌───┐      ┌───┐     │5号货场│   │
│   │（棚）│ │ 2 │      │ 5 │      │（棚）│    │
│   │     │ └───┘      └───┘      │     │    │
│   │     │ ┌───┐      ┌───┐      │     │    │
│   └─────┘ │ 1 │      │ 6 │      └─────┘    │
│           └───┘      └───┘                   │
│                   大  门                     │
└─────────────────────────────────────────────┘
```

图 1-17　自左而右的编号方法

2. 货棚编号

货棚编号的方法与货场编号的方法基本相同。

3. 库房编号

库房编号的方法与货场编号、货棚编号的方法基本相同。

4. 多层库房的楼层、仓间编号

对多层库房进行编号，必须区别库房的楼层。在同一楼层有两间以上仓间时，楼层仓间的编号一般顺着正楼梯上楼的方向，采用左单右双或自左而右的顺序编号方法。

现假定 1 号库房是多层库房，单梯平列仓间，1 号库房有 4 个楼层，正楼梯的左右各有两间平列仓间，正楼梯向上，那么，其楼层、仓间的编号为 4 层楼左面仓间编号为 141 和 143，右面仓间编号为 142 和 144，同时标明个位数指仓间编号，十位数指楼层编号，百位数指库房编号。例如，142 编号，就是 1 号库房 4 层楼 2 号仓间；111 编号，就是 1 号库房底层 1 号仓间。

（二）货场货位编号

目前，货场的货位编号方法有两种：一是按照货位的排列编排号，再在排号内按顺序编号，如图 1-18 所示；二是不编排号，采用自左而右和自前而后按顺序编号的方法，如图 1-19 所示。

（三）货架货位编号

在整件货物进出的仓库里，货架的作用主要是提高库房立体空间的利用率，货架的货位编号一般都从属于段位编号，只需在段号末尾加注"上"或"架"的字样，即可按位找货。

在拆件发零的仓库里，日常备货要存放在货架夹层或格眼内，为了适应不同的业务情况，以下三种货架的货位编号方法可供选择。

1. 以排为单位的货架货位编号

以排为单位的货架货位编号方法，就是将仓间内所有的货架，顺着进入库门的方向，自左而右安排编号，继而对每排货架的夹层或格眼，在排的范围内按照自上而下、自前而后的顺序进行编号。例如，5号仓间设置了16排货架，每排上下4层，共有16个格眼，那么，货架货位编号$5\frac{7}{8}$，指的是5号仓间第8排货架第7个格眼。

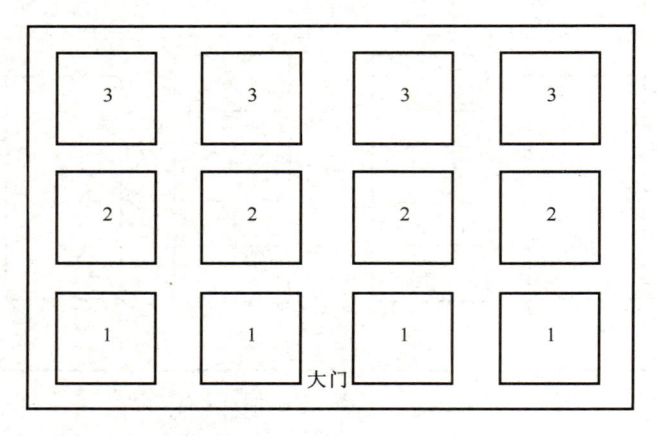

图1-18　按照货位的排列编排号

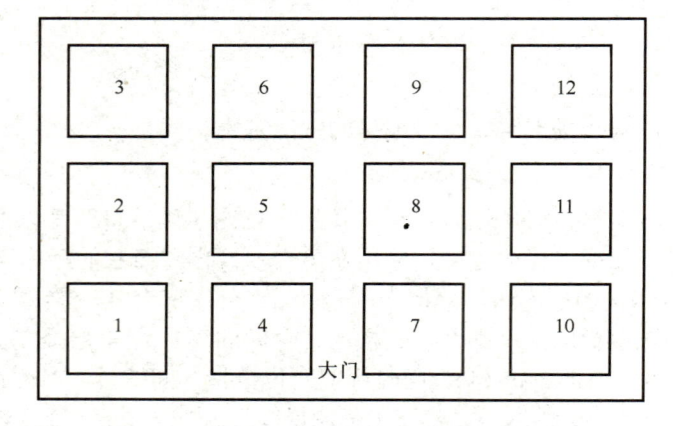

图1-19　自左而右和自前而后按顺序编号

2. 以品种为单位的货架货位编号

以品种为单位的货架货位编号方法，就是先将仓间内的货架根据货物的品种划分储存区域，再根据品种占用储存区域的大小，在分区编号的基础上进行格眼编号。以某货位为例，第1～4排为皮鞋区，第5～8排为布鞋区，第9～12排为胶鞋区，第13～16排为童鞋区，那么，货架货位编号5胶4/9，指的是5号仓间胶鞋区第9排货架第4个格眼。

3. 以货物编号代替货架货位编号

以货物编号代替货架货位编号方法，对于进出频繁的零星散装货物有很大好处，它可避免两套编号的麻烦，在编号时应使货架格眼的大小、数量与存放货物的数量、体积大小相适应。例如，化工公司经营的某类药品的编号从10101号到20845号，货架的一个格眼可放10个编号的药品，那么就在这个货架格眼的木档上制作10101～10110的编号，以此类推。

（四）仓间走支道及段位编号

仓间走支道及段位编号方法仍以进入库门的方向，按照左面单号右面双号的顺序进行编号。仓间中，如遇内外墙相对的走支道横道，其横道应自左而右，按照左单右双的顺序进行编号。横贯的走支道在分隔若干走支道的直道时，仍以横道自左而右的方向，依据左单右双的规则进行走支道及段位编号。

知识拓展

货位的分布形式

1. 直线式

直线式货位就是货架和通道呈矩形分段布置。它主要适用于超级商场和大型百货商店。其优点是顾客易于寻找货位地点，易于采用标准化货架；缺点是容易造成冷淡气氛，易使顾客产生被催促的感觉，顾客自由浏览受到限制。

2. 斜线式

斜线式货位就是货架和通道呈菱形分段布置。其优点是可以使顾客看到更多的商品，气氛也比较活跃，顾客活动不受约束；缺点是在充分利用场地面积上不如直线式货位。

3. 曲线式

曲线式货位的货位分布和通道都是不规则的曲线形式。它是开架销售常用的形式，主要适用于大型百货商店、服装商店等。其优点是能创造活跃的气氛，便于顾客选购，可任意穿行，增加随意购买的机会；缺点是浪费场地面积，不便于寻找货位。

小提示

货位图图示

为了便于管理及提高工作效率，我们可将仓库内储存区域与货架分布情况绘制成货位图。常见的表示方法有图 1-20 和图 1-21 所示的两种。

```
A库：货架1、2、3、4——男性服装
     货架5、6、7、8、9、10——女性服装
B库：家用电器
C库：货架1、2、3、4、5、6——食品
     货架7、8、9、10——饮料
```

图 1-20　货位图图示 1

品　名	编　号	库 区 号	货 架 号	货架层、列号
可乐	0010	C	1	1-1
雪碧	0032	C	6	4-5

图 1-21　货位图图示 2

想一想，议一议

如何科学、合理地对货位进行编号？

仓储管理实务（第 4 版）

同步练习

简答题
1. 请叙述货架货位编号的常用方法。
2. 请叙述货场货位编号的常用方法。

引导任务操作提示

第一步，根据任务中给定的仓库平面图，顺着进入仓库正门的方向，按照左单右双的顺序用阿拉伯数字对货位进行编号。

第二步，根据任务中给定的仓库平面图，顺着进入仓库正门的方向，根据货棚远近，按照自左而右的顺序对货棚进行编号。

第三步，顺着进入仓库正门的方向，按照自左而右的顺序对平房仓库进行编号。

第四步，按照"多层库房的楼层、仓间编号"规则对楼房仓库进行编号。

第五步，按照"货架货位编号"规则，从"以排为单位的货架货位编号""以品种为单位的货架货位编号""以货物编号代替货架货位编号"三种方法中任选一种对货位进行编号。

学习情况自评表

班级：　　　　姓名：　　　　学号：　　　　组别：

序　号	评价内容	分值/分	实际得分/分
1	货场编号正确，符合规定，图形规范	10	
2	多层库房的楼层、仓间编号正确，符合规定	10	
3	货场货位编号正确，符合规定，图形规范	10	
4	货架货位编号正确，符合规定，货位图图示规范	10	
5	工作计划表填写规范，分工明确	5	
6	能在规定的时间内完成任务	5	
7	合作态度好，服从分工和领导	5	
8	不迟到、不早退、不缺课	5	
9	课堂表现好，积极参加讨论	20	
10	PPT 制作精美，汇报展示内容全面、详略得当、表述清晰	10	
11	撰写的学习报告内容正确、完整，有自己的心得体会	10	
	合　　计	100	

思政指导

仓储中心的规划设计是仓储管理工作的基础，涉及的知识点有选址、布置、货位编号等，要做好这部分工作，不仅要求学生掌握规划设计的相关知识，而且要求学生应时刻牢记"高效""节约"等要点，并且极具细心、耐心的品质，因为任何一个因素的考虑不周都可能导致后续仓储管理工作的失败。这也是社会主义核心价值观中个人层面要求"敬业"的具体体现，教师在授课过程中可以对学生进行有针对性的培养和训练。

Project 1 项目 仓储中心规划设计

职业考证要点
★ 仓库选址应考虑的因素
★ 常用的仓库布局模式
★ 确定仓库储存区域的两种主要方法
★ 货区平面布置的方法及其优缺点

Exercise 1 实践与思考 1

技能训练题

某大型连锁经营企业有两个商品供应基地、三个地区物流中心，各设施点的位置坐标如表 1-13 所示。该企业决定在两个商品供应基地仓库与物流中心之间建立一个中央仓库，先由供应基地仓库向中央仓库供货，再由中央仓库向三个地区物流中心分拨供货。

表 1-13 各仓库的货运量、运费率及地理坐标一览表

节　点	货运量（t）	运费率 [元/（t·km）]	地理坐标(x,y)（km）
P_1	2000	0.40	(3,8)
P_2	3000	0.40	(8,2)
P_3	2500	0.60	(2,5)
P_4	1000	0.60	(6,4)
P_5	1500	0.60	(8,8)

1. 如何确定中央仓库的最佳位置？

2. 假设中央仓库的年业务量为 $8×10^6$t，单位有效面积平均承重能力为 2.0 t/m²，平均存储天数为 30 天，储存区域面积利用系数为 0.4，有效工作时间为 300 天，该仓库的建筑面积应为多少？

3. 假设该企业经营的主要商品是服装、化妆品、洗涤用品、饮料、酒水等日用百货，大米、面粉等粮油，彩电、冰箱等家用电器，地砖、马桶等装饰装潢材料。日用百货主要用货架储存，粮油、家用电器在木地板地面堆存，装饰装潢材料主要露天存放。$8×10^6$t 的年业务量中，日用百货 $2×10^6$t（其中酒水、饮料 $5×10^5$t）、粮油 $1.6×10^6$t、家用电器 $4×10^5$t、装饰装潢材料 $2×10^6$t，办公面积需要 800m²，作业设备存放及维修需要 600m²，仓库占地面积为 200m×150m。请为该仓库绘制总体布局图，进行货区布置和非保管场所布置，设计装卸平台，为货位编号（货架长 4.2m，宽 0.8m，高 5.2m，6 层，每层 4 个格眼），并标明具体的尺寸。

知识巩固题

1. 仓库选址应考虑哪些因素？
2. 仓库布局模式有哪些？分别适用于什么情形？
3. 仓库布局应遵循哪些原则？
4. 仓库总平面布置有哪些要求？
5. 货区平面布置的形式有哪些？分别有哪些优点？
6. 货位编号的具体要求有哪些？
7. 在仓储规划设计中，如何体现成本节约原则和环保意识？

Project 2 项目 仓储设施设备及配置

Mission 任务 1 仓储设施设备

知识要点

◆ 仓库常用的作业设备的主要类型、性能特点及用途

能力培养

通过对本任务的学习，学生对仓储设施设备形成基本的认知，能根据货物的特点、作业要求等选择合适的设施设备。

任务背景

小张是今年刚毕业的大学生，应聘到了著名的仓储企业 CX 公司。上班的第一天，小张在办理了入职手续之后被分配到一线工作。走进工作区，小张第一次看到这么多的仓储设备，不知道该从哪里开始。这时，王主管走过来对小张说："要想以后工作顺利，就要对我们工作需要的设施设备有全面的了解，接下来我来安排你认识这些设施设备。"

任务分析

仓储设施设备分为装卸搬运设备、保管设备、自动化立体化仓库等，每种设备都有其适用的场景，学生需要掌握每种设备适用的工作场景、适用的货类，以及在选择配置时需要考虑的因素。

任务实施

一、装卸搬运设备

装卸搬运设备是货物出入库和在库堆码及翻垛作业时使用的设备，它对于改进仓储管

理、减轻仓储劳动强度、提高收发货劳动效率、减少操作中的货物损失具有重要作用。现有的仓库装卸搬运设备可分为机械化系统、半自动化系统、自动化系统。

（一）机械化系统

机械化系统所适用的装卸搬运设备的范围很广，常用的设备主要有叉车、输送机、起重机等。

1. 叉车

1）叉车的类型

叉车是指具有各种叉具，能够对货物进行升降和移动，以及装卸作业的搬运车辆，又称铲车或叉式举货车，具有操作灵活、机动性强、转弯半径小、结构紧凑、成本低等优点，可用于货物的搬运、堆垛和短距离运输。叉车一般与托盘配合使用，是现有的装卸搬运设备中最流行、最普通的一种，有万能装卸机械之称。

叉车的类型很多，如果按动力方式来分类，可分为发动机式叉车（又分为汽油机式叉车、柴油机式叉车，其中最常用的是汽油机式叉车，其特点是重量较轻，操作方便，输出功率较大，价格便宜）、电动机式叉车（以蓄电池为动力，操作简单，不排放气体，也无噪声，在仓库及配送中心采用较多）、手动式叉车（手动油压叉车，由于无动力，使用、维护简便，但起重能力较差）。如果按特性及功能来分类，叉车可分为平衡重式叉车、前移式叉车和侧叉式叉车三种基本类型，这三种是常用类型。除此之外，还有插腿式叉车、集装箱叉车、拣选叉车、步行叉车、堆垛叉车等。如果按起重能力来分类，叉车可分为各个不同起重级别的叉车，1～10t 的较常用，有的领域也使用 0.4～40t 的叉车。

特别值得注意的是，近年来为了满足企业提高仓库货垛密度和总库存容量的需求，越来越多能在窄通道内操作的叉车相继出现，比如高垛叉车可以垂直升降移动至 12m 垛高，可以进行侧面叉取无货板承载货物的操作。

2）主要叉车介绍

（1）平衡重式叉车。这种叉车依靠车体及车载平衡、自身重量与起重货物重量实现平衡。其特点是自重大，轮距大，行走稳定，转弯半径大。平衡重式叉车分为内燃机式和蓄电池式两种。一般而言，蓄电池式叉车的车身小巧，较为灵活，但一般都是小吨位叉车；内燃机式叉车主要用于车站、工厂、货场等地方，尤其适用于路面较差、搬运路线较长的地方。平衡重式叉车如图 2-1 所示。

图 2-1　平衡重式叉车

（2）前移式叉车。前移式叉车的主要结构特点是车体前部高，有跨脚插腿，跨脚前端装有支柱，在和车体的两轮形成车轮支撑作业时，重心在 4 个车轮的支撑面上，因而比较稳定，其门架或货叉可以前后移动，方便取货及卸货。

前移式叉车的转弯半径小，可减小通道宽度，由于没有平衡重量的问题，因此自重轻，约为 250kg。前移式叉车主要靠电池启动，行进速度较慢，且车轮半径较小，对地面要求较高，主要用于室内仓库、配送中心及工厂厂房内，尤其适用于运行地域狭小之处。前移式叉车如图 2-2 所示。

图 2-2　前移式叉车

（3）侧叉式叉车。侧叉式叉车的车体较大，自重较重，叉车门架及货叉在车体一侧，而不在车体前方。其主要特点有两个：第一是在入库作业时，车体沿通道进入后，门架和货叉面向货架（货垛），在装卸作业时不必先转弯，这样便于在窄通道中作业，可节约通道的占地面积，提高仓容率；第二是有利于装卸条形物，在装卸长尺寸的货物时，长尺寸的货物与车体平行，方便作业，在运行时要将货物放在侧面台板上，方便运行。而用其他叉车装卸长尺寸的货物时，长尺寸的货物横于车前，需要很宽的通道才能通过。侧叉式叉车如图 2-3 所示。

图 2-3　侧叉式叉车

（4）拣选叉车。拣选叉车的主要特点是，操作人员能随装卸装置一起在车上进行拣货作业，当叉车行进到某一货位前时，货叉取出货盘，操作人员先将所需数量拣出，再将货

41

盘放回。拣选叉车是为了适应拣选式配货而使用的叉车，在小批量、多品种拣货作业时，这种叉车与高层货架配合，形成一种特定的拣选工艺。拣选叉车可分为低位拣选叉车和高位拣选叉车。拣选叉车如图2-4所示。

由于操作人员与货叉同时升降，因此这种叉车应具备较高的安全性，一般采用电池动力，起重量不大，行进稳定。

（5）手动叉车。这种叉车无动力源，由操作人员用手推动叉车，通过油压设备——手动油压柄升降货叉。这种叉车可由操作人员进行人力操作，灵活机动，操作方便简单，价格便宜，因此从合理化角度看，在某些不需要大型机械的地方，这种叉车可以被有效应用。这种叉车起重能力较小，不同型号叉车的起重能力为200～1000kg，起升高度一般为75～1500mm，可在小件货物精品仓库、商店、配送中心广泛应用。手动叉车如图2-5所示。

图2-4　拣选叉车 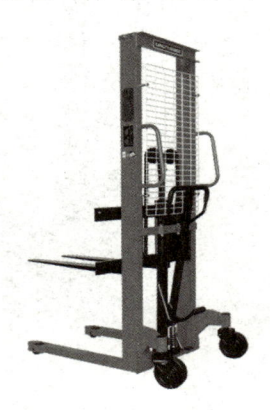　　　　　　　　　图2-5　手动叉车

（6）电动式人力叉车。这种叉车类似于手动叉车，也是一种轻便型叉车。这种类型的叉车有不同的结构，可以是电动行驶及操作货叉，操作人员步行随机操作；也可以是操作人员人力移动叉车，通过电力操纵货叉。电动式人力叉车如图2-6所示。

（7）多方向堆垛叉车。这种叉车在行进方向两侧或一侧作业，货叉能旋转180°，向前、左、右三个方向作业。这种类型的叉车有一些具体的品种，如仅能在行进方向左方或右方作业的横向堆垛叉车，能在三个方向任意作业的堆垛叉车。多方向堆垛叉车如图2-7所示。

图2-6　电动式人力叉车 　　　　　　图2-7　多方向堆垛叉车

2. 输送机

输送机是连续搬运货物的机械，被广泛用于收货入库和出运货物作业，也被用来作为拣选系统的基本设备。

根据用途和所处理货物形状的不同，输送机可分为带式输送机、辊子输送机、链式输送机、重力式辊子输送机、伸缩式辊子输送机、振动输送机、液体输送机等。此外，根据不同的分类标准，输送机还可分为移动式输送机和固定式输送机、重力式输送机和电驱动式输送机等多种类型。

由于连续输送机的特点是在工作时连续不断地向同一个方向输送散料或重量不大的单件物品，搬运中不需停机，因此能降低搬运成本、提高劳动生产率。几种不同类型的输送机如图2-8～图2-11所示。

图2-8 移动式皮带输送机

图2-9 固定带式输送机

图2-10 倍速链式输送机

图2-11 滚筒式输送机

3. 起重机

起重机是在采用输送机之前被广泛使用的具有代表性的搬运机械，是一种将货物吊起，在一定范围内做水平移动的机械。

起重机按其构造或形状可分为天车、悬挂起重机、桥式起重机、集装箱起重机、巷道堆垛机或库内理货机、汽车起重机、龙门起重机等，以及各种悬臂（转臂）式起重机。在仓库中使用的起重机主要有两种类型：桥式起重机和悬臂式起重机（见图2-12和图2-13）。桥式起重机的优点在于能高效、迅速地举起很重的货物；而悬臂式起重机由于能有效利用空间并实现自动化，因此在将物资移至仓库中利用较多，常与复杂的货架系统联合使用。

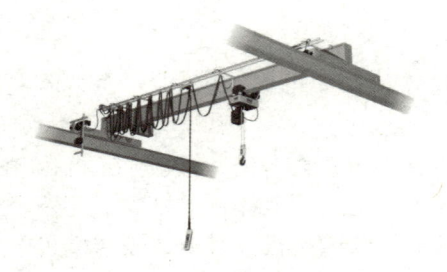

图 2-12　桥式起重机　　　　　　　　图 2-13　悬臂式起重机

（二）半自动化系统

半自动化系统是使用一些专门的自动化搬运设备对机械化系统进行补充的搬运系统，因此，半自动化仓库既有机械化搬运设备，又有自动化搬运设备。半自动化仓库使用的典型设备有：自动导向车辆系统、巷道堆垛起重机、自动分拣设备、机器人及不同形式的活动货架。

1. 自动导向车辆系统

自动导向车辆系统是由微处理器对车辆进行跟踪并做出交通控制决策的具有自动导向功能的车辆系统。自动导向车辆系统小车如图 2-14 所示，它是连接取货、储存和装运的纽带。自动导向车辆系统的优点是简单，运行成本低，可用于搬运原材料和产成品等货物，具备与机动工作站及其他物流搬运系统连接的能力。

2. 巷道堆垛起重机

巷道堆垛起重机（见图 2-15）是仓库中的专用起重、堆垛、装卸设备，按有无轨道可分为有轨巷道堆垛起重机和无轨巷道堆垛起重机两类，主要应用于巷道式货架仓库中。其中，有轨巷道堆垛起重机高度高，运行稳定，行走通道较狭窄，是巷道堆垛起重机中的主要类别。

图 2-14　自动导向车辆系统小车　　　　　图 2-15　巷道堆垛起重机

（三）自动化系统

1. 自动分拣系统

分拣是指为进行运输、配送，把很多货物按不同品种、地点和单位分配到所设置的场地的作业。自动分拣是指从货物进入分拣系统开始到被送到指定位置为止，都是按照人们的指令依靠分拣装置来完成的。

自动分拣系统主要由接收指示信息的控制装置、计算机网络把到达分拣

自动分拣系统

位置的货物送到别处的搬运装置、在分拣位置把货物进行分送的分支装置、在分拣位置临时储存货物的储存装置，以及机械分拣装置等构成。除用键盘、条形码或其他方式向控制装置输入分拣指示信息的作业外，由于全部采用机械自动作业的方式，因此自动分拣系统的分拣处理能力较强，分拣数量较大。

1）自动分拣系统的主要特点

（1）能持续、大批量地分拣货物。由于采用了在大规模生产中使用的流水线自动作业方式，自动分拣系统不受气候、时间、人力等的限制，可以连续运行。同时，由于分拣系统单位时间分拣件数多，因此自动分拣系统的能力是人工分拣所不能比拟的：自动分拣系统可以连续运行 100 小时以上，每小时可分拣 7000 件货物，人工分拣每小时只能分拣 700 件左右，而且分拣人员不可能在这种劳动强度下连续工作 8 小时。

（2）分拣误差率极低。分拣误差率的大小主要取决于输入分拣信息的准确性，输入分拣信息的准确性取决于分拣信息的输入机制：如果采用人工键盘或语音识别的方式输入，那么误差率在 3% 以上；如果采用条形码扫描输入，除非条形码本身印刷有误，否则不会出错。因此，目前的自动分拣系统主要采用条形码技术识别货物。

（3）分拣作业基本实现无人化。自动分拣系统在作业过程中需要使用人工的情形主要有以下几种：当送货车辆抵达自动分拣线时，在进货端需要使用人工拣货；在分拣线末端也需要人工将分拣出来的货物进行集载和装车；分拣系统的控制、经营、管理和维修也必须由人工进行。除此之外，自动分拣系统在作业时都不需要使用人工。

2）自动分拣系统的组成及工作过程

自动分拣系统主要包括各类输送机、各种附加设施和控制系统。自动分拣系统的工作过程包括合流、分拣信号输入、分拣和分流、分送四个部分。

（1）合流。在货物进入自动分拣系统前，工作人员应在货物的外包装上标明货物的品种、规格、数量、货位、货主等，系统根据标签上的信息找到货物入库的货位，在输送货物的分叉处正确引导货物的流向，比如堆垛起重机可以按照代码把货物分入指定的货位。当货物盘库时，标签可以引导货物流向指定的输送机的分支，以便集中发送。货物在进入自动分拣系统后，经过合流，各条输送线上输入的货物逐步被输送到一个汇集输送机上，同时调整货物在输送机上的方位，以适应分拣信号输入和分拣的要求。

（2）分拣信息输入。分拣信息输入就是把分拣的指示信息记忆在货物上或记忆在分拣机上，以达到把货物按要求分拣出来并送到指定地点的目的。当货物到达并接受扫描后，货物信息被输入计算机中，自动分拣系统会将识别到的信息与自动分拣系统计算机内存储的信息进行对比，在获得正确的信息后会发出执行信息，开动分支装置，使货物分流。

（3）分拣和分流。当货物离开分拣信号输入装置并在分拣输送机上移动时，自动分拣系统根据不同货物分拣信息所确定的移动时间，使货物到达指定的分拣道口，由该处的分拣机按照移动时间自行启动，将货物排离主输送机，进入分流滑道。大型分拣输送机可以高速地把货物分送到数十条输送机的分支上。分拣机的控制系统采用程序逻辑控制合流、分拣信息输入、分拣和分流等全部作业，目前普遍采用的是个人计算机或以若干微处理器为基础的控制方式。

（4）分送。分拣出的货物离开主输送机，经滑道到达分拣系统的终端。分送所经过的滑道一般是无动力的，货物依靠自身的重力从主输送机上滑行下来。在各个滑道的终端，工作人员将货物搬上容器或车辆。

3）自动分拣系统的种类

目前常用的自动分拣系统包括钢带式分拣机、胶带式分拣机、托盘式分拣机、翻板式分拣机、浮出式分拣机、悬挂式分拣机、滚柱式分拣机。钢带式分拣机是利用输送钢带载运货物完成分拣工作的机械设备。胶带式分拣机与钢带式分拣机类似，不同之处就是用胶带取代钢带。托盘式分拣机主要由托盘小车、驱动装置、牵引装置等组成。翻板式分拣机主要由一系列相互连接的翻板、导向杆、牵引装置、驱动装置、支承装置等组成。浮出式分拣机主要由两排旋转的滚轮组成，滚轮被设置在传送带下面，每排8～10个滚轮。悬挂式分拣机是用牵引链或钢丝绳作牵引件的分拣设备。滚柱式分拣机是对货物进行输送、储存与分路的分拣设备。

自动分拣系统也可分为自动分选机、自动拣选机和无线分拣系统三类。自动分选机主要适合二次分选作业使用，自动拣选机主要适合一次拣选作业使用。自动分选机、自动拣选机和无线分拣系统往往需要配合使用，这样才能完成分拣作业。下面只介绍自动分选机和自动拣选机。

在自动分拣系统中，自动分选机是最主要的设备。由于分选对象的尺寸、重量、外观形状存在很大的差别，因此自动分选机的种类繁多，主要有以下几种。

（1）横向式分选机。其中，使用较多的是钢带式横向推出分选机，它是当货物被输送到指定的位置时靠拨杆的横向转动推挡来对货物进行分选的。钢带的运行速度很快，可达每分钟120m。钢带式横向推出分选机的分选能力很强，为每小时一万件以上。在一般情况下，分选货物不受包装形态的限制，能用输送机运送的货物可全部进行分选，但在分选时对货物有一定的冲击，因此，太薄、容易转动、易碎的货物不宜采用横向式分选机。另外，因为速度快，要求分选口之间保持较大的间隔，所以设置的分选口数较少。横向式分选机如图2-16所示。

（2）升降推出式分选机。升降推出式分选机是从搬运输送机的下侧用浮出装置把货物托起，转动一个微小的坡度，将货物送到搬运输送机外面进行分选的装置。升降推出式分选机在分选时对货物的冲击较小，最适合分选底面平坦的纸箱、托盘状的各种货物，但不能分选很长的或底面不平坦的货物。升降推出式分选机如图2-17所示。

（3）翻盘式分选机。翻盘式分选机由牵引链牵引，当翻盘到达指定的岔道口时会向左或向右倾斜，被拣货物靠自身重力滑入岔道。翻盘式分选机的牵引链能在水平和垂直两个平面上转向。在工作时，被拣货物通过喂料输送机被送到托盘上，送入角度可以是倾斜的，也可以是垂直的，因此翻盘式分选机的布置十分灵活，或水平，或倾斜，或隔层布置，从而组成一个变化多样的空间分选系统。翻盘式分选机的翻盘一般是马鞍形的，所以对底面不平整的软包装货物有良好的适应性。翻盘式分选机如图2-18所示。

（4）活动货盘分选机。活动货盘分选机如图2-19所示，主要由圆管或金属条板组成，每根圆管或每块金属条板上都有一个活动的货物托盘做横向运动，当货物到达分类装置出口时，将货物分到指定的岔道实现分类。活动货盘分选机的分选效率很高，但仅适用于较轻、较小货物的分选。

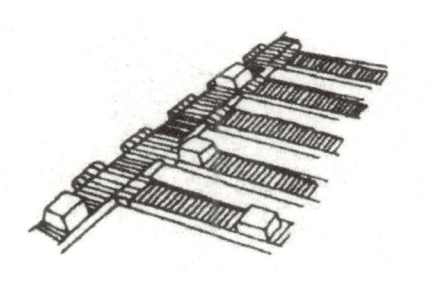

图 2-17　升降推出式分选机　　　　　图 2-18　翻盘式分选机

（5）直落式分选机。直落式分选机是由牵引链驱动的，它所输送的货物被放在一些底部有活门的托盘上，当托盘到达预定位置后，分选系统发出信号，活门打开，货物落入指定的容器中。采用直落式分选机，不需要辅助作业就可以轻松实现分选货物的集中。直落式分选机一般用来对扁平状的货物进行分类，如书籍和扁平包裹等。直落式分选机如图 2-20 所示。

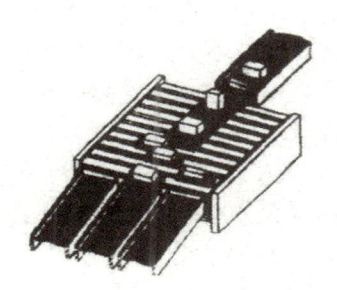

图 2-19　活动货盘分选机　　　　　图 2-20　直落式分选机

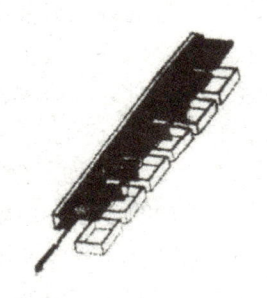

（6）悬吊式分选机。悬吊式分选机是用装在悬吊装置上的钳子或支架吊起货物，在将货物输送到指定位置时放下货物，或者将货物转换到另外的分支路线上进行分选的装置。其动力装置主要是牵引输送式的，即依靠电动或气动启动分送器，把货物放下或通过导向棒将货物送入分支路线进行分选的装置。悬吊式分选机主要用于保管、搬运的成批货物的分选。

（7）辊子浮出式分选机。辊子浮出式分选机可与辊子输送机、平带输送机融为一体，被放在输送系统的岔道口处作为一种分流装置，在没有分选任务时可作为输送机输送货物。辊子浮出式分选机在对应岔道口的入口处设置了一排短辊子，这些短辊子与主辊道的上表面齐平，可通过气动元件向两侧摆动和浮出主辊道的上表面，通过在表面上胶或采用聚氨酯材料增大摩擦力，从而带动货物转向。如果岔道上的辊子是主动辊子并且上了胶，加上采用了上述变向措施，则很容易达到较高的效率。采用辊子浮出式分选机，岔道可与主辊道成 45°～90°夹角，在岔道与主辊道成 90°夹角时，要在岔道前加一个转速较快的变向辊子来支持输送货物变向。辊子浮出式分选机的输送速度为每秒 2～2.5m，每小时可分流 7000 件货物。辊子浮出式分选机如图 2-21 所示。

（8）皮带浮出式分选机。皮带浮出式分选机的工作原理与辊子浮出式分选机的工作原理基本相同，不同之处在于皮带浮出式分选机在其主辊道中设置了一条较窄的皮带机。皮带较宽，且带有花纹，摩擦力较大，因此更加容易改变货物的方向，也使分流速度更快、更准确。皮带浮出式分选机多用在输送线上，既可用于分流，也可用于分选。皮带浮出式分选机如图 2-22 所示。

图 2-21　辊子浮出式分选机　　　　　图 2-22　皮带浮出式分选机

（9）滑块式分选机。滑块式分选机是一种特殊的板式输送机，是通过货物分流来实现货物分选的。其板面由金属管或板子组成，每根金属管或板子上都各有一块能做横向运动的导向滑块，导向滑块靠在输送机的侧边上，当分选货物到达指定岔道口时，控制器发出指令使导向滑块顺序向岔道口方向滑动，把货物推向指定的岔道口。由于导向滑块向两侧滑动，因此可在输送机两侧设置分选道口，以节约场地。滑块式分选机的震动小，基本不损伤货物，适用于分选各种形状、体积和重量小于 90kg 的货物。滑块式分选机的分选能力可达每小时 12000 件，准确率高达 99.9%，是当代最新型的高速分选装置之一。滑块式分选机如图 2-23 所示。

（10）摇臂式分选机。为了提高系统的分选效率，在主道上安装一根摇臂，通过控制货物的流向实现对货物的分选，这就是摇臂式分选机。摇臂式分选机的摇臂上安装的齿形皮带可使分流速度更快、分选更准确，使分选效率达每小时 2500 件。

（11）推出式分选机。推出式分选机是附在输送机上的一类装置，是通过 90°分流来实现货物分选的。分流可采用气缸侧向推出方式、摇臂推出方式、辊道侧翻推出方式。其优点是装置简单，价格也不高，货物分流精确、可靠。但是货物及货物的包装必须结实，否则货物会损坏或四处散开；货物的运行速度也不能太高；货物的包装，特别是包装箱的底面一定要平。一般而言，推出式分选机的效率为每小时 1000～1200 件，调整气缸的伸出速度和回程速度可提高分选效率。

下面介绍另一类自动分拣系统——自动拣选机。它一般用于一次分拣作业，可以单独使用，也可以和自动分选机结合使用。目前，自动拣选机主要用于拣选包装单元单一的货物。

自动拣选机的优点：在相同货物品种下，拣选面积比采用传统方式减少 30%～50%，拣选速度可达每小时 1200 张订单，拣选成本比采用传统方式节省 1/3～2/3，拣选准确率高（大于 90%）。

自动拣选机的缺点：价格较高，需要专人（或设备）经常补货；可使用范围较小，只适合拣选体积较小的货物。

4）分拣信号的输入与识别

分拣信号的输入与识别的方法主要有键盘输入、声音输入、激光扫描器输入及射频识别（Radio Frequency Identification，RFID）。

（1）键盘输入。操作人员一边看着货物包装箱上粘贴的标签或书写的号码，一边利用键盘将该号码输入。一般键盘为十码键，键盘上有 0～9 的数字键和重复、修正等键。键盘输入方式操作简单、费用低、限制条件少，但操作人员必须集中注意力，因为劳动强度大，易出差错——看错、输入错（国外研究资料显示，人工差错率约为 1/300），而且输入速度慢，一般为每小时输入 1000～1500 件。

（2）声音输入。采用这种方式需将操作人员的声音预先输入控制器的计算机中，这样，当货物经过设定的装置时，操作人员依次读出包装箱上的标签号码，计算机接收声音并将其转换为分拣信息，发出指令，传送到分拣系统的各执行机构。与键盘输入相比，声音输入的速度要快些，可实现每小时输入 3000～4000 件。操作人员较省力，可将双手腾出来做其他工作。但由于需事先储存操作人员的声音，因此当操作人员偶尔声音嘶哑时，结果就会出现差错。根据国外物流企业的实际使用情况，声音输入经常出现故障，使用效果并不理想。

（3）激光扫描器输入。当被拣货物的包装上贴印着代表物流信息的条形码时，操作人员可以利用激光扫描器自动识别条形码上的分拣信息，并将分拣信息输送给控制器。由于激光扫描器的扫描速度极快，每秒可扫描 100～120 次，且能来回对条形码进行扫描，因此能将输送机上高速移动的货物上的条形码正确读出。激光扫描器输入方式费用较高，且货物需要配有物流条形码，但输入速度快，可与输送带的速度同步，可实现每小时输入超 5000 件，差错率极低，因此规模较大的配送中心都采用这种方式。

（4）射频识别。RFID 是一种非接触式的自动无线识别和数据获取技术，其识别工作无须人工干预，可工作于各种恶劣环境中，且可识别高速移动的货物并可同时识别多个标签，操作快捷、方便，准确率高。目前，这种带有可读和可写并能防范非授权访问的存储器的智能芯片已经广泛应用于物流领域，用于实时记录和跟踪各种各样的移动货物信息。

2. 物流机器人

物流机器人目前在行业内还没有明确的定义，有人称其为 AGV，也有人将其理解为仓储机器人，还有人认为应用在物流领域的机器人可统称物流机器人，如图 2-24 所示。从行业应用的角度出发，以物流的"仓""运""配"三大核心要素为基准，将应用在搬运、码垛、分拣、末端配送等重要物流环节的机器人可统称物流机器人，如 AGV、码垛机器人、分拣机器人、末端配送机器人等。

图 2-23　滑块式分选机　　　　图 2-24　物流机器人

1）物流机器人的分类

物流机器人属于工业机器人的范畴，是指应用在仓储环节，可通过接受指令或系统预先设置的程序，自动执行货物转移、搬运等操作的机器装置。物流机器人作为智慧物流的重要组成部分，顺应了新时代的发展趋势，成为物流行业解决高度依赖人工、业务高峰期分拣能力有限等瓶颈问题的突破口。根据应用场景的不同，物流机器人可分为 AGV、智能化叉车、码垛机器人、分拣机器人、AMR、RGV 六大类。

（1）AGV（Automated Guided Vehicle）即自动导引运输车，广义上是指基于各种定位导航技术，不需要人驾驶的自动运输车辆。也就是说，有人驾驶的运输车辆（如有人驾驶的叉车）都不是 AGV，而没有人驾驶的运输车辆都是 AGV。AGV 是一种具备高性能的智能化物流搬运设备，主要用于货物的搬运和移动。AGV 可分为有轨导引车和无轨导引车。顾名思义，有轨导引车只能沿着轨道移动；无轨导引车则无须借助轨道，可任意转弯，灵活性及智能化程度更高。AGV 的核心技术包括传感器技术、导航技术、伺服驱动技术、系统集成技术等。

AGV

AGV 在国外的应用时间较早，目前已经在制造业、港口、码头等领域得到普遍应用，在国内有部分企业逐渐重视并应用 AGV 来完成一些简单的搬运任务。AGV 作为一种柔性化和智能化物流搬运机器人，以亚马逊的 Kiva 机器人最具代表性，国内企业也纷纷推出各自的物流机器人。AGV 在我国汽车制造业（主要是零部件制造）中应用较多，在电力、烟草、乳品和饮料等行业中也都有应用。可以说，AGV 是物流设备中自动化水平最高的物流机器人，是物流自动控制系统中最具有柔性化的一个环节，其几乎囊括了所有物流设备的技术。

（2）智能化叉车，在智能制造、智慧仓储快速发展的带动下，智能化叉车的市场需求不断增加。AGV 式叉车作为智能化叉车的一类重要载体，其市场空间也开始在需求与技术发展的合力驱动中进一步显现。AGV 式叉车通过在叉车上加载各种导引技术，构建地图算法，并辅以避障安全技术，以实现叉车无人化作业。智能化叉车具有人工智能技术的特征。新能源、数字化和

智能化叉车

自动化等先进技术被应用于传统叉车，以提高驾驶安全性和工作效率，降低保养维修费用等运营费用，实现更全面、准确的数据采集和分析应用，进而实现叉车与其他物流设备、仓储设备之间的互联，从单一产品应用走向系统化应用，最终实现整体优化。智能化叉车如图 2-25 所示。

与传统叉车相比，智能化叉车主要有如下关键技术和应用优势：一是智能化叉车的感知技术，如车载超高频 RFID 读/写技术，可对巷道标签、货位标签、货物标签进行有效识别感知，实现出入库系统自动确认；二是与信息系统调度指令的交互技术，最典型的是车载计算机和手持设备的应用，可大大提高物流效率；三是智能化叉车的各类传感器的应用，如测量速度、重量、碰撞、温度、油压、电量等的传感技术，使叉车总线控制数据更加丰富，再配以系统安全预警，可实现对设备状态的监控；四是将智能化叉车的位置、任务、状态、效率等信息汇集到"工业车辆远程平台"上，进行大数据处理和输出，实现智能化叉车的远程运维和租赁运营。

目前，激光导航主要分为有反射板激光导航和无反射板激光导航，二者在技术上并没有本质的区别，但有反射板激光导航应用更广泛，受现场环境的影响更小。

（3）码垛机器人（见图 2-26）是一种用来堆叠货物或执行装箱、出货等物流任务的机器设备。每台码垛机器人携带独立的机器人控制系统，能够根据不同货物进行不同形状的堆叠。码垛机器人进行搬运重物作业的速度和质量远远高于人工，具有负重大、频率高、灵活性强的优势。按照运动坐标形式分类，码垛机器人可分为直角坐标机器人、关节机器人和极坐标型机器人。

仓储设施设备及配置 项目 2

图 2-25 智能化叉车　　　　图 2-26 码垛机器人

码垛机器人适用于纸箱、袋装、罐装、箱体、瓶装等各种形状的包装成品的码垛作业。从效率上说，码垛机器人不仅负重高，而且速度远远优于人工；从精度上看，每台码垛机器人都有独立的控制系统，极大地保证了作业精度，完全可以满足物流码垛作业的定位要求；从稳定性上讲，目前最先进的码垛机器人已经达到六轴，配以相应的科学合理的刚性机械本体设计，其不仅能适应大负重、高频率的码垛作业，还能满足分拣烦琐、灵活性大的作业的要求。码垛机器人的优点如下。

① 高生产性。码垛机器人具有优良的性能、构造、专用工具，有助于提高生产力；快速且动作范围大，可为提高生产性能做出巨大贡献；采用中空结构避免抓手电缆故障。搬运码垛专用软件可以自动生成码垛程序，轻松确认码垛状态，轻松选择和更换作业内容，具有强大的选择能力，将码垛机器人的高生产性体现得淋漓尽致。

② 可搬运的货物重量范围广。可搬运的货物重量范围为 3～800kg，灵活多变，适合各种需要搬运的货物与作业环境（小到食品，大到各种大型设备），适用性强，将人从繁重的体力劳动中解放出来。

③ 节省空间。码垛机器人采用小型控制柜，使占地面积减少 42%，安装偏柜后最多可以控制 72 根轴，相当于 8 台机器人。双重化 CPU（Central Processing Unit，中央处理器）构成的功能安全单元可对机器人的动作范围进行限制，即将安全栏设置到工作需要的最小区域内，从而大大减少对宝贵的生产空间的占用。

④ 维修简单。不断追求监控、故障诊断及构造上的改善，这样有助于缩短维修时间、在发生故障时的检修时间及部件更换时间。

码垛机器人操作人员要具有较高的专业性。由于码垛机器人结构控制上的复杂性，码垛机器人的操作人员需要进行专业的培训。如果操作不当，那么即便是一个简单的动作，也可能导致很大的安全事故。垛码机器人需要人工设定程序，其无自主判断能力。

（4）分拣机器人是一种可以快速进行货物分拣的机器设备，如图 2-27 所示。分拣机器人可利用图像识别系统分辨货物的形状，先用机械手抓取货物，然后将货物放到指定位置，实现货物的快速分拣。分拣机器人运用的核心技术包括传感器、物镜、图像识别系统、机械手。

拣选作业可由分拣机器人来进行品种拣选，如果货物品种多、形状各异，那么分拣机器人需要带有图像识别系统和机械手，这样，分拣机器人每到一种货物托盘处就可根据图像识别系统"看到"货物的形状，用与之相应的机械手抓取货物，并将货物放到搭配的托盘上。目前，抓取分拣机器人在物流仓储中的应用不是很多，但它有着广阔的应用前景。

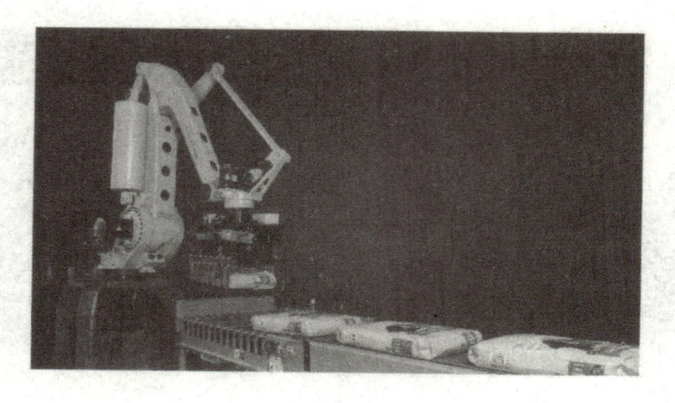

图 2-27　分拣机器人

① 自动化色码扫描技术。应用自动化色码扫描技术，操作人员只需扫描货物上的条形码，将相关信息输入分拣系统，分拣机器人便会接收到指令，判断货物将会进入哪个分拣区域。该项技术的核心在于分拣系统的控制装置，它依据商家或货主提供的货物材质、重量等因素进行信息分类，发出分拣指令。据此，分拣机器人便会将货物运送到各分类区域。

② 自动化数量检测技术。对网络购物来说，及时补充货物，以满足客户的需要是十分重要的。分拣机器人不仅可以对货物进行自动分类，还可以对仓库内的数据信息进行检测。

（5）AMR（Automatic Mobile Robot）即自主移动机器人。与 AGV 相比，它具备一定的优势，主要体现在三个方面：智能化导航能力更强，能够利用相机、内在传感器、扫描仪探测周围的环境，规划最优路线；自主操作的灵活性更强，通过软件进行简单的调整即可自由调整运输路线；经济实用，可以快速部署，初始成本低。

AMR

AMR 的本质是机器人，而 AGV 的本质则是一个大型的执行器。从技术层面而言，AMR 具备强大的计算能力，采用多种传感器，通过识别当前环境中已经存在的特征、轮廓等信息进行定位和灵活导航，并做出相应的决策。简单来说，AMR 无须人为增加标志物，它可以自主规划最优的路线进行移动，是从"被动导引"向"自主移动"的技术飞跃的产物。而 AGV 的一举一动都依赖于中央控制系统的调度。AMR 如图 2-28 所示。

图 2-28　AMR

与 AGV 相比，AMR 具有以下优势。

① 实施部署更便利。AMR 无须电线、磁条或对建筑物基础设施进行奢侈的改装，启动速度更快，成本更低，且在部署过程中不会造成生产中断，几乎可以立即实现生产效率

的提升。而 AGV 受到固定路线的限制，如果要更改这些固定路线，就需要额外的成本，并且会中断生产进程。

② 运行环境更安全。AGV 的运行环境往往是需要进行无人化隔离的，或者在有人的环境中设置专用的运行通道，以保障人与物的安全。而 AMR 可以应用于人机混流的工作环境中，大大提高了工作效率和场地利用率。

③ 投资回报率更高。和 AGV 相比，实施部署一套 AMR 系统无须高昂的铺设标志物的成本。公开资料显示，我国业内用 AGV 的，每改造 10000m^2 的传统仓库，需要 500 万元左右的初期投入，这还不包括机器人的购置成本。这笔高昂的初期投入是很多企业难以承受的。另外，随着企业业务的增减，AMR 的数量可随时增减，有效提升了 AMR 的利用率，从而降低使用成本。综合来看，AMR 是一个成本更低的物流解决方案。

（6）RGV（Rail Guided Vehicle）即穿梭车，它既是一种智能仓储设备，也是一种智能机器人，可以通过编程完成取货、运送、放置等任务，并可与 WMS（Warehouse Management System，仓储管理系统）进行通信，结合 RFID、条形码等识别技术，配合叉车、堆垛起重机、穿梭母车运行，实现自动化立体仓库的存取货。它适用于密集存储货架区域，具有运行速度快、灵活性强、操作简单等特点，可实现自动化识别、存取等。

RGV

如何提高仓储空间的利用率，高密度地存储货物？一个有效的解决方案是采用由货架、巷道和 RGV 组成的存储系统。

RGV 运行在巷道上，在系统排程或遥控命令指导下，RGV 提升台面先向上举升，把托盘顶起来，并将其托载运行到目的地，再把托盘上的货物存入货位或从货位中取出。RGV 可将货架深处的托盘移动到货架的最前端。操作人员用叉车或升降机可将 RGV 置于不同的轨道上。

目前，市场上有很多种类的 RGV，如两向 RGV（见图 2-29，RGV 在单巷道上运行）、子母 RGV（母车牵引一系列的子车在巷道上运行）、料箱轻载 RGV、四向 RGV。

图 2-29　两向 RGV

RGV 的优势在于其运行速度快、存储密度高，它不仅可以提高物流效率和空间利用率，还可以大幅节省人力与仓储面积，灵活性好、易于扩展。RGV 的数量由巷道深度、货物总量、出货频率等综合因素决定。整个 RGV 立体仓库系统的效率的关键不仅仅在于 RGV 本身的技术含量，更在于运行系统，以及运行系统和企业现有的 WMS、ERP（Enterprise Resource Planning，企业资源计划）系统的对接。

2）物流机器人的发展历程

传统物流仓储业在以往的发展中极度依赖人工，难以实现高效率、低成本，尤其由于近年来人力成本快速提高，传统物流仓储业受到极大冲击。近年来，各个物流企业都积极开始企业的升级转型，不断引进自动控制系统，追赶机器换人的潮流，以期提高效率，降低成本，增强企业竞争力，求生存，求发展，这也直接促进了物流机器人的面世及飞速发展。

物流机器人大致可以分为三代。

第一代物流机器人：主要是以传送带及相关机械为主的设备，为机器人原型，实现了从人工化到自动化的转变。

第二代物流机器人：主要是以AGV为代表的设备，可实现一些简单的功能，如搬运，典型代表是亚马逊的Kiva智能物流机器人。该类型的物流机器人虽然依托AGV技术，但实际上仍然需要人工最终完成手拣货物操作，效率有待进一步提升，人工成本仍然较高。

第三代物流机器人：直面行业技术"痛点"，在效率和功能上远超第二代物流机器人，能够完成按需全自主地抓取、分拣、运输任务。例如，日立机器人、Fetch&Freight等，实现了从自动化到智能化的转变。第三代物流机器人由移动车体、机械臂和机械手等组成，具备高度的自主性，具备多种功能。

简单来说，第三代物流机器人在第二代物流机器人的基础上增加了替换人工的机械手、机械臂、视觉系统、智能系统，提供了更友好的人机交互界面，并且与现有物流管理系统的对接更完善，具有更高的执行效率和准确性。

物流机器人不仅具有一般的编程能力和操作功能，还具有相当发达的"大脑"，它利用中央处理器和传感器进行导航与定位、路线规划、智能控制。大多数专家认为，物流机器人至少要具备三个要素：一是感觉要素，用来认识周围环境的状态；二是运动要素，对外界做出反应性动作；三是思考要素，根据感觉要素所得到的信息，思考出采用什么样的动作。

物流机器人的出现必将改变传统的物流运作模式，主要表现在以下几个方面。

（1）减少从订单到交货的时间。物流机器人会让订单从生产设施到分拣机器人、货盘、装卸码头、集装箱的运输过程更加便利。

（2）减少错误和对逆向物流的需要。物流机器人可以记录海量数据，还可以精准地审查数据、寻找错误，这无疑会减少物流过程中订单信息错误的发生，而所产生的逆向物流的需求也将减少。

（3）减轻劳动力负担。物流机器人的使用可以减轻工作人员所承担的体力劳动，如长时间行走、装卸搬运超重货物等。

此外，机器人不需要食物和水，可以不间断地工作，并能通过互联网与其他设备连接，这些对传统的物流模式都将产生重要影响。

3）AGV和仓储物流机器人的区别

AGV是指装备有电磁或光学等自动导引装置，能够沿规定的导引路线自动行驶，不需要驾驶员，具有安全保护及各种移载功能的运输车。仓储物流机器人则是在传统AGV的基础上进行了改良和升级，其性能更加优越，更能满足智能物流时代的需要。仓储物流机器人支持多种更加先进的导航方式，如二维码导航、激光导航、SLAM（Simultaneous Localization and Mapping，同步定位与建图）导航等，特别是SLAM导航可以实现完全无轨，路线自由，大大提升了仓储物流机器人的柔性。

除此之外，仓储物流机器人还有强大的后台系统支持，并且支持多机器人配合作业，可自主进行路线规划，自主导航，无须人工干预，可完成自动拣选、搬运、分拣等作业。仓储物流机器人在我国的发展前景良好，多家企业已进入这个行业。

目前，仓储物流机器人行业还属于一个比较年轻的行业，系统的稳定性、机器人的故障率等因素或多或少会影响客户的满意度和评价。已经有仓储物流机器人企业开始着眼于提升客户服务质量，更多地关注机器人系统的稳定性及机器人系统能否解决客户的"痛点"问题，这也标志着行业在不断发展。

4）我国仓储物流机器人行业的发展

我国仓储物流机器人行业的发展时间较短，大部分仓储物流机器人企业的成立时间较短，机遇与挑战并存。一方面，仓储物流机器人可在物流行业的转型升级中发挥积极作用，尤其是在劳动繁重的搬运环节及需要较多劳动力资源的分拣环节。目前，行业内已经涌现出几家发展速度较快、技术水平较高的仓储物流机器人企业，如快仓和海康威视等。由于行业发展前景较好，且仓储物流机器人的技术研发需要大量的资金支持，因此仓储物流机器人行业的投融资动作频繁。另一方面，仓储物流机器人行业还面临着一系列挑战。

智能仓储技术

（1）仓储物流机器人行业属于新兴行业，在快速发展壮大的同时也暴露出了一些问题：仓储物流机器人的智能化程度不够，导致其在多场景运行下的反应能力不足；仓储物流机器人的功能不全，障碍物识别存在盲区，在产品的设计上还需添加独立的开关按钮；仓储物流机器人带载运行稳定性差，容易出现无法举升货架或行驶轨迹偏移等严重问题；我国仓储物流机器人企业的服务水平相比工业发达国家来说存在一定差距，还需进一步提升系统稳定性及减少仓储物流机器人的故障率。

（2）以电商物流为主的服务限制了仓储物流机器人向其他行业渗透。当前，我国仓储物流机器人行业面临的最大挑战是如何解决客户的"痛点"问题，如降低物流环节的劳动力成本和提高分拣效率等。因此，仓储物流机器人企业所提供的产品与服务必须能满足客户的实际物流需求，这样既能增强仓储物流机器人企业的核心竞争力，也能促使仓储物流机器人走向产品化。

（3）本土品牌的影响力不够。仓储物流机器人企业还需继续加强品牌建设，加大对核心零部件的研发力度，推动行业快速走向成熟。

二、保管设备

保管设备是仓库保管货物的主要设备，对于在库货物质量的维护有着重要的作用。在各种类型的仓库中，保管设备不仅是不可缺少的，而且数量很大。保管设备通常可分为以下几种。

1. 苫垫用品

苫垫用品主要包括苫布、垫垛用品等。在机械化水平低、仓库建筑标准低的条件下，苫垫用品是仓库必要的保管设备。

2. 货架

货架是指用支架、隔板或托架组成的立体储存货物的设施。货架是仓库中常用的装置，

是专门用于放置成品的保管设备,有着非常重要的作用。随着现代工业的迅猛发展,物流量的大幅度增加,为实现仓库的现代化管理,改善仓库的功能,货架不仅要数量多,而且要具有多功能,并能满足机械化、自动化的要求。使用货架既方便货物存取与进出业务,又能提高仓容利用率。

货架的分类标准很多,具体如下。

(1) 按货架的发展来分,货架可分为传统货架和新型货架。

① 传统货架,包括层架、层格式货架、抽屉式货架(见图2-30)、橱柜式货架、U形架、栅架、鞍架、气罐钢筒架、轮胎专用货架等。

② 新型货架,包括旋转式货架、移动式货架、装配式货架、调节式货架、托盘货架、进车式货架、高层货架、阁楼式货架、重力式货架、屏挂式货架等。

(2) 按货架的适用性来分,货架可分为通用货架和专用货架。图2-31为一种专用货架。

图2-30 抽屉式货架

图2-31 专用货架——图书货架

(3) 按货架的制造材料来分,货架可分为钢货架、钢筋混凝土货架、钢与钢筋混凝土混合式货架、木制货架(见图2-32)、钢木合制货架等。

(4) 按货架的封闭程度来分,货架可分为敞开式货架(见图2-33)、半封闭式货架、封闭式货架等。

图2-32 木制货架

图2-33 敞开式货架

(5) 按货架的结构来分,货架可分为层架、层格式货架、抽屉式货架、三脚架(见图2-34)、栅架等。

（6）按货架的可动性来分，货架可分为固定式货架、移动式货架（见图2-35）、旋转式货架、组合货架、可调式货架、流动储存货架等。

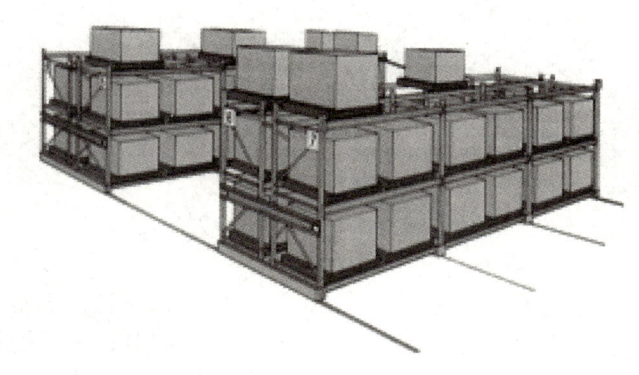

图2-34　三脚架　　　　　　　　图2-35　移动式货架

（7）按货架与仓库建筑间的结构来分，货架可分为整体结构式货架（货架直接支撑仓库屋顶和围棚）、分体结构式货架（货架与建筑物分别为两个独立货架系统，如图2-36所示）。

（8）按货架的载货方式来分，货架可分为悬臂式货架（见图2-37）、橱柜式货架、棚板式货架。

（9）按货架的构造来分，货架可分为组合可拆卸式货架、固定式货架（其中又分为单元式货架、一般式货架、流动式货架、贯通式货架）。贯通式货架如图2-38所示。

图2-36　分体结构式货架　　　　图2-37　悬臂式货架　　　　图2-38　贯通式货架

（10）按货架高度来分，货架可分为低层货架（高度在5m以下，如图2-39所示）、中层货架（高度在5～15m）、高层货架（高度在15m以上）。

（11）按货架重量来分，货架可分为重型货架（每层货架载重量在500kg以上，如图2-40所示）、中型货架（每层货架载重量为50～500kg）、轻型货架（每层货架载重量在50kg以下）。

图 2-39　低层货架　　　　　　　　　图 2-40　重型货架

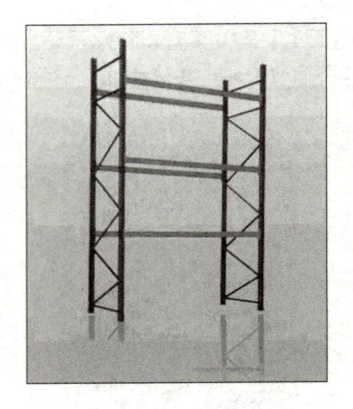

3. 托盘

为了使货物能有效地装卸、运输、保管，于是人们将货物按一定数量组合放置于台面上，这种台面有供叉车从下部叉入并将台板托起的叉入口，而以这种结构为基本结构的平板、台板和在此基础上形成的各种形式的集装器具都可统称托盘。

托盘是一种重要的集装器具，是物流领域中为了适应装卸机械化而发展起来的。托盘的发展可以说是与叉车的发展同步的，叉车与托盘的共同使用形成了有效装卸系统，大大促进了装卸活动的发展和装卸机械化水平的大幅度提高，使长期以来运输过程中的装卸瓶颈问题得以改善。所以，托盘的出现也有效地促进了全物流过程水平的提高，它不仅可以简化包装，降低成本，使包装可靠，减少损失，而且节省人力，能实现高层码垛，充分利用空间。

与集装箱相比，托盘有这样一些特点：①自重小，本身所消耗的劳动力较少，无效运输及装卸相对集装箱要少；②返空容易，返空时占用运力很少，由于托盘造价不高，又很容易互相代用，互以对方托盘抵补，因此无须像集装箱那样必有固定归属者，返空比集装箱容易；③装盘容易，无须像集装箱那样深入箱体内部，装盘后可采用捆扎、紧包等技术处理，使用简便；④装载量有限，装载量虽较集装箱少，但也能集中一定数量，比一般包装的组合量大得多；⑤保护性差，保护性比集装箱差，露天存放困难，需要有仓库等配套设施。

托盘的规格比较多，到目前为止，世界各国还没有完全统一的标准。根据美国的国家标准，托盘尺寸为 1.219m×1.016m。欧洲国家采用 0.8m×1.2m 尺寸的较多，而德国、英国和荷兰都采用 0.8m×1.2m 和 1m×1.2m 两种尺寸的。亚洲国家或地区（以日本、韩国、新加坡和我国台湾地区为核心）采用 1.1m×1.1m 尺寸的比较多。在我国，《通用半托盘尺寸及性能要求》（GB/T 40479—2021）与《联运通用滑板托盘尺寸及性能要求》（GB/T 40481—2021）两项通用托盘国家标准已正式实施。前者规定了通用半托盘的材料及类型、尺寸及公差、额定载荷、要求、检验与试验，适用于通用半托盘的设计、生产、检验及使用。后者规定了联运通用滑板托盘的组成及名称、结构、材质代号、装载质量、材料、尺寸、性能要求及试验，适用于将产品和货物组合成单元货物，以及使用带有推拉装置的叉车进行装卸、运输和储存的联运通用滑板托盘的设计、生产、检验及使用。《木质平托盘 通用技术要求》（GB/T 31148—2022）规定了木质平托盘的样式和结构、要求、试验方法、检验规则，以及标志、包装、运输与贮存等内容，适用于重复使用的木质平托盘的设计、生产和检验。通用平托盘的平面尺寸规定为 1m×1.2m 和 1.1m×1.1m。已得到国际标准化组织认可的托盘尺寸有 1.140m×1.140m、0.8m×1.2m、1m×1.2m、1.1m×1.1m、1.016m×1.219m。

托盘的种类很多，主要有以下几种。

1）平托盘

一般所称的托盘主要指平托盘。平托盘是托盘中使用量最大的一种，可以说是托盘中的通用型托盘。平托盘的分类如下。

（1）按台面分类，平托盘可分为单面型、单面使用型、双面使用型等，如图 2-41 所示。

单面型　　　　单面使用型　　　　双面使用型

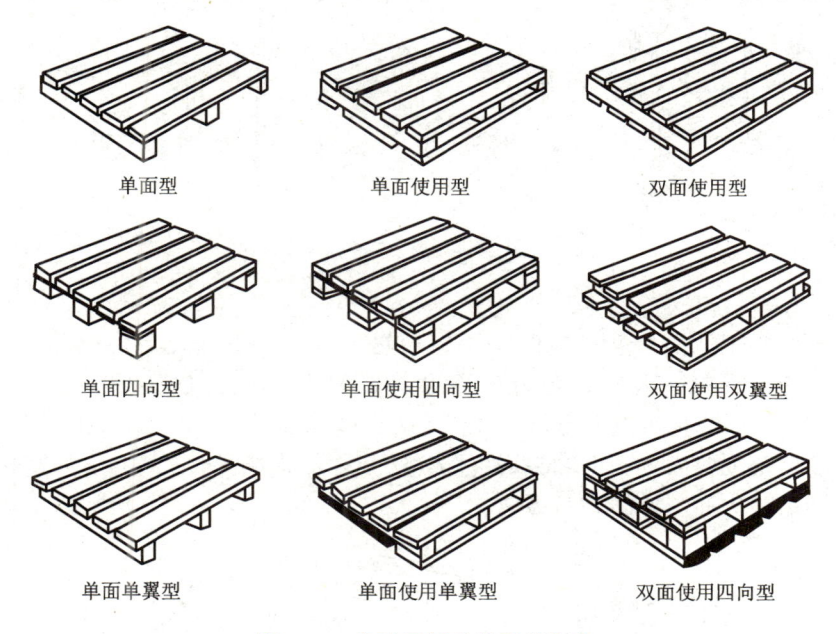

单面四向型　　单面使用四向型　　双面使用双翼型

单面单翼型　　单面使用单翼型　　双面使用四向型

图 2-41　各种平托盘的形状构造

（2）按叉车的叉入方式分类，平托盘可分为单向叉入型、双向叉入型、四向叉入型三种。其中，对于四向叉入型的托盘，叉车可从四个方向进叉，因而作业比较灵活。

（3）按制造材料分类，平托盘可分为木质平托盘（制造方便，便于维修，本体较轻，是广泛使用的平托盘）、钢质平托盘（用角钢等异型钢材焊接制成的平托盘，和木质平托盘一样，也有各种叉入型和单面、双面使用型等形式，如图 2-42 所示）、塑料平托盘（如图 2-43 所示，采用塑料模制成平托盘，一般是双面使用型，双向叉入或四向叉入，由于塑料强度有限，很少有翼形的平托盘）、高密度合成板托盘（用各类废弃物经高温高压压制而成，属于再生环保材料，抗高压，承重性能好，成本低）。

图 2-42　钢质平托盘　　　　图 2-43　塑料平托盘

2）柱式托盘

柱式托盘的四个角有固定式或可卸式的柱子，这种托盘的进一步发展又可从对角的柱子上端用横梁连接，使柱子成门框形。柱式托盘的柱子部分用钢材制成，按柱子固定与否分为固定式和可卸柱式两种。

柱式托盘的主要作用有两个：一是防止托盘上置货物在运输、装卸等过程中塌垛；二是利用柱子支撑承重，可以将托盘货载堆高叠放，而不用担心压坏下部托盘上的货物，如图2-44所示。

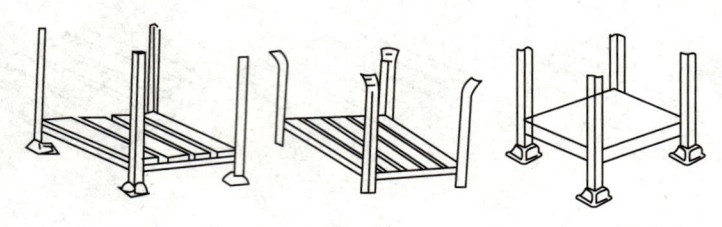

图2-44 柱式托盘

3）箱式托盘

箱式托盘的基本结构是沿托盘的四个边由板式、栅式、网式等各种平面组成箱体，有些箱体上有顶板，有些箱体上没有顶板。箱板有固定式、折叠式和可卸式三种。箱式托盘的主要特点有两个：一是防护能力强，可有效防止塌垛，防止货损；二是由于四周有护板、护栏，因此装运范围较大，不但能装运可码垛的包装形状整齐的货物，还可装运各种异形包装、不能稳定的货物，如图2-45所示。

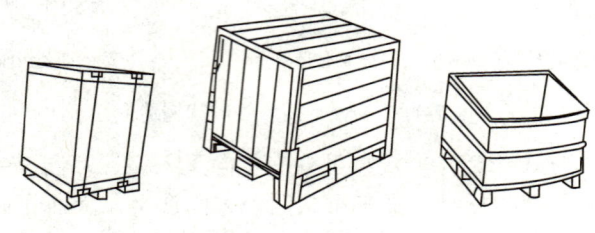

图2-45 箱式托盘

4）轮式托盘

轮式托盘的基本结构是在柱式托盘、箱式托盘下部装上小型轮子，如图2-46所示。这种托盘不但具有一般柱式托盘、箱式托盘的优点，而且可利用轮子做小距离移动，不需搬运机具就能实现搬运；可利用轮子做滚上滚下的装卸，便于放于车内、船内，所以轮式托盘有很强的搬运性。此外，轮式托盘在生产物流系统中还可兼做作业车辆。

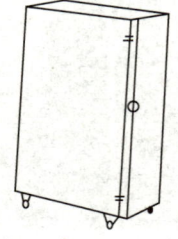

图2-46 轮式托盘

小提示

托盘的合理使用

（1）选购或制作托盘应严格保证托盘的质量。以木托盘为例，木材的材种和材质、铺板、横梁尺寸应符合国家标准，含水率应低于25%，节疤少，边板不能有木节。钉子的规格、排列和数量要符合规定。钉子必须用80~90mm长的四线螺旋钉，而不是普通的圆钉，且钉入前要先钻孔。铺板时，钉子的方向应与木纹一致。

（2）合理使用托盘。叉车叉取托盘时，叉齿要保持水平，不应上下倾斜；叉车必须对准叉孔，垂直于托盘，不应斜着进出；严禁甩扔托盘，更不准让空托盘以边角落地；不准用叉齿推移、拖拉托盘；空托盘用叉车整齐叠放，避免碰撞和日晒雨淋。单块空托盘不宜平放，以免被压坏；若用绳索捆扎货物，则捆扎方向应与边板平行，不应垂直于铺板，以免受力松动。

（3）加强养护和维修。要有专人负责检查，一经发现其有任何损坏，应立即停止使用，同时进行及时修理。

4. 计量设备

计量设备是货物进出库计量、点数，以及在库盘点、检查中经常使用的度量衡设备。根据计量方法，计量设备可以分为如下几类：重量计量设备，包括各种磅秤、地下及轨道衡器、电子秤等；流体容积计量设备，包括流量计、波面液位计；长度计量设备，包括检尺器、自动长度计量仪等；个数计量装置，如自动计数器及自动计数显示装置等；综合的多功能计量设备等。计量设备的管理对货物进出库工作效率来讲关系重大。

5. 养护检验设备

养护检验设备是货物入库验收与在库养护、测试、化验，以及防止货物发生变质、失效的一系列机具、仪器、仪表等技术装备，主要有测湿仪、红外线装置、空气调节器，以及测试、化验使用的部分仪器和工具。此类设备在大型仓库及特种仓库中使用较多，在小型通用仓库中使用较少。

6. 通风、照明、保暖设备

通风、照明、保暖设备是指进行货物养护工作和库内作业使用的设备。

7. 安全设备

安全设备包括保障消防安全和劳动安全的必要设备，如各种报警器、灭火器材、劳动保护用品等。

8. 其他用品及工具

其他用品及工具是指杂项的工具、用品，可按实际需要选购配备，凡不归属以上七类的各种用品和工具都归属此类，如标号打印机等。

此外，加工作业的仓库还需配备专用的加工生产机械设备，如自动分拣机、液体分装机、打包机等。

三、自动化立体仓库

以功能齐全的自动化立体仓库取代传统的普通仓库已成为世界仓储建设发展的潮流。智研咨询发布的《2020—2026年中国自动化立体仓库行业市场竞争策略及发展趋势预测报

告》显示，据不完全统计，美国拥有各种类型的自动化立体仓库20000多座，日本拥有38000多座，德国拥有10000多座，英国拥有4000多座。根据中国物流技术协会统计的数据，截至2020年年底，我国自动化立体仓库保有量达到4300座。

1. 自动化立体仓库的概念

自动化立体仓库是指用高层立体货架储存货物，以巷道式堆垛起重机存取货物，并通过输送机系统、自动控制系统、计算机仓库管理系统及其周边设备，自动进行出入库存取作业的仓库。

自动化立体仓库按照结构特点可分为整体式结构的自动化立体仓库和分立式结构的自动化立体仓库两类。整体式结构的自动化立体仓库的高层货架不仅可作为货架储存货物，还可作为仓库的支柱和屋架结构，即货物与仓库建筑结构成为一个建筑整体。分立式结构的自动化立体仓库是指仓库建筑与高层货架分别建造，在结构上分开独立的自动化立体仓库。分立式结构的自动化立体仓库结构整体性较差，精度较低，但设计与施工较容易，建设周期短，投资费用少，是自动化立体仓库的发展趋势。

2. 自动化立体仓库的构成

自动化立体仓库一般由高层货架、仓储机械设备、建筑物及控制管理设施、周边设备等部分组成。自动化立体仓库示意图如图2-47所示。

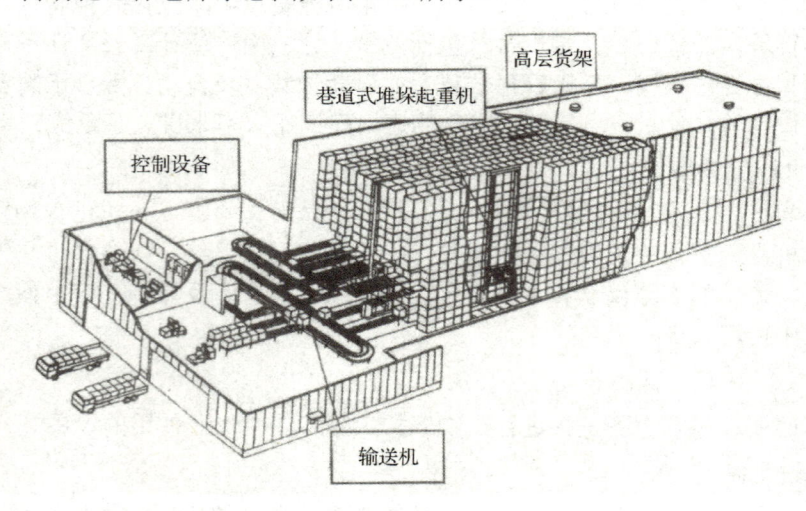

图2-47 自动化立体仓库示意图

高层货架一般用钢材或钢筋混凝土制成。常用的仓储机械设备包括各种堆垛起重机、高架叉车、辊式或链式输送机、巷道转移台车、升降机、AGV、RGV等搬运设备和输送设备，以及货箱、托盘等。建筑物及控制管理设施主要包括厂房、消防系统、照明系统、通风及采暖系统、动力系统、排水设施、避雷设施、环保设施等。周边设备主要包括由电缆桥架、配电柜托盘、调节平台、钢结构平台等辅助设备组成的复杂的自动控制系统等。

自动化立体仓库主要包括货物储存系统（货架）、货物存取和传输系统、控制和管理系统三大系统，以及周边配套搬运系统。

1）货物储存系统

货物储存系统是由立体货架的货格组成的，常用的货物储存系统是单元货架式的。货物储存系统如图 2-48 所示。

2）货物存取和传输系统

货物存取和传输系统具备货物出入库和存取功能，主要由巷道式堆垛起重机、出入库输送机械、装卸搬运机械组成。自动化立体仓库除需要具备高层货架和巷道式堆垛起重机外，还需要具备进库区与仓库、仓库与出库区之间的传输系统。物流中心常用的传输系统有各种输送机械、叉车、自动搬运小车、升降机、分类机械等。物流中心的各种输送设备和各作业区结合成一体，构成出入库运输系统，形成自动化立体仓库的物流系统。下面主要介绍巷道式堆垛起重机和输送机系统。

（1）巷道式堆垛起重机（见图 2-49）。巷道式堆垛起重机主要用于自动存取货物。它在高层货架的巷道内来回穿梭运行，将位于巷道口的货物存入货格，或者取出货格内的货物，并将其运送到巷道口。它的额定重量一般为几十千克到几吨，其中 0.5t 的设备使用最多。它的行走速度平均为每分钟 30m，提升速度平均为每分钟 10m。目前，巷道式堆垛起重机是自动化立体仓库中最常用的搬运、存取设备。它由机架运行机构、提升机构、载货台、存取机构、电气设备、安全保护装置等构成。巷道式堆垛起重机按结构形式可分为单立柱和双立柱两种基本形式；按服务方式可分为直道、弯道和转移车三种基本形式。

图 2-48　货物储存系统　　　　　　　图 2-49　巷道式堆垛起重机

（2）输送机系统（见图 2-50）。输送机系统是自动化立体仓库的主要外围设备，负责将货物运送到巷道式堆垛起重机上或从巷道式堆垛起重机上将货物移走。输送机的种类非常多，常见的有辊道输送机、链条输送机、升降台、分配车、提升机、皮带机等。

3）控制和管理系统

控制和管理系统采用计算机管理和控制。目前自动化立体仓库的控制方式有三种类型：集中控制、分离式控制和分布式控制。分布式控制是目前国际发展的主要方向。存取系统的计算机中心或中央控制室在接收到出库或入库信息后对输入的信息进行处理：计算机发出出库或入库指令，巷道式堆垛起重机、自动分拣机及其他周边搬运设备按指令启动，协调完成自动存取作业。管理人员在控制室对整个过程进行监控和管理。

图 2-50　输送机系统

（1）自动控制系统：是驱动自动化立体仓库系统各设备的系统，目前主要采用现场总线方式控制模式。

（2）库存信息管理系统：亦称中央计算机管理系统，是自动化立体仓库系统的核心。目前，典型的自动化立体仓库系统均采用大型的数据库系统（如 Oracle、Sybase 等）构筑典型的客户机/服务器体系，可以与其他系统（如 ERP 系统等）联网或集成。

4）周边配套搬运系统

巷道式堆垛起重机只能在巷道内进行存取作业。货物出入库还需要配合周边配套搬运系统。周边配套搬运系统中的设施包括搬运机、AGV、叉车、台车、托盘等。周边配套搬运系统的作用是配合巷道式堆垛起重机完成货物的输送、搬运、分拣等作业，还可临时取代其他主要搬运系统，使存取系统维持工作，完成货物出入库作业。AGV（见图 2-51）根据导向方式可分为感应式导向小车和激光导向小车。

图 2-51　AGV

3. 自动化立体仓库的作业

1）入库作业

入库作业包括以下几个步骤。

第一步，在货物入库时，操作人员首先在条形码打印机上打印出条形码，并将条形码贴在包装箱的指定位置。

第二步，操作人员在计算机中输入准备入库货物的数量、货位信息等，也可以利用激光扫描器扫描包装箱上的条形码；计算机在读取数据后将数据保存在入库管理数据库中，并自动为货物分配货位。

第三步，操作人员使用输送搬运设备将准备入库的货物搬到入库辊道上，之后入库辊道自动载着货物向前传送。

第四步，在货物到达入库口的固定条形码识别器位置时，固定条形码识别器识别到准备入库货物的信息，计算机通过通信接口向 PLC（Programmable Logic Controller，可编程逻辑控制器）发送准备入库命令。

第五步，巷道式堆垛起重机接收到发来的信号，自动移动到进货缓冲口，叉起货物并将货物分配到指定货位。

当完成入库作业时，巷道式堆垛起重机向计算机反馈完成信息，计算机根据这些信息判断入库作业是否正常。

2）在库管理

为了更好地管理和监控库内货物，自动化立体仓库必须由计算机控制。

（1）计算机货位管理，即把货物编码和货位联系起来，做好货位分配。分配原则有以下几点：①将重的货物存放在下面的货位，将较轻的货物存放在高处的货位；为了使货架稳定，货物应分散存放在仓库的不同位置，避免因集中存放造成货格受力不均。②先进先出，同种货物先入库者先出库；加快周转，减少因货物长期积压而产生锈蚀、变形、变质及其他损坏造成的损失。③提高效率，就近入/出库。

（2）计算机查询系统。为了方便对库内货物进行管理，自动化立体仓库必须构建计算机查询系统。计算查询系统有以下几个功能：在库查询，输入货物编号显示该货物的在库状况；空货位查询；货位号和托盘号查询；跟踪查询；出入库历史查询。

（3）计算机库存图示监控系统。建立计算机库存图示监控系统的主要目的是方便管理库内货物。操作人员只要查看计算机库存图示监控系统，就能对自动化立体仓库的在库货物一目了然。一般计算机库存图示监控系统分为三个层次：自动化立体仓库俯视图、储货区俯视图和货架俯视图。

3）出库作业

自动化立体仓库在组织出库作业时，操作人员在仓库管理控制系统中输入出库信息，通信系统将此信息传输给PLC，由PLC向堆垛起重机控制系统发送出库指令。于是，巷道式堆垛起重机控制器发出指令，开动巷道式堆垛起重机，由巷道式堆垛起重机从指定货位上取出货物并将其放在停货平台上，由推送器将货物推到输送机上并传送到出货口处，之后由叉车或输送机将货物运送出库。

自动化立体仓库的使用还未普及到仓储行业中的所有仓库，后续章节将针对仓库入库、在库、出库的基本作业进行详细讲解。

Mission 任务 2　仓储作业设备配置

知识要点

◆ 仓储作业设备配置的原则和方法

能力培养

学生能够运用本任务所介绍的知识和方法，根据仓储公司的业务情况，科学、合理地配置所必需的各种作业设备。

任务背景

上海 TS 仓储有限公司是刚刚注册的一家公司,主要提供各种螺丝、螺母、螺栓等小五金的存储服务。该公司实行三班制,每班 8 小时,有 4 个仓库,预计每个仓库的年吞吐量分别为 $7.25×10^6$t、$9.1×10^6$t、$3.5×10^6$t、$5.6×10^6$t,仓库高 20m,仓库平面图如图 2-52 所示。假设搬运装卸作业辅助时间平均为 5 分钟,无二次搬运,要求机械化达到中等程度,请试着为该公司配置货架、搬运装卸等生产作业设备(要写出各种作业设备配置的数量、规格型号及配置的理由,并详细描述配置过程)。

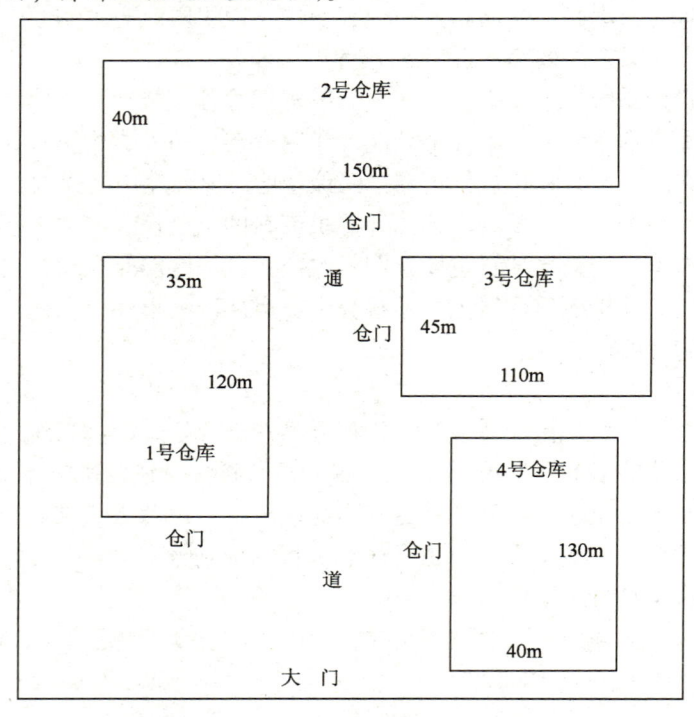

图 2-52 上海 TS 仓储有限公司仓库平面图

任务分析

仓储作业设备的配置是仓储管理工作的重要内容,它不仅关系到仓库的建设成本和运营费用,而且关系到仓库的生产效率和效益。装卸搬运工作是仓储作业中占比较大的工作,以下以仓库中装卸搬运设备的数量配备为例,讲解仓储作业设备配置的原则和方法。

任务实施

一、计算配置系数

装卸搬运设备的配置数量主要根据仓储作业量来确定,使仓库有较高的配置系数。配置系数可通过下列公式计算得出:

$$K = \frac{Q_c}{Q_t}$$

式中，K——设备配置系数，一般取值为 0.5～0.8；

Q_c——设备能力，即设备一年能完成的物流量；

Q_t——仓储公司一年的总物流量。

在通常情况下，$K>0.7$，表明机械化作业程度高；$0.5≤K≤0.7$，表明机械化作业程度中等；$K<0.5$，表明机械化作业程度低。

二、计算设备配置的数量

在配置作业设备时，操作人员可以根据仓库等的要求预先设定一个 K 值（要求达到的机械化作业程度）来计算设备所需完成的物流量，从而进行设备的配置计算。设备数量配置可用下列公式计算得出：

$$Z = \sum_{i=1}^{m} Z_i$$

式中，Z——设备总台数；

m——设备类型数；

Z_i——第 i 类设备台数，计算公式如下：

$$Z_i = \frac{Q_{c,i}}{Q_e \beta \eta \delta \tau}$$

式中，$Q_{c,i}$——第 i 类设备一年能完成的物流量；

Q_e——设备的额定载重量；

β——起重系数，即平均一次搬运的重量与 Q_e 的比值；

η——单位工作小时平均搬运的次数，由运行距离、运行速度及所需辅助时间决定；

δ——时间利用系数，即设备年平均工作小时与 τ 的比值；

τ——年日历工作小时，一班制取 8 小时乘以工作日数。

设备能力的评价系数 β、η、δ 值应根据作业场所的性质、货物种类及设备类型进行实测确定。

仓储公司一年的总物流量 Q_t 可由下述公式计算得出：

$$Q_t = \sum_{i=1}^{n} (H_i d_i)$$

式中，n——作业场所的数目；

H_i——第 i 个场所的年吞吐量；

d_i——第 i 个场所的倒搬系数，根据货物的重复搬运次数确定，如没有二次搬运，则取 1。

设备年计划完成的物流量 Q_c 可由仓储公司一年的总物流量 Q_t 乘以设备配置系数 K 求得：

$$Q_c = Q_t K$$

在计算某类设备数量时，$Q_{c,i}$ 可由 Q_c 分配决定。

想一想，议一议

如何使用仓储作业设备才能做到安全、环保？

知识链接

现代仓储作业设备配置原则

1. 适应性

设备的型号、规格应与仓库的作业量、货物出入库频率相适应。所以相关人员要明确仓库的类型，被储存货物的性质、数量及对储存条件的要求，同时还要考虑仓库的日平均出入库量，以配置符合仓库储存需要的设备。在进行各类设备配置时，还要注意处理好各类设备之间的衔接问题，以最大限度地发挥设备的作用。

2. 经济性

仓库设备的配置必须从仓库的自身经营需要出发，在满足经营规模需要的情况下，以最少的资金占用来配置相对全面的设备，以实现仓库的最大经济效益。

3. 先进性

随着现代技术的发展，各类新设备不断涌现，这些设备的性能更适应现代仓储作业的要求，因此应尽量配置较为先进的技术设备，以提高仓储企业的生产能力和生产效率。

知识拓展

现代仓储作业设备配置时应考虑的因素

1. 货物特性

储存货物的外形、尺寸直接关系到货架规格的选择；储存货物的重量直接关系到货架强度的选择；货物储存单位直接影响到货架类型的选择。

2. 存取性

货物的存取性与储存密度有着密切的关系。当储存密度过大时，货物的存取性就相对较差。有些货架储存密度较佳，但当采用"先进先出"的管理方式时却很难适应。只有自动化立体仓库能很好地解决货物的存取性与储存密度之间的问题，但投资成本较高。

3. 出入库量

在选择出入库输送设备和分拣设备时，应充分考虑仓库的出入库量，根据仓库的作业频率来选择相应的设备。

4. 仓库架构

在进行仓库设备选择时，仓库的可用高度、梁柱的位置、地坪承载能力、防火设施等都是应考虑的重要因素。

同步练习

某企业打算建设 5 个综合性库房，每个库房的面积为 60m×15m（即 900m²），每个库房的年吞吐量是 19000t，无二次倒搬，所存放的单件货物的最大重量为 5t，库房的设备配置系数是 0.95，要求合理配备装卸搬运设备。备选设备的情况如下：

序　号	设　备	额定起重、载重量 (t)	运行速度 (m/分钟)	跨度（m）	结构特点
1	桥式起重机	5	70	13.5	通用双梁
2	叉车	5	15	3.25 （最小外侧转弯半径）	内燃平衡重式

项目 2 仓储设施设备及配置

两种设备工作状况的参数如下：

设　　备	起重、载重系数	单位工作小时平均吊装或搬运次数	时间利用系数	年日历工作小时（一年工作时间为 280 天）
桥式起重机	0.45	6	0.7	7×280=1960 小时
叉车	0.45	4	0.65	7×280=1960 小时

引导任务操作提示

第一步，根据任务中提供的储存货物信息、年吞吐量等信息，选择具体的作业设备。

计算题答案

第二步，根据任务中给定的"搬运装卸作业辅助时间平均为 5 分钟，无二次倒搬，要求机械化达到中等程度"等条件，结合年吞吐量等信息，确定配置系数，再利用公式 $Z = \sum_{i=1}^{m} Z_i$、$Z_i = \dfrac{Q_{c,i}}{Q_e \beta \eta \delta \tau}$、$Q_t = \sum_{i=1}^{n}(H_i d_i)$、$Q_c = Q_t K$ 计算出该公司实际需要的作业设备数量。

学习情况自评表

班级：　　　　姓名：　　　　学号：　　　　组别：

序　号	评　价　内　容	分值/分	实际得分/分
1	各种作业设备配置合理、数量精确、规格型号正确且符合成本节约原则	20	
2	配置理由阐述充分	10	
3	计算过程详细	5	
4	工作计划表填写规范，分工明确	5	
5	能在规定的时间内完成任务	5	
6	合作态度好，服从分工和领导	5	
7	不迟到、不早退、不缺课	5	
8	课堂表现好，积极参加讨论	20	
9	PPT 制作精美，汇报展示内容全面、详略得当、语言清晰	15	
10	撰写的学习报告内容正确、完整，有自己的心得体会	10	
	合　　计	100	

思政指导

本项目要求学生对仓储日常工作中所使用的设施设备有清晰的认识，能针对货物的不同分类、货物的保管要求，综合考虑仓储中心（仓库）的现状和未来长久发展，选择合适的设施设备，不轻视普通的手动人力机械，不盲求高科技自动化的智能设备。教师在教学中可注重引导学生建立正确的价值观、培养思辨力，灵活运用本部分知识实现仓储设施设备的精准配置。

职业考证要点

★ 常用的仓储设施设备
★ 托盘的规格
★ 仓储作业设备配置的原则和方法

Exercise 2 实践与思考 2

技能训练题

某大型连锁经营企业打算建立一个中央仓库，仓库的年业务量为 $8×10^6$t，单位有效面积平均承重能力为 2.0 t/m^2，平均存储天数为 30 天，仓库面积利用系数为 0.4，有效工作时间为 300 天。该企业经营的主要商品是食品、服装、化妆品、洗涤用品、饮料、酒水等日用百货，大米、面粉等粮油，彩电、冰箱等家用电器，地砖、马桶等装饰装潢材料。日用百货主要用货架储存，粮油、家用电器在木地板地面堆存，装饰装潢材料主要露天存放。$8×10^6$t 的年业务量中，日用百货 $2×10^6$t（其中酒水、饮料 $5×10^5$t）、粮油 $1.6×10^6$t、家用电器 $4×10^5$t、装饰装潢材料 $2×10^6$t，办公面积需要 800m^2，作业设备存放及维修需要 600m^2，仓库占地面积为 200m×150m。假设该企业实行三班制，每班 8 小时，搬运装卸作业辅助时间平均为 12 分钟，无二次倒搬，要求机械化程度较高。请为该仓库配置搬运装卸作业设备（要写出各种作业设备配置的数量、规格型号及配置的理由，需要假设的条件由学生自己确定）。

知识巩固题

1. 仓储作业设备配置的原则是什么？
2. 仓库中常用到哪些作业设备？
3. 设计仓储作业设备配置方案需要考虑哪些因素？

Project 3 项目3 货物入库作业

Mission 任务 1 入库货物的接运与验收

知识要点

- 货物接运的主要方式
- 货物验收的主要内容及应查看的关键证明
- 对验收中发现的问题的处理

能力培养

学生能够运用本任务所介绍的知识和方法，针对不同货物的特点，选择适当的接运方式，进行有针对性的验收，并能通过学习、操作训练，提升合作意识、协作精神，锻炼沟通能力，培养成本意识和环保意识。

任务背景

上海JL仓储有限公司接到上海某医疗器械公司的一笔储存业务。该医疗器械公司计划在2023年9月10日将一批货物储存在上海JL仓储有限公司，货物详细情况如表3-1所示。假设储存货物中有少部分外包装箱受了潮，开箱检查时发现某几种货物少了几个（具体多少只外包装受潮、哪几种货物少了、少了多少，由学生自由设定）。请完成该笔业务的入库接运与验收工作，并填写相关表单。

表3-1 上海某医疗器械公司储存货物情况一览表

序号	品名	数量	重量（kg/箱）	包装	生产日期
1	一次性使用输液器	30箱	20.5	1个/袋，10袋/盒，20盒/箱；纸箱尺寸：80cm×55cm×40cm	2023.8.23
2	一次性无菌医用口罩	25箱	4	1个/袋，60个/箱；纸箱尺寸：55cm×35cm×30cm	2023.8.29

续表

序号	品名	数量	重量(kg/箱)	包装	生产日期
3	一次性使用无菌注射器	30箱	15	1个/袋，60个/箱；纸箱尺寸：50cm×35cm×30cm	2023.8.20
4	高频电刀	30箱	25	1个/盒，30个/箱；纸箱尺寸：48cm×36cm×40cm	2023.8.29
5	制氧机	20台	65	1台/箱；纸箱尺寸：150cm×775cm×60cm	2023.8.20
6	血压仪	25箱	6	1台/盒，40盒/箱；纸箱尺寸：50cm×35cm×30cm	2023.8.24
7	血糖仪	30箱	12	1台/盒，10盒/箱；纸箱尺寸：50cm×35cm×30cm	2023.8.18
8	无菌导尿包	15箱	7	1个/包，36包/箱；纸箱尺寸：55cm×35cm×30cm	2023.8.16

建议：采用角色扮演法完成，角色可分为车站货运部工作人员、提货员、送货员、接收员、验收员、收货员、账务员等；储存货物可用空纸箱代替；提前设计好台词。

任务分析

货物的接运是入库业务流程的第一个作业环节，也是仓库与外部发生的直接经济联系。它的主要任务是及时而准确地提取入库货物，要求手续清楚，责任分明，为仓库验收工作创造有利条件。货物的验收是指仓库在货物正式入库前，按照一定的程序和手续，对到库货物进行数量、质量、包装等检查，以验证是否符合仓储合同规定。货物的接运与验收是货物入库和保管的前提，其工作完成的质量直接影响货物入库后的保管、保养和仓储公司的经济效益。

任务实施

一、货物的接运

货物接运的主要方式如下。

（一）提货

1. 到车站、码头提货

到车站、码头提货是指由外地托运单位委托铁路、水运、民航等运输单位代运，或者邮递货物到达本埠车站、码头、民航站、邮局后，仓库依据货物通知单派车提运货物的作业活动。此外，在接受货主的委托，代理完成提货、末端送货活动的情况下也会发生到车站、码头等地提货的作业活动。采用这种方式的大多是针对到货批量较小的货物。

提货人员应了解所提货物的品名、型号、特性，一般保管知识及装卸搬运注意事项等，腾出存放货物的场地；了解到货时间和交货情况，根据到货多少组织装卸人员、机具和车辆，按时前往提货地。

提货人员提货时应根据运单及有关资料详细核对品名、规格、数量，并注意商品外观，查看包装、封印是否完好，有无受潮、水渍、油渍等异状。若有疑点或不符，应当场要求运输单位检查。对于短缺损坏情况，凡属运输方面责任的，应做出商务记录；属于其他方责任，需要运输单位证明的，应做出普通记录，由运输人员签字。注意，记录内容与实际情况要相符。在到库运输中要做到不混不乱，避免碰坏；针对危险品，应按照危险品搬运规定办理。货物到库后，提货人员应与保管员密切配合，尽量做到提货、运输、验收、入库、堆码一条龙作业，从而缩短入库验收时间，并办理内部交接手续。

2. 到货主单位提货

到货主单位提货是仓库受托运单位的委托，直接到货主单位提货的一种形式。其作业内容和程序主要是当仓库接到托运通知单后，做好一切提货准备，并将提货与货物的初步验收工作结合在一起进行，最好在货主单位人员在场的情况下当场进行验收。提货人员要按照验收注意事项提货，必要时可由验收人员参与提货。

3. 托运单位送货到库

托运单位送货到库的方式通常在托运单位与仓库在同一城市或在附近地区，不需要长途运输时采用。其作业内容和程序是，当托运单位送货到仓库后，提货人员根据托运单（需要现场办理托运手续的，先办理托运手续）当场办理提货验收手续，检查外包装，清点数量，做好验收记录。有质量和数量问题的，托运单位应在验收记录上签字。

4. 铁路专用线到货

铁路专用线到货的方式是指仓库备有铁路专用线，大批整车或零担到货接运的形式。一般铁路专用线都与公路干线联合，在这种联合运输形式下，铁路承担主干线长距离的货物运输，汽车承担支线部分的直接面向收货方的短途运输。

在接到铁路专用线的到货通知后，收货人员应立即确定货位，力求缩短场内搬运距离，组织好卸车所需要的机械、人员及有关资料，做好卸车准备。

在车皮到达后，收货人员应引导对位，进行检查，看车皮封闭情况是否良好（车窗、铅封、苫布等有无异状），根据运单和相关资料核对到货的品名、规格、标志，并清点件数，检查包装是否有损坏或有无散包，以及是否有受潮或其他损坏现象。若在检查中发现异常情况，收货人员应请铁路部门派人员复查，做出普通记录或商务记录，注意记录内容应与实际情况相符，以便交涉。卸车时，收货人员要注意为货物验收和入库保管提供便利条件，分清车号、品名、规格，不混不乱，保证包装完好，不碰坏，不压伤，更不自行打开包装；同时要注意根据货物的性质合理堆放，以免混淆。卸车后，收货人员在货物上应标明车号和卸车日期，编制卸车记录，记明卸车规格、数量等，连同有关证件和资料，尽快向保管员交代清楚，办好内部交接手续。到/接货交接单（范本）如图3-1所示。

(二) 仓库收货

当货物到库后，仓库收货人员首先要检查货物入库凭证，根据入库凭证列的收货单位和货物名称与送交货物的内容和标记进行核对，然后就可以与送货人员办理交接手续了。如果在以上工序中无异常情况出现，收货人员就在送货回单上盖章标示货物收讫；如果有异常情况，就必须在送货回单上将其详细注明并由送货人员签字，或者由送货人员出具差错、异常情况记录等书面材料，作为事后处理的依据。

收货人员	发 站	发货人员	品 名	标 记	单 位	件 数	重 量	车 号	运单号	货 位	合同号

送货人：　　　　　　　　　　　　　接收人：　　　　　　　　　　　经办人：

图 3-1　到/接货交接单（范本）

二、货物的验收

凡货物进入仓库储存，必须经过验收，只有经验收后的货物方可入库保管。货物入库验收是仓库把好"三关"（入库、保管、出库）的第一关。抓好货物入库质量关，能防止劣质商品流入流通领域，划清仓库与生产部门、运输部门及销售部门的责任界限，也为货物在仓库中的保管提供第一手资料。

（一）货物验收的程序与内容

1. 验收准备

验收准备是货物入库验收的第一道工序。仓库在接到到货通知后，应根据货物的性质和批量提前做好验收的准备工作，主要包括以下内容。

（1）全面了解验收货物的性能、特点和数量，据此确定存放地点、垛形和保管方法。

（2）准备堆码苫垫所需材料和装卸搬运设备及人力，以便使验收后的货物能及时入库，减少货物停顿时间。若入库货物是危险品，则需要准备防护设施。

（3）准备相应的检验工具，并做好事前检查，以保证验收数量的准确性和质量的可靠性。

（4）收集和熟悉验收凭证及有关资料。

（5）对于进口货物或上级业务主管部门指定需要检验质量的货物，应通知有关检验部门会同验收。

2. 核对凭证

入库货物必须具备下列凭证。

（1）货主提供的入库通知单和订货合同副本，这是仓库接收货物的凭证。

（2）供货单位提供的验收凭证，包括材质证明书、装箱单、磅码单、发货明细表、说明书、保修卡及合格证等。

（3）承运单位提供的运输单证，包括提货通知单、登记货物残损情况的货运记录、普通记录、公路运输交接单等，作为向责任方进行交涉的依据。

核对凭证，就是将上述凭证加以整理后进行全面核对。仓库相关人员要将入库通知单、订货合同副本与供货单位提供的所有凭证逐一核对，相符后才可以进入实物检验环节；如果发现有证件不齐或不相符等情况，要与存货/供货单位、承运单位和有关业务部门及时联系解决。图 3-2、图 3-3 为入库通知单、送货单的范本。

品　名	规　格	单　位	数　量	包　装

图 3-2　入库通知单（范本）

No._____

送货单位：　　　　　　　　　　　　　　　　　　　　　　　送货日期：　年　月　日

品　名	规　格	单　位	数　量	包　装

送货单位：（盖章）　　　　送货人：　　　　收货单位：（盖章）　　　　收货人：

图 3-3　送货单（范本）

3．检验货物

检验货物是仓储业务中的一个重要环节，包括数量检验、质量检验和包装检验三个方面的内容，即复核货物数量是否与入库凭证相符，货物质量是否符合规定的要求，货物包装能否保证在储存和运输过程中的货物安全。

1) 数量检验

数量检验是保证货物数量准确不可缺少的环节，要求货物入库时一次进行完毕。一般在进行质量检验之前，该项工作由仓库保管职能机构组织进行。根据货物性质和包装情况，数量检验有三种形式，即计件、检斤、检尺求积。

（1）计件。计件是指对按件数供货或以件数为计量单位的货物，做数量验收时的件数清点。计件货物应全部清查件数（比如带有附件和成套的机电设备，须清查主件、部件、零件和工具等）。对于固定包装的小件货物，如果包装完好，打开包装对保管不利，那么，国内货物可采用抽验法,即按一定比例开箱点件验收(可抽验内包装的 5%~15%)。其他货物,只检查外包装,不拆包检查;贵重物品,应酌情提高检验比例或全部检验;进口货物,按合同或惯例处理。

(2)检斤。检斤是对按重量供货或以重量为计量单位的货物,做数量验收时的称重。货物的重量一般有毛重、净重之分。毛重是指包括包装重量在内的实重。净重是指货物本身的重量,即毛重减去皮重。通常所说的货物重量多指货物的净重。金属材料、某些化工产品多半进行检斤验收。对于按理论换算重量供应的货物,如金属材料中的板材、型材等,应先通过检尺,然后按规定的换算方法换算成重量验收。对于进口货物,原则上应全部检斤,但如果订货合同规定按理论换算重量交货,则按合同规定办理。

(3)检尺求积。检尺求积是对以体积为计量单位的货物,如木材、竹材、沙石等,先检尺再求体积所做的数量验收。

凡是经过数量检验的货物,都应该填写磅码单,如图 3-4 所示。在做数量检验之前,还应根据货物来源、包装好坏或有关部门规定,确定对到库货物是采取抽验的方式还是全验的方式。

送货单位＿＿＿＿＿＿＿＿＿＿＿＿＿＿＿＿＿＿＿＿　合同编号＿＿＿＿＿＿＿＿＿＿＿＿＿＿＿
品　　名＿＿＿＿＿＿＿＿＿＿＿＿＿＿＿＿＿＿＿＿　规格型号＿＿＿＿＿＿＿＿＿＿＿＿＿＿＿

序　号	重量/kg	序　号	重量/kg	序　号	重量/kg

司磅员:　　　　　　　　　　　　　　　　　　　　　日期:

图 3-4　磅码单(范本)

2)质量检验

质量检验包括外观检验、尺寸精度检验、机械物理性能检验和化学成分检验。仓库一般只做外观检验和尺寸精度检验,如果有必要,后两种检验则由仓库技术管理职能机构取样,委托专门的检验机构进行检验。

下面具体介绍一下外观检验。

外观检验是指通过人的感觉器官检查货物外观质量的过程,主要检查货物的自然属性是否因物理及化学反应而出现负面的改变,如是否出现受潮、霉烂等;检查货物包装的牢固程度;检查货物有无损伤,如变形、破碎等。对经外观检验有严重缺陷的货物,要单独存放,等待处理。凡经过外观检验的货物,都应该填写检验记录单。

外观检验的基本要求：凡是通过人的感觉器官检验货物后就可确定货物质量的，由仓储业务部门自行组织检验，并在检验后做好货物的检验记录；对于一些特殊货物，则由专门的检验部门进行化验和技术测定。当验收完毕后，应尽快签返验收入库凭证，不能无故积压单据。

3）包装检验

因为货物包装的好坏、干潮直接关系着货物的安全储存和运输，所以要对货物的包装进行严格验收。凡是合同对包装有具体规定的，要严格按规定验收，如箱板的厚度，纸箱、麻包的质量等。对于包装的干潮程度，一般采用眼看、手摸的方法进行验收。

此外，仓库还要对货物的标签、标志进行检验，主要检查货物的标签和标志是否具备、完整、清晰，标签、标志与货物内容是否一致等。

小提示

货物验收的基本要求

（1）及时：到库货物必须在规定的期限内完成验收入库工作。

（2）准确：验收应以货物入库凭证为依据，准确地检验入库货物的实际数量和质量状况，并通过书面材料准确地反映出来，做到货、账、卡相符，提高账货相符率，降低收货差错率，提高企业的经济效益。

（3）严格：直接参与验收的人员要以高度负责的态度来对待这项工作，明确每批货物验收的要求和方法，并严格按照仓库验收入库的业务操作程序办事。

（4）经济：要合理组织调配人员与设备，以节省作业费用，在验收工作中，尽可能保护原包装，减少或避免破坏性检验。

（二）货物的验收程度

货物的验收程度是指对入库货物实施数量检验和质量检验的数量。它分为全验和抽验，原则上应采用全验的方式，对于大批量、同包装、同规格、较难损坏、质量较高、可信赖的货物可以采用抽验的方式，但如果在抽验中发现不符合要求的情况较多，应扩大抽验范围，甚至全验。

1. 数量检验的范围

（1）不带包装的（散装）货物的检斤率为100%，不清点件数；带包装的毛检斤率为100%，回皮率为5%～10%，清点率为100%。

（2）定尺钢材检尺率为10%～20%，非定尺钢材检尺率为100%。

（3）贵重金属材料100%过净重。

（4）有标量或标准定量的化工产品，按标量计算，核定总重量。

（5）对同包装、规格整齐、大批量的货物，以及包装严密、符合国家标准且有合格证的货物，采取抽验的方式，抽验率为10%～20%。

2. 质量检验的范围

（1）带包装的金属材料的抽验率为5%～10%，不带包装的金属材料全部目测检验。

（2）入库量10台以内的机电设备，检验率为100%；入库量在10～100台的机电设备，检验率不低于10%；运输、起重设备100%检验。

（3）仪器仪表外观质量缺陷查验率为100%。

（4）易于发霉、变质、受潮、变色、污染、虫蛀、机械性损伤的货物，抽验率为5%～10%。

（5）外包装存在质量缺陷的货物的检验率为100%。

（6）对于供货稳定，信誉、质量较好的厂家的货物，特大批量货物，可以采用抽验的方式进行质量检验。

（7）进口货物原则上进行100%逐件检验。

上述验收工作完成后，要填写货物入库验收单，如图3-5所示。

编号：

货物名称			型号/规格	
供　方			进货日期	
进货数量			验证数量	
验证方式				
验证项目	标准要求		验证结果	是否合格
检验结论		□合格	□不合格	
复检记录	1. 2.			
检验主管		检验员		日期
不合格品处置方法		□拒收	□让步接收	□全检
	批准			日期
备注		对于顾客的货品，其不合格品处置由顾客批准		

图3-5　入库验收单（范本）

知识拓展

特种货物的入库验收

一、化学危险品的入库验收

化学危险品是指具有易爆、易燃、毒害、腐蚀性、放射性等特性，在运输、装卸、储存过程中容易造成人员伤亡和财产损失而需要特别防护的货物。

化学危险品入库验收主要内容如下。

危险货物仓库爆炸事故

1. 核查品名和类别

危险品共分为九大类别，要确认拟入库的化学危险品究竟属于哪个类别，因为类别不同，入库后的养护保管措施也不同。

2. 包装检查

危险品的包装要经过规定的性能试验且具有检验标志，同时具有足够的强度，没有损坏和变形，封口严密等。包装应采用与危险品不相忌的材料，按包装容器所注明的使用类别盛装危险品。

3. 危险品标志检查

危险品的外包装上需要有明确、完整的标志，包括危险品的包装标志、储运标志、收发货标志，具体有包装容器的等级、编号，危险品的品名、收发货人、重量尺度、运输地点、操作指南，危险品的危害性质、等级的图示等。

4. 数量检查

数量检查主要指查验入库数量与入库单上的数量是否一致。

仓库管理人员要严格把关，做好核查登记。对于品名、性质不明或包装、标志不符，包装不良的危险品，必须拒收，或者根据残损处理程序进行处理，未经处理的包装破损危险品不得进入仓库，对于剧毒化学品必须实行双人验收制度。

二、冷藏品的入库验收

冷冻是指在低温的条件下储存货物的方法。冷冻保管根据控制温度的不同，可分为冷藏和冻藏两种方式。冷藏是指将温度控制在 0～5℃进行保存，冻藏则是指将温度控制在 0℃进行保存。

冷藏品在入库时除了需要对其进行查验、点数，还要对其温度进行测量，查验货物的内部状态，并进行详细记录，对于已出现霉变的货物不得接收入库。

另外，为了减少能耗，冷藏品的入库验收应选择在气温较低的时间段进行，如早晨、傍晚、夜间。

三、医药商品的入库验收

医药商品验收的内容包括相关证明材料验收、包装与标识验收、外观性状验收、数量验收，验收完毕要填写验收记录。

1. 相关证明材料验收

（1）加盖本企业印章的医疗器械药品生产企业许可证、医疗器械药品经营企业许可证和营业执照、医疗器械产品注册证和药品注册证的复印件及产品合格证。

（2）加盖本企业印章和企业法定代表人印章或签字的企业法定代表人的委托授权书原件，委托授权书应明确授权范围。

（3）销售人员的身份证。

（4）销售人员在销售所在地药品监督管理部门登记的证明。

（5）对国家实行强制性安全认证的医疗器械，还应当按照《中华人民共和国计量法》的规定查验并索取相关资料。

（6）进口医药商品应有符合规定的进口药品或医疗器械注册证、进口药品或医疗器械检验报告书的复印件；进口预防性生物制品、血液制品应有生物制品进口批件的复印件；

进口药材应有进口药材批件的复印件。以上批准文件应加盖供货单位质量检验机构或质量管理机构原印章。

2. 包装与标识验收

包装的主要检查内容如下。

（1）包装应完好无破损，每件包装中应有产品合格证。医疗器械的包装应符合国家相关法律法规，产品的外包装上必须标明产品注册证书编号。

（2）特殊管理药品、外用药品包装的标签或说明书上有规定的标识和警示说明，处方药和非处方药按分类管理要求，标签、说明书上有相应的警示语或忠告语；非处方药的包装有国家规定的专有标识。

（3）进口医药商品的包装标签应以中文注明商品的名称、主要成分和注册证号，并附有中文说明书。

标识验收主要查看标识是否清楚、完整。标识应有产品名称、规格型号、生产批号、无菌日期、有效期、产品注册号、许可证、执行标准号、注册商标、灭菌批号、储存条件、注意事项、产品说明、警示和提示说明，以及生产企业名称、地址、邮编、电话等。如果是药品，标识上还应有药品的成分、性状、适应症或功能主治、用法、用量、禁忌、不良反应等。

3. 外观性状验收

医药商品外观的性状验收包括色泽、发霉异物、金属器械的电镀层、仪器设备的油漆涂覆层、铝制品的电化学氧化膜等色泽和光洁度的检验，商品外形、尺寸的测量检验，零件及附件的清点（随机文件、配件、原理图、说明书、保修卡）等。主要检查外观质量是否符合相应标准，需特殊管理的医疗器械，如骨科植入医疗器械、填充材料、植入性医疗器械、婴儿培养箱及角膜塑形镜等，按国家有关规定及相关标准进行检验；一次性使用无菌医疗器械应抽样打开内包装检查其物理性能是否符合相应标准（可采用手摸、尺量、闻等方式）。

4. 数量验收

以检斤计件准确、数据真实可靠为工作目标，实现货、卡、账三相符。

以上验收完毕后应填写医药商品验收记录。验收记录的内容包括供货单位、数量、到货日期、品名、剂型、规格、批准文号、生产厂商、注册商标、有效期、质量状况、包装、验收结论、验收员备注和签章等。进口医药商品的验收记录还应包括有无证书和中文说明书。验收员根据验收具体情况写合格或不合格。相关人员凭验收员、保管员签章的入库凭证办理入账手续，保持账与货、卡的记录数据相一致。验收记录应保存至商品可使用期限过后一年以上。

（三）对验收中发现问题的处理

1. 破损

破损一般有以下两种情况。

（1）货物本身的破损，影响其价值或使用价值，甚至导致货物报废。

（2）包装的破损，影响货物的储存。

破损主要是接运前和接运中的责任。破损如果属于生产厂商、发货单位或承运单位的责任，提运员或接运员应向承运单位索取有关的事故记录，并交给保管员，作为进行索赔的依据。如果因接运过程中的装卸不当等造成破损，签收时应写明原因、数量等，报仓库主管处理，一般由责任方负责赔偿。

2. 短少

短少也分接运前和接运中两种情况。对接运前短少的，提运员或接运员应向相关交接部门索取有关短少的记录；对因接运中的装载不牢而导致货物丢失的，或者因无人押运而被窃的，在签收时应报告保卫部门进行追查处理。

3. 变质

（1）由于生产或保管不善、存期过长等原因导致货物变质的，若责任在供货方，则可退货、换货或索赔。保管员在签收时应详细说明变质数量和变质程度。

（2）承运中由于受污染等原因导致货物变质的，若责任在承运方，则保管员在签收时应索要有关记录，并交货主处理。

（3）提运中，由于货物混放、雨淋等原因造成变质的，是接运人员的责任。

4. 错到

（1）由于发运单位或承运单位的责任，如错发、错装等导致错到的，应通知发运方处理。

（2）由于提运、接运中的责任，如错卸、错装等导致错到的，保管员在签收时应详细注明，并报仓库主管负责追查处理。

（3）由于承运单位的责任，如错运、错送等导致错到的，应索要承运单位的记录，交由货主交涉处理。

（4）对于无订货合同、无到货计划的到货，保管员应及时通知货主查询，经批准后，才能办理入库手续。同时，货主要及时将订货合同、到货计划送交仓库。

图3-6为入库货物异常报告（范本）。

序号：　　　　　　　　　　　　　　　　　　　　　　　　日期：

货物编号	品　名	规　格	数　量	异常情况

送货人：　　　　　　　　　　　　　　　　　　　　　　　验收人：

图3-6　入库货物异常报告（范本）

同步练习

请依据你对入库的认识，画出货物入库的操作流程图。

引导任务操作提示

第一步，组建本项目学习小组，建议5人为一组。

第二步，进行角色分工，在到车站、码头提货情境下的角色扮演可设车站货运部工作人员（客串货主）、提货人员、验收人员、收货人员（客串仓库主管）、账务人员（客串仓库保管员）这几个角色；在到货主单位提货情境下的角色扮演可设货主单位物流部工作人员、提货人员、验收人员、收货人员（客串仓库主管）、账务人员（客串仓库保管员）这几个角色；在托运单位送货到库情境下的角色扮演可设送货员（客串货主）、提货人员、验收人员、收货人员（客串仓库主管）、账务人员（客串仓库保管员）这几个角色。

第三步，各角色撰写演练脚本。

第四步，进行正式演练前的训练。

第五步，分三种情境进行正式演练，每个学生对各个角色都要轮训到。

第六步，教师对每个小组的虚拟演练情况进行现场点评。

学习情况自评表

班级：　　　　　姓名：　　　　　学号：　　　　　组别：

序号		评价内容	分值/分	实际得分/分
1	送货人员（或车站货运部工作人员，或货主单位物流部工作人员）	正确填写了送货单、入库通知单，准确回答了提货人员或接货人员的问题，妥善处理了交接中出现的问题，交接程序正确，过程完整，无遗漏，表演真实、自然，台词恰当	14	
	提货人员（或接货员）	提货车辆、作业工具及相关设备准备齐全，并和任务及任务量匹配，提货或接货程序正确，交接手续完备，到/接货交接单填写正确，表演真实、自然，台词恰当	14	
	验收人员	凭证经核对齐全、无遗漏；正确进行了数量检验、质量检验、包装检验；正确填写了入库验收单和入库货物异常报告，表演真实、自然，台词恰当	14	
	收货人员	正确填写了入库单，妥善处理了交接中出现的问题，表演真实、自然，台词恰当	14	
	账务人员	正确填写了货物资料卡、保管账页，表演真实、自然，台词恰当	14	
2		能在规定的时间内完成任务	5	
3		合作态度好	5	
4		具有参与的主动性和积极性	5	
5		服从分工和领导	5	
6		撰写的学习报告内容正确、完整，有自己的心得体会	10	
		合　　计	100	

Project 3 项目 货物入库作业

Mission 任务 2　入库货物的编号

知识要点

◆ 入库货物编号的原则
◆ 入库货物编号的基本方法

能力培养

学生能够运用本任务所介绍的知识和方法，针对不同的入库货物进行科学、合理的编号。

任务背景

HW商贸公司准备将表3-2所示的货物储存到上海FX仓储有限公司，请分别用流水号编号法、数字分段编号法、分组编号法、实际意义编号法、后数位编号法和暗示编号法对该批货物进行编号，并将编号情况写下来。涉及的相关信息由学生自由假设。

建议学生独立完成。

表3-2　HW商贸公司储存货物一览表

序号	品名	品牌	规格型号	制造商
1	朝气版女式小花休闲衬衫	雨虹	M、L、XL	浙江A制衣有限公司
2	百带丽蕾丝女式长罩衫	丝雨	M、L、XL	浙江B制衣有限公司
3	秋色印花女式连衣裙罩衫	白莲	M、L、XL	浙江C制衣有限公司
4	男式阳光夏威夷衬衫	虎豹	M、L、XL	江苏D制衣有限公司
5	短袖紧实斜纹男式衬衫	宜爽	M、L、XL	湖南E制衣有限公司
6	秋季魅力黑色男式衬衫	冠军	M、L、XL	安徽F制衣有限公司
7	秋季爽朗格子男式衬衫	辰曦	M、L、XL	广东G制衣有限公司
8	运动套袖男式T恤	虎豹	M、L、XL	江苏D制衣有限公司
9	链绣男式T恤	虎豹	M、L、XL	江苏D制衣有限公司
10	经典重版男式T恤	宜爽	M、L、XL	湖南E制衣有限公司
11	实木沥水碗碟架	—	26cm×30cm×42cm 42cm×35cm×40cm	浙江H制造有限公司
12	耐克运动鞋	耐克	科比系列：41～45码 纳什系列：41～45码 刘翔系列：41～45码	I公司

83

续表

序 号	品 名	品 牌	规 格 型 号	制 造 商
13	阿迪达斯运动鞋	阿迪达斯	麦迪系列：41～45 码 邓肯系列：41～45 码 加内特系列：41～45 码	J 公司
14	好孩子童车	好孩子	四轮车：A516G-E528、A516G-E198 三轮车：C922A-E27、D888-D163、ZAPP-340 双胞胎车：SD599-G033、SD599-D344、SD593-G031	江苏 K 集团
15	小天使童车	小天使	四轮车：WA6PQA1317 三轮车：WA7PQA23681 双胞胎车：WA5PQA21	北京 L 童车有限公司
16	百爱童车	百爱	四轮车：C102 三轮车：N200	无锡 M 童车有限公司

任务分析

货物编号就是根据不同的库房条件、货物类别对货物进行有序编排，并用简明的文字、符号或数字来代替货物的名称、类别，以方便查找和出库，保证仓储作业准确而迅速地进行，避免出现管理混乱的情况。

任务实施

常用的编号方法有以下几种。

一、流水号编号法

流水号编号法：由 1 开始按数字顺序一直往下编，是最简单的编号法，属于延展式的方法，但要配合编号索引，否则无法直接理解编号意义，其示例如表 3-3 所示。

表 3-3　流水号编号法示例

编 号	货 物 名 称
1	洗发水
2	肥皂
3	牙膏
4	洗面奶

二、数字分段编号法

数字分段编号法：把数字分段，让每段数字代表具有共同特性的一类货物，其示例如表 3-4 所示。

表 3-4　数字分段编号法示例

编 号	货 物 名 称
1	4 块装肥皂
2	6 块装肥皂

续表

编　号	货　物　名　称
3	12块装肥皂
4	
5	
6	黑人牙膏
7	佳洁士牙膏
8	高露洁牙膏
9	
……	……

注：1～5预留给肥皂，6～12预留给牙膏。

三、分组编号法

分组编号法：依货物的特性分成多个数字组，每个数字组代表此项货物的一种特性。例如，第一个数字组代表货物的类别，第二个数字组代表货物的形状，第三个数字组代表货物的供应商，第四个数字组代表货物的尺寸，每个数字组位数的多少要视实际需要而定。此方法现在使用尤为普遍，其示例如表3-5所示。

表3-5　分组编号法示例

	类　别	形　状	供　应　商	尺　寸
编　号	07	5	006	110
含　义	饮料	圆筒	统一	4ft×9ft×15ft

四、实际意义编号法

实际意义编号法：在编号时，用部分或全部编号代表货物的重量、尺寸、距离、性能及其他特性。此方法有一个特点：通过编号即能了解货物的内容。其示例如表3-6所示。

表3-6　实际意义编号法示例

编　号	意　义
FO4915 B1	FO表示food，食品类
	4915表示4ft×9ft×15ft，尺寸大小
	B表示B区，货物所在的储区
	1表示第一排货架

五、后数位编号法

后数位编号法：运用编号末尾的数字来对同类货物做进一步的细分，也就是通过数字的层级关系来表示货物的归属类别，其示例如表3-7所示。

表3-7　后数位编号法示例

编　号	货　物　类　别
260	服饰
270	女装

续表

编　　号	货　物　类　别
271	上衣
271.1	衬衫
271.11	红色

六、暗示编号法

暗示编号法：用数字与文字的组合来编号，编号本身虽不能直接指明货物的实际情况（与实际意义编号法不同），但能暗示货物的内容。这种方法的优点是容易记忆，但又不易让外人了解，其示例如表3-8所示。

表3-8　暗示编号法示例

货物名称	尺　　寸	颜色与型号	供　应　商
BY	005	WB	10

注：BY表示自行车（bicycle）；005表示大小型号5号；W表示白色（white），B表示小孩型（boy's）；10表示供应商号码。

知识拓展

医药商品的编码

医药商品编码是国家统一制定的代码，涵盖医药商品品名、药品属性、药效、价格等多方面信息。医药商品编码按其所用的符号类型可分为数字型编码、字母型编码、混合型编码及条形码。

1. 数字型编码

数字型编码是用一个或若干个阿拉伯数字来表示商品的编码，其特点是结构简单，方便实用，便于计算机处理，是目前国际上普遍采用的一种编码。编制方法主要有顺序编码法、层次编码法、平行编码法和混合编码法等多种方法。

2. 字母型编码

字母型编码是用一个或若干个字母来表示商品的编码。编码可以采用各种字母，最常用的是英文字母，也有用拉丁字母和希腊字母的。在用英文字母对商品进行分类编码时，应按照字母表的顺序进行，通常用大写字母表示大类，用小写字母表示其他类目。字母型编码便于识别和记忆，符合消费者的使用习惯，但不便于计算机处理，而由于字母表中的字母有限，当编码对象数量较多时常出现重复现象。因此，字母型编码只适用于编码对象数量较少的分类体系，在商品分类编码中很少单独使用。

3. 混合型编码

混合型编码是由数字和字母混合而成的编码，它兼有数字型编码和字母型编码的优点，结构严密，具有良好的直观性，符合使用习惯。但由于混合型编码组成形式复杂，不利于计算机处理，因此并不常使用。

4. 条形码

条形码简称条码，是由一组宽窄不同、黑白（彩色）相间的平行线段按照一定的规则排列组合，用以表示一定信息的商品标识图形，如图3-7所示。一条完整的商品条形码包含商品的原产国、制造商、类别、名称等信息。条形码是一种专为计算机处理而编制的特殊的商品代码，可以由专用的光电扫描设备迅速识别并读入计算机。为了便于人们识别条形码所代表的字符，通常在条形码符号的下部印刷其所代表的数字、字母或专用符号。

图 3-7　条形码图例

知识链接

商品的代码结构

商品代码通常应用阿拉伯数字、字母或便于记忆和处理的符号形成一个或一组字符串，其基本结构包括以下几项。

（1）代码长度：一个代码中所包含的有效字符的个数。

（2）代码顺序：代码字符排列的逻辑顺序。

（3）代码基数：编制代码时所选用的代码字符的个数，如阿拉伯数字代码的字符为 0~9，基数为 10。

小提示

入库货物编号应遵循的原则

1. 简单性与完整性

简单性要求编号使用的各种文字、符号、字母、数字应尽量简单明了，以利于记忆、查询、阅读、抄写等各项工作，并降低出错概率。完整性要求所有的货物都应有对应的编号。

2. 对应性与规律性

对应性是指一个编号只能代表一项货物，不能代表多项货物，或者多个编号代表一项货物，即货物编号应具备单一性，一一对应。规律性强调统一和选择有规律的方法，以体现共性。

3. 伸缩性与延展性

伸缩性强调的是编号要考虑到未来新产品、新材料发展扩充的情况，要留有一定的余地，使新产品、新材料也有对应的唯一编号。延展性主要强调在对复杂的货物进行大分类后还要进行细分类，所以编号时应注意选择的数字或字母要具有延展性。

4. 易记忆性与易处理性

易记忆性强调编号要容易记忆，最好多些暗示和联想的作用，以便于记忆，使人不必进行强制性记忆。易处理性强调在计算机网络化的货物管理系统下使编号在计算机系统上方便查询、输入、检索等。

同步练习

请总结六种编号方法的优缺点。

引导任务操作提示

第一，按照流水号编号法的规则，为 HW 商贸公司的储存货物编号。
第二，按照数字分段编号法的规则，为 HW 商贸公司的储存货物编号。
第三，按照分组编号法的规则，为 HW 商贸公司的储存货物编号。
第四，按照实际意义编号法的规则，为 HW 商贸公司的储存货物编号。
第五，按照后数位编号法的规则，为 HW 商贸公司的储存货物编号。
第六，按照暗示编号法的规则，为 HW 商贸公司的储存货物编号。
第七，总结在本任务中使用不同编号法所制定的方案的优劣。

学习情况自评表

班级：　　　　姓名：　　　　学号：　　　　组别：　　　　时间：

序 号	评 价 内 容	分值/分	实际得分/分
1	流水号编号法编号正确	10	
2	数字分段编号法编号正确	10	
3	分组编号法编号正确	10	
4	实际意义编号法编号正确	10	
5	后数位编号法编号正确	10	
6	暗示编号法编号正确	10	
7	课后作业正确且按时完成，书写工整	6	
8	不迟到、不早退、不缺课	4	
9	课堂表现好，积极参加讨论	10	
10	PPT 制作精美，汇报展示内容全面、详略得当、语言清晰	10	
11	撰写的学习报告内容正确、完整，有自己的心得体会	10	
	合　　计	100	

Mission 任务 3　入库货物的货位安排

知识要点

◆ 入库货物货位安排的原则
◆ 入库货物货位安排的方法

Project 3 项目 货物入库作业

- 选择货位时应注意的事项
- 货物入库后的货位储存策略

能力培养

学生能够运用本任务所介绍的知识和方法，根据入库货物的不同性质和要求，为其选择合适的货位。

任务背景

上海 QL 商贸有限公司准备将表 3-9 所示的货物储存在上海 JJ 仓储有限公司（假定已全部验收合格）。上海 JJ 仓储有限公司有一幢 4 层的储存大楼，仓库货位使用情况如表 3-10 所示。请为该批货物安排货位，并说明货位安排的理由及采用的储存策略（请以表格的形式将安排的货位列出来）。

建议以小组合作的方式完成。

表 3-9　上海 QL 商贸有限公司储存货物一览表

序　号	货物名称	数　量	存期/天
1	虎豹牌男西服	10 套/箱，10 箱	60
2	老板牌男西服	10 套/箱，12 箱	50
3	宜爽牌男衬衫	20 件/箱，20 箱	60
4	冠军牌男短袖衬衫	25 件/箱，10 箱	40
5	雨虹牌女衬衫	20 件/箱，30 箱	60
6	丝雨牌女连衣裙	18 件/箱，35 箱	40
7	蜻蜓牌女皮鞋	10 双/箱，15 箱	60
8	娇爽牌女皮鞋	10 双/箱，15 箱	60
9	花花公子牌男皮鞋	8 双/箱，15 箱	60
10	耐克牌男皮鞋	8 双/箱，25 箱	60
11	可口可乐	6 瓶/箱，20 箱	30
12	百事可乐	6 瓶/箱，20 箱	30
13	雪碧	6 瓶/箱，30 箱	30
14	五粮液	8 瓶/箱，15 箱	60
15	茅台	8 瓶/箱，15 箱	60
16	洋河蓝色经典	8 瓶/箱，20 箱	60
17	张裕葡萄酒	6 瓶/箱，20 箱	50
18	王朝葡萄酒	6 瓶/箱，20 箱	50
19	统一方便面	12 碗/箱，20 箱	30
20	干爽方便面	12 碗/箱，20 箱	30
21	统一饼干	4 盒/箱，20 箱	30
22	天元饼干	6 瓶/箱，20 箱	50

表 3-10　上海 JJ 仓储有限公司仓库货位使用情况一览表

仓 库 号	使 用 情 况
111 号	女服装： ★1/1　□2/1　□3/1　★4/1　★5/1　□6/1　□7/1　□8/1 □9/1　□10/1　★11/1　★12/1　□13/1　□14/1　★15/1　□16/1 □1/2　★2/2　□3/2　★4/2　□5/2　□6/2　★7/2　□8/2 ★9/2　★10/2　★11/2　□12/2　★13/2　□14/2　□15/2　★16/2 □1/3　□2/3　□3/3　★4/3　□5/3　★6/3　□7/3　□8/3 □9/3　★10/3　□11/3　□12/3　□13/3　□14/3　□15/3　□16/3 ★1/4　□2/4　★3/4　□4/4　★5/4　□6/4　□7/4　□8/4 □9/4　□10/4　□11/4　★12/4　□13/4　★14/4　□15/4　★16/4 ★1/5　□2/5　□3/5　□4/5　★5/5　□6/5　□7/5　□8/5 □9/5　□10/5　★11/5　□12/5　□13/5　★14/5　□15/5　□16/5 男服装： □1/6　★2/6　□3/6　□4/6　□5/6　★6/6　□7/6　★8/6 □9/6　□10/6　□11/6　★12/6　□13/6　□14/6　□15/6　★16/6 ★1/7　□2/7　□3/7　□4/7　□5/7　★6/7　□7/7　★8/7 □9/7　□10/7　★11/7　□12/7　□13/7　★14/7　□15/7　□16/7 □1/8　★2/8　□3/8　★4/8　□5/8　□6/8　□7/8　□8/8 □9/8　□10/8　★11/8　□12/8　□13/8　□14/8　□15/8　★16/8 ★1/9　□2/9　□3/9　★4/9　□5/9　□6/9　★7/9　□8/9 □9/9　□10/9　★11/9　□12/9　□13/9　□14/9　□15/9　★16/9 ★1/10　★2/10　□3/10　★4/10　□5/10　□6/10　□7/10　□8/10 □9/10　★10/10　□11/10　★12/10　□13/10　□14/10　□15/10　★16/10
112 号	可乐： ★1/1　□2/1　□3/1　□4/1　★5/1　□6/1　□7/1　□8/1 □9/1　★10/1　□11/1　★12/1　□13/1　★14/1　□15/1　★16/1 □1/2　□2/2　★3/2　□4/2　★5/2　□6/2　★7/2　□8/2 ★9/2　★10/2　□11/2　★12/2　□13/2　★14/2　★15/2　□16/2 □1/3　□2/3　★3/3　□4/3　★5/3　□6/3　□7/3　★8/3 □9/3　□10/3　□11/3　★12/3　□13/3　★14/3　★15/3　□16/3 ★1/4　□2/4　□3/4　□4/4　□5/4　□6/4　★7/4　□8/4 □9/4　□10/4　★11/4　□12/4　★13/4　□14/4　★15/4　★16/4 □1/5　□2/5　□3/5　★4/5　□5/5　□6/5　□7/5　□8/5 □9/5　★10/5　□11/5　□12/5　★13/5　□14/5　□15/5　★16/5 雪碧： □1/6　★2/6　□3/6　★4/6　□5/6　★6/6　□7/6　□8/6 ★9/6　□10/6　★11/6　□12/6　□13/6　□14/6　★15/6　□16/6 □1/7　★2/7　□3/7　□4/7　★5/7　□6/7　□7/7　□8/7 □9/7　□10/7　★11/7　□12/7　□13/7　□14/7　□15/7　★16/7 ★1/8　□2/8　□3/8　★4/8　□5/8　□6/8　★7/8　□8/8 □9/8　□10/8　★11/8　□12/8　□13/8　□14/8　□15/8　★16/8 □1/9　★2/9　□3/9　★4/9　□5/9　★6/9　□7/9　□8/9 □9/9　□10/9　★11/9　□12/9　□13/9　□14/9　★15/9　□16/9 ★1/10　□2/10　★3/10　★4/10　□5/10　□6/10　□7/10　★8/10 □9/10　★10/10　□11/10　□12/10　★13/10　□14/10　□15/10　□16/10

续表

仓 库 号	使 用 情 况
113号	女皮鞋： □1/1 □2/1 ★3/1 □4/1 □5/1 ★6/1 □7/1 □8/1 ★9/1 □10/1 ★11/1 □12/1 ★13/1 □14/1 ★15/1 □16/1 □1/2 ★2/2 □3/2 ★4/2 □5/2 ★6/2 □7/2 □8/2 ★9/2 □10/2 □11/2 □12/2 □13/2 □14/2 ★15/2 □16/2 □1/3 ★2/3 □3/3 □4/3 ★5/3 □6/3 □7/3 □8/3 □9/3 □10/3 ★11/3 □12/3 □13/3 ★14/3 □15/3 ★16/3 □1/4 □2/4 □3/4 □4/4 □5/4 □6/4 □7/4 □8/4 □9/4 □10/4 ★11/4 ★12/4 □13/4 □14/4 □15/4 □16/4 ★1/5 □2/5 □3/5 □4/5 □5/5 □6/5 □7/5 □8/5 □9/5 □10/5 □11/5 □12/5 ★13/5 □14/5 □15/5 ★16/5 男皮鞋： □1/6 ★2/6 □3/6 □4/6 ★5/6 □6/6 □7/6 □8/6 □9/6 □10/6 ★11/6 □12/6 ★13/6 □14/6 ★15/6 □16/6 ★1/7 ★2/7 □3/7 □4/7 □5/7 ★6/7 □7/7 □8/7 □9/7 □10/7 ★11/7 □12/7 □13/7 □14/7 ★15/7 □16/7 □1/8 ★2/8 □3/8 □4/8 ★5/8 □6/8 ★7/8 □8/8 □9/8 □10/8 ★11/8 □12/8 □13/8 □14/8 □15/8 ★16/8 □1/9 ★2/9 □3/9 □4/9 ★5/9 □6/9 □7/9 □8/9 ★9/9 □10/9 □11/9 □12/9 □13/9 ★14/9 □15/9 □16/9 □1/10 ★2/10 □3/10 ★4/10 □5/10 □6/10 □7/10 ★8/10 □9/10 □10/10 ★11/10 □12/10 □13/10 □14/10 □15/10 □16/10
114号	白酒： ★1/1 ★2/1 □3/1 ★4/1 □5/1 ★6/1 □7/1 □8/1 □9/1 ★10/1 □11/1 □12/1 ★13/1 □14/1 □15/1 ★16/1 □1/2 □2/2 ★3/2 □4/2 ★5/2 □6/2 ★7/2 □8/2 ★9/2 ★10/2 □11/2 □12/2 ★13/2 □14/2 ★15/2 □16/2 □1/3 □2/3 ★3/3 □4/3 ★5/3 □6/3 □7/3 □8/3 □9/3 ★10/3 □11/3 ★12/3 □13/3 □14/3 □15/3 ★16/3 ★1/4 □2/4 □3/4 □4/4 ★5/4 □6/4 ★7/4 □8/4 □9/4 □10/4 □11/4 ★12/4 □13/4 □14/4 □15/4 ★16/4 ★1/5 □2/5 ★3/5 □4/5 ★5/5 □6/5 □7/5 □8/5 □9/5 ★10/5 □11/5 □12/5 □13/5 □14/5 □15/5 □16/5 红酒： □1/6 ★2/6 □3/6 □4/6 □5/6 ★6/6 □7/6 ★8/6 □9/6 □10/6 ★11/6 □12/6 ★13/6 □14/6 ★15/6 □16/6 □1/7 ★2/7 □3/7 □4/7 □5/7 □6/7 □7/7 ★8/7 □9/7 □10/7 ★11/7 □12/7 ★13/7 □14/7 ★15/7 □16/7 ★1/8 □2/8 □3/8 □4/8 □5/8 □6/8 ★7/8 □8/8 □9/8 ★10/8 □11/8 ★12/8 □13/8 ★14/8 □15/8 □16/8 □1/9 □2/9 ★3/9 □4/9 □5/9 ★6/9 □7/9 ★8/9 □9/9 ★10/9 □11/9 ★12/9 □13/9 □14/9 □15/9 ★16/9 □1/10 □2/10 ★3/10 □4/10 ★5/10 □6/10 □7/10 ★8/10 □9/10 ★10/10 □11/10 □12/10 ★13/10 □14/10 □15/10 ★16/10

续表

仓库号	使用情况
121号	方便面： □1/1 □2/1 □3/1 ★4/1 □5/1 □6/1 □7/1 ★8/1 □9/1 ★10/1 □11/1 □12/1 ★13/1 □14/1 □15/1 ★16/1 ★1/2 □2/2 □3/2 ★4/2 □5/2 □6/2 ★7/2 □8/2 □9/2 ★10/2 □11/2 ★12/2 □13/2 ★14/2 □15/2 □16/2 ★1/3 □2/3 □3/3 □4/3 ★5/3 □6/3 □7/3 ★8/3 □9/3 □10/3 ★11/3 □12/3 □13/3 □14/3 □15/3 ★16/3 □1/4 ★2/4 □3/4 □4/4 ★5/4 □6/4 □7/4 □8/4 □9/4 ★10/4 □11/4 □12/4 □13/4 □14/4 □15/4 ★16/4 ★1/5 □2/5 ★3/5 □4/5 □5/5 □6/5 ★7/5 □8/5 □9/5 ★10/5 □11/5 □12/5 □13/5 □14/5 □15/5 □16/5 饼干： □1/6 ★2/6 □3/6 □4/6 □5/6 ★6/6 □7/6 □8/6 □9/6 □10/6 □11/6 □12/6 □13/6 □14/6 ★15/6 ★16/6 □1/7 ★2/7 □3/7 ★4/7 □5/7 □6/7 ★7/7 □8/7 ★9/7 □10/7 □11/7 □12/7 ★13/7 □14/7 ★15/7 □16/7 □1/8 □2/8 ★3/8 □4/8 ★5/8 □6/8 ★7/8 □8/8 ★9/8 □10/8 □11/8 ★12/8 □13/8 □14/8 □15/8 ★16/8 □1/9 ★2/9 ★3/9 □4/9 ★5/9 □6/9 ★7/9 □8/9 □9/9 ★10/9 □11/9 □12/9 □13/9 ★14/9 □15/9 ★16/9 ★1/10 □2/10 □3/10 □4/10 □5/10 □6/10 ★7/10 □8/10 □9/10 ★10/10 □11/10 □12/10 □13/10 □14/10 □15/10 ★16/10
122号	无空位
123号	无空位
124号	无空位

注：前面标有五角星的货位已被使用。

任务分析

当货物入库验收完毕，并进行了编号后，下一步就要根据货物的性质、保管要求等，结合仓库储存区域情况，采用合适的货位储存策略，为货物安排一个合适的货位，以减少出入库移动的距离，缩短作业时间，充分利用储存空间。

任务实施

一、货位安排应遵循的原则

货位在这里是指仓库中实际可以堆货的区域。选择货位时，必须遵循"安全、优质、方便、多储、低耗"的原则，具体来说，就是要确保货物安全，便于吞吐发运，力求节约仓容。所以，货位选择是最实际的保管业务，也是仓储管理人员必须掌握的最基本的保管业务知识。

（一）确保货物安全

货位的安排要遵循确保货物安全的原则。货物因其原料和制造方法不同而具有不同的特性，如有的怕冻、有的怕热、有的怕潮、有的怕虫蛀等。如果货位不能适应所储存货物的特性，就会影响货物质量，发生霉腐、锈蚀、溶化、干裂、挥发等变化，如五金生锈、布匹褪色发脆、药品变质等。在选择货位时，既要掌握不同货物的特性，熟悉货物的自然属性（化学属性、物理属性、生物属性等），又要认真考虑储存货区的温湿度、风吹、日晒、光照等条件是否满足保证货物性能的保管要求。

（二）便于吞吐发运

货位的安排要遵循便于吞吐发运的原则，即货物的进出库要方便，尽可能缩短收、发货作业时间，因此，在近厂近储、近运近储的要求下，还应兼顾以下三个方面。

1. 发货方式

采取送货制的货物，由于分唛理货、按车排货、发货等车的作业需要，其储存货位应靠近理货、装车的场地；采取提货制的货物，其储存货位应靠近仓库出口，便于外来的车辆提货。

2. 操作条件

由于各种货物具有不同的包装形态、包装材质、体积和重量，因此需要对其使用不同的操作方法和工具，而货位的选择必须考虑货区的装卸设备条件与储存货物的操作方法是否相适应。

3. 吞吐快慢

储存货物的流转快慢不一，有着不同的活动规律。掌握货物吞吐快慢的规律，合理选择货位，可以缩短搬运路程，加快收发速度。对于快进快出的货物，要选择有利于车辆进出库的货位；对于滞销久储的货物，货位不宜靠近库门；对于整进零出的货物，要考虑零星提货的条件；对于零进整出的货物，要考虑集中发运的能力。

（三）力求节约仓容

货位的安排还要遵循力求节约仓容的原则，以最小的仓容储存最大限量的货物。由于各类储存货物的体积、重量和进出库的批量不同，因此货位的选择必须考虑到上述条件能与货位的面积、高度、负荷量相适应，从而节约仓容和提高仓容使用率。

在货位负荷量和高度基本固定的情况下，应从储存货物的体积、重量出发，使货位与货物的重量、体积紧密结合起来：对于轻泡货，应将其安排在载重量（负荷量）小的高货位；对于实重货，应将其安排在载重量大的低货位。

除了上述方法，在货位的安排和具体使用上，还可根据储存货物吞吐快慢不一的规律，针对操作难易不一的特点，把热销和久储的货物、操作困难和操作简单的货物，搭配在同一货区储存，这样不仅能充分发挥仓容使用的效能，而且能解决各个储存区域之间忙闲不均的问题。

知识链接

批量整零相结合的储存方法

所谓批量整零相结合的储存方法，就是在一个储存区域内，可采取镶边、戴帽、搭货

架等批量整零相结合的储存措施。

镶边，就是在大货垛的一侧留出小块货位，以备储存小批量的货物。

戴帽，就是在重货上面加轻货，在大件上面加小件，在"呆货"上面加"活货"。

搭货架，就是对垂直空间较大的货位，可利用货位高度，在不影响建筑安全的前提下，利用角铁、木板等材料，搭建一层或几层货架，货架下存放较重的零星货物，货架上存放大批量的轻泡货物。

二、货位安排的方式

货位安排的方式可分为人工安排货位、计算机辅助安排货位及计算机全自动安排货位三种方式。

（一）人工安排货位

人工安排货位，就是由仓储管理人员凭借其知识和经验，依据仓库使用情况报表，为准备储存的货物安排合适的货位。这一方式要求仓储管理人员必须熟记货位安排应遵循的原则，并能灵活运用。仓储管理人员在将货物存放在指定的货位上后，要及时更新货位信息，每完成一个货位的分配，就把这个货位内容准确记录在表格中。同样，当货物因补货或拣货从货位移出后，仓储管理人员也必须登录消除。这一方式的工作效率和准确度不是很高。人工安排货位的作业流程如图3-8所示。

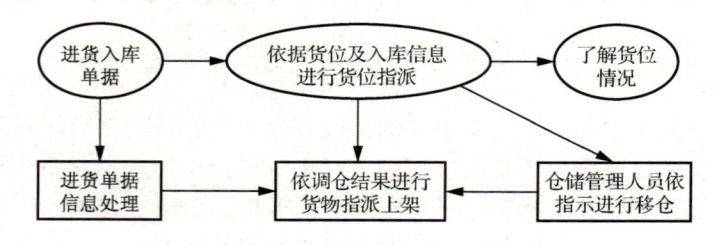

图3-8　人工安排货位的作业流程

（二）计算机辅助安排货位

计算机辅助安排货位，就是利用自动读取或辨识设备来读取资料，通过无线电或网络，同时配合监控或储位管理软件来控制储位分配。由于资料的输入/输出（input/output，I/O）均由条码扫描读取机扫入，因此这种方式的错误率低，且为实时控制。资料录入完成后，信息通过无线电或网络传回。其中，货位移动位置用软件明确指定，不会有人为影响，因此执行效率高于人工安排货位方式。但由于还是由人工下达货位分配指示，因此仍需调仓作业。计算机辅助安排货位的作业流程如图3-9所示。

（三）计算机全自动安排货位

计算机全自动安排货位，就是利用一些图形监控软件及储位管理软件，经收集在库储位信息及其他入库指示后，经计算机运算来下达储位分配指示。由计算机自动下达储位分配指示，使任何时段都可以保持储位处于合理分配中，所以不需调仓。计算机全自动安排货位的作业流程如图3-10所示。

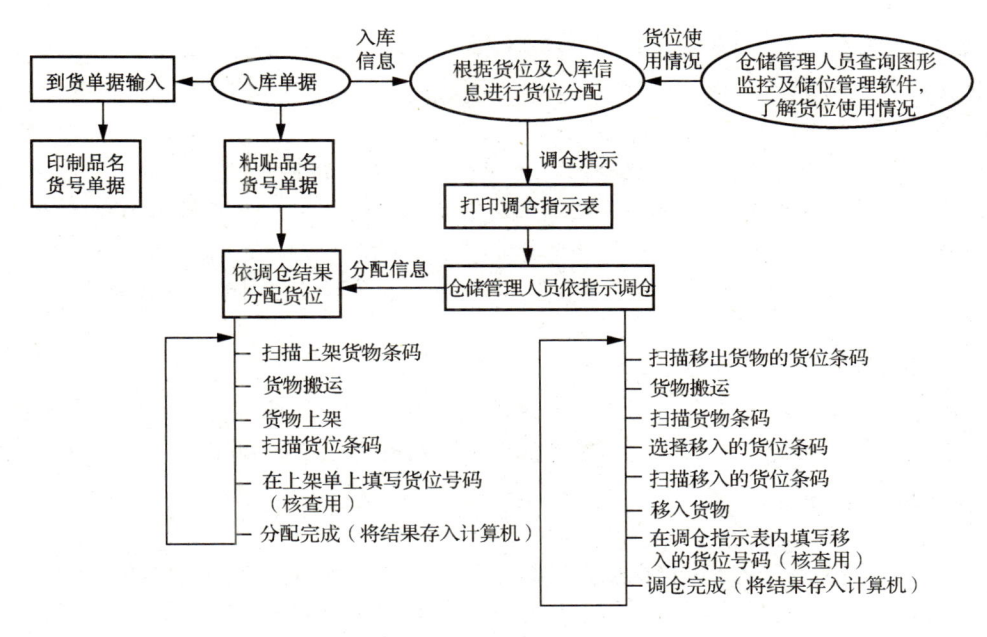

Project 3 项目 货物入库作业

图 3-9 计算机辅助安排货位的作业流程

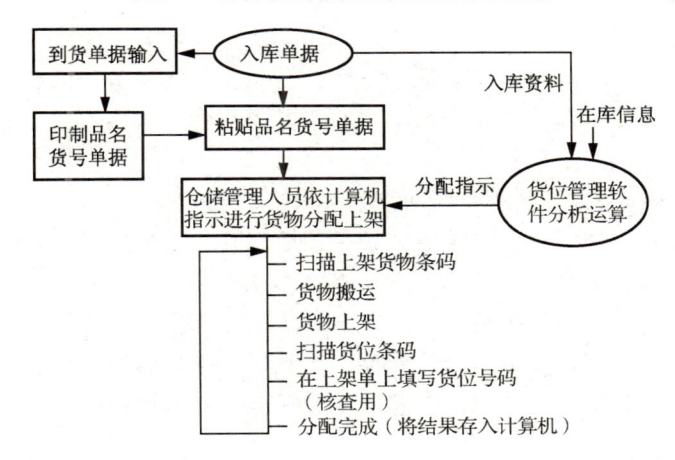

图 3-10 计算机全自动安排货位的作业流程

想一想，议一议

按照哪些原则来为入库货物确定货位？

知识拓展

货位编码的方法

1. 区段法

区段法，是指以区段为单位，每个号码代表特定储存区段，主要适用于单位化货物和量大而保管期短的货物。区域大小由物流量大小决定，进出暂存区的货位编码可采用这种方法。

2. 品项群法

品项群法，是指在将一些相关性货物进行集合后，分成几个品项群，再对每个品项群

进行编码。这种方法适用于容易按货物群保管的场合和品项群差距较大的货物，如服装群、食品群、洗涤群。

3. 地址法

地址法，是指利用保管区中现有的参考单位，如建筑物第几栋、区段、排、行、层、格等，按一定的顺序编码，如同邮政地址的区、胡同、号一样。较常用的编号方法为"四号定位法"。四号定位法是指采用4个数字对库房（货场）、货架（货区）、层次（排次）、货位（垛位）进行统一编号。例如，6-4-7-20就是指6号库房、4号货架、第7层、20号货位。

4. 坐标法

坐标法，是指利用三维空间坐标对货位进行编号。这种编号方法直接对每个货位进行定位，在管理上比较复杂，适用于流通率很小且存放时间较长的货物。

三、货位储存策略

货位储存策略是指决定货物在储存区域存放位置的方法或原则。良好的货位储存策略可以减少出入库移动的距离，缩短作业时间，充分利用储存空间。常见的货位储存策略有定位储存、随机储存、分类储存、分类随机储存、共同储存等。

1. 定位储存

定位储存是指每项储存货物都有固定货位，货物之间不能互用货位，因此，必须规定好每项货物的货位容量，而且这个容量不能小于其可能的最大库存量。进行定位储存应主要满足以下几个条件。

（1）储区安排时要考虑货物尺寸及重量。

（2）储存条件对货物储存非常重要，如必须控制某些货物的温度。

（3）每项货物的储区容易被记忆，方便提取。

（4）重要的货物需要有保护措施。

（5）根据规定，某些货物必须分开储存，如肥皂、化学原料、药品等。

（6）易燃物应储存于一定高度，以满足保险标准及防火法规。

2. 随机储存

随机储存是指每项储存货物被分配的储存位置都是随机产生的，而且可以经常改变。也就是说，任何货物都可以被存放在任何可利用的位置上，一般由储存人员按习惯存放。随机储存原则通常与靠近出口原则综合使用，按货物入库的时间将货物存放在靠近出入口的货位上。

3. 分类储存

分类储存是指所有的储存货物可以按照一定特性进行分类，每类货物都有固定的货位，而同属一类的不同货物又按一定的规则来分配货位。分类储存通常按货物的相关性、流动性，以及货物的尺寸、重量、特性等来分类。

4. 分类随机储存

分类随机储存是指每类货物都有固定存放的储区，但在各类储区内，每个货位的分配是随机的。

5. 共同储存

共同储存是指在可以确定货物进出库时间的情况下，不同的货物可共用相同货位的方式。

各种储存策略的优缺点如表 3-11 所示。

表 3-11　各种储存策略的优缺点一览表

储存策略	优　点	缺　点	适用情况
定位储存	每项货物都有固定的储存位置（储位），便于拣货人员熟悉货物储位；货物的储位可按周转率大小（或畅销程度）安排，以缩短出入库搬运距离；可针对各种货物的特性调整储位，将不同货物特性间的相互影响降到最低。定位储存容易操作，所需要的总搬运时间较少	储位容量必须按各项货物的最大在库量设计，需要较大的空间，储区空间平时的使用率较低	适用于仓库空间大，库存货物较少、品种较多的情况
随机储存	由于储位共用，因此只需要按照所有库存货物的最大在库量设计即可，储区空间的利用率较高	货物的出入库管理及盘点工作较困难；周转率高的货物可能被存放在离出入口较远的位置，增加了出入库的搬运距离；相互影响的货物可能放在相邻位置上，造成货物损坏、变质或发生危险	适用于库房空间有限，货物种类少或体积较大的情况
分类储存	便于存取畅销货物，具有定位储存的各项优点；各类货物的储区可根据货物特性重新设计，有助于货物的在库管理	储位必须按各类货物最大在库量设计，因此储区空间的平均利用率低	适用于相关性较强且经常被同时订购的货物、产品尺寸相差较大的货物，以及周转率差别较大的货物
分类随机储存	具备分类储存的部分优点，同时可节省储位数量，提高储区利用率	货物出入库管理及盘点工作的难度较大	适用于相关性较强且经常被同时订购的货物、产品尺寸相差较大的货物，以及周转率差别较大的货物
共同储存	能提高储区的利用率	管理上比较复杂	适用于能确定入库储存时间的货物

小提示

选择货位应注意的问题

（1）怕潮、易霉、易生锈的货物，如茶叶、五金商品等，应选择干燥或密封的货位。

（2）怕光、怕热、易溶的货物，如橡胶制品、油脂、油墨、糖果等，应选择低温的货位。

货位选择小练习

（3）怕冻的货物，如西药制剂、某些化妆品等流质货物，应选择不低于 0℃ 的货位。

（4）易燃、易爆、有毒、有腐蚀性、有放射性等的危险品，应存放在郊区仓库，分类专储。

（5）性能互相抵触和有挥发性、易串味的货物不能同区储存，必须专仓专储。

（6）消防灭火方法不同的货物要分开储存。
（7）同一储区，存放外包装含水量过高的货物会影响邻垛货物的安全。
（8）同一储区储存的货物有被虫害感染的可能。例如，草制品包装的货物不要与棉布、针织品等货物同储。

引导任务操作提示

第一步，对储存货物进行归类。
第二步，确定储存策略，本任务可采用分类随机储存策略。
第三步，根据提供的上海 JJ 仓储有限公司仓库货位使用情况一览表，按类查询空余货位。
第四步，人工安排货位，并将货位安排情况记录在案。

学习情况自评表

班级：　　　姓名：　　　学号：　　　组别：　　　时间：

序号	评价内容	分值/分	实际得分/分
1	货位安排合理，理由充分，选择的储存策略正确	10	
2	货位安排合理，理由充分，选择的储存策略正确	10	
3	货位安排合理，理由充分，选择的储存策略正确	10	
4	货位安排合理，理由充分，选择的储存策略正确	10	
5	货位安排合理，理由充分，选择的储存策略正确	10	
6	货位安排合理，理由充分，选择的储存策略正确	10	
7	工作计划表填写规范，分工明确，并能在规定的时间内完成	5	
8	不迟到、不早退、不缺课	5	
9	合作态度好，服从分工和领导	5	
10	课堂表现好，积极参加讨论	5	
11	课后作业正确且按时完成、书写工整	5	
12	PPT 制作精美，汇报展示内容全面、详略得当、语言清晰	5	
13	撰写的学习报告内容正确、完整，有自己的心得体会	10	
	合　　计	100	

Mission 任务 4　入库货物的装卸搬运

知识要点

◆ 货物分类的原则与程序

项目 3 货物入库作业

- ◆ 搬运活性指数
- ◆ 搬运方式
- ◆ 装卸工艺设计与组织的理论与技巧

能力培养

学生能够运用本任务所介绍的知识和方法，根据入库货物的不同性质和要求，制定合适的装卸搬运作业方案。

任务背景

上海 XY 仓储有限公司为上海 QD 医疗器械有限公司储存一批货物（见表 3-12），该公司配有 1t 电动侧面叉车和 0.15t 小推车若干辆，要求在 2 小时内完成装卸搬运作业（放到货架上），装卸搬运设备采用间隙作业，设备的时间利用系数为 3/5，电动侧面叉车完成装卸搬运作业一个循环的平均所需时间为 0.25 小时，小推车完成装卸搬运作业一个循环的平均所需时间为 0.42 小时，10kg 以下的货物用小推车装卸搬运，其余的用电动侧面叉车装卸搬运。假设设备载荷利用系数均为 2/3，要按时完成这批货物的装卸搬运需要安排几辆电动侧面叉车和小推车？同时，请分析这批货物的搬运活性指数并编制货物特征表。

建议以小组合作的方式完成。

表 3-12　上海 QD 医疗器械有限公司储存货物一览表

序　号	品　名	数　量	包　装	毛重（kg/箱）
1	一次性使用无菌注射器	50 箱	80 个/箱；90cm×65cm×45cm	24
2	电子体温计	65 箱	1 支/盒，30 盒/箱；58cm×42cm×39cm	9
3	直肠显微镜	40 台	1 台/盒，4 盒/箱；75cm×55cm×48cm	12
4	眼科激光扫描仪	70 台	1 台/箱；48cm×38cm×40cm	2.8
5	空气加压氧舱	20 台	1 台/箱；130cm×140cm×155cm	30
6	血型分析仪	15 台	1 台/盒，2 盒/箱；68cm×55cm×49cm	5
7	人工心肺机	30 台	1 台/箱；65cm×54cm×4cm	6
8	医用制氧机	20 台	1 台/箱；110cm×65cm×58cm	25
9	电动多功能病床	80 张	1 张/箱；182cm×102cm×47cm	30
10	医用脱脂纱布	100 箱	1 卷/盒，30 盒/箱；90cm×65cm×55cm	10
11	植入式心脏起搏器	20 箱	1 个/盒，20 盒/箱；68cm×55cm×47cm	3.5

续表

序号	品名	数量	包装	毛重（kg/箱）
12	多导心电图机	18 台	1 台/箱；88cm×68cm×56cm	27
13	超声按摩仪	20 台	1 台/箱；65cm×57cm×48cm	3
14	涤纶缝合线	25 箱	1 卷/盒，30 盒/箱；78cm×61cm×56cm	12

任务分析

装卸搬运是指对储存货物在空间的垂直举放、水平移动的物理性活动。具体来说，装卸是指将货物装载到运输设备上，从运输设备上卸下，以及相应的拆码和堆码作业；而搬运则是指在同一场所内，对货物进行较短距离的水平移动。装卸搬运是基本的仓储作业环节，在仓储作业中占最大的劳动作业量。从货物进入仓库的查验、接收、检验、堆码，到出库时的整理、备料、清点、发运，以及涉及的流通加工，无不伴随着装卸搬运作业。这一工作不仅繁重，而且是储存货物残损的高发环节。做好装卸搬运作业管理，不仅有利于降低仓储成本，而且能大幅度降低仓储风险。装卸搬运需要耗用较多的时间，是影响仓储周转效率的重要因素。

任务实施

一、货物的分类

（一）货物分类的原则

货物分类是为了便于搬运，因此，分类是根据影响货物可运性（移动的难易程度）的各种特征和影响能否采用同一种搬运方法的其他特征进行的。在实际应用时，往往以货物的实际最小单元（瓶、罐、盒等）或最便于搬运的运输单元（箱、包、捆等）为标准进行分类。

（二）货物的主要特征分析

货物的主要特征分析主要从下列两个方面进行。

1. 物理特征

（1）外形尺寸：长、宽、高。

（2）重量：每运输单元重量或单位体积重量（密度）。

（3）形状：弯曲、扁平、紧密、可叠套及不规则等。

（4）残损的可能性：易燃、易碎、易爆、易污染、有毒及有腐蚀性等。

（5）状态：黏、热、脏、湿、不稳定和配对等。

2. 其他特征

（1）数量：比较常用的数量或产量（总产量或批量）。

（2）时间性：紧迫性、经常性和季节性。

（3）特殊控制：操作规程、企业标准和政府法规。

货物的物理特征通常是影响货物分类的最重要因素，也就是说，货物通常是按其物理特征来分类的。此外，数量也比较重要，运大批量的货物和运小批量的货物是有差别的。

（三）货物分类的程序

货物分类的程序如下。

（1）列表标明所有货物或分组归纳货物的名称。

（2）记录货物的物理特征和其他特征，如图 3-11 所示。

（3）分析每类货物的各项特征，并确定哪些特征是主导特征，在起决定作用的特征下画出标记线。

（4）确定货物的类别，把那些具有相似主导特征的货物归纳为一类。

（5）对每类货物写出分类说明。

产品与货物名称	货物实际最小单元	单元货物的物理特征							其他特征				类别
			外形尺寸			重量	形状	损伤的可能性（对货物、人或设施）	状态（湿度、稳定性及刚度）	数量（产量）或批量	时间性	特殊控制	
			长	宽	高									

图 3-11　货物特征表（范本）

二、装卸搬运活性分析

货物平时的存放状态各式各样，可以散放在地上，也可以装箱放在地上，还可以放在托盘上，等等。存放状态不同，装卸搬运难易程度也就不同。货物的存放状态对装卸搬运作业的方便（难易）程度即装卸搬运活性。那些装卸较为方便、费工时少的货物堆放法的搬运活性水平较高。从经济上看，应选择搬运活性水平高的搬运方法。

搬运活性指数是一种衡量物料搬运难易程度的指标。它通过不同的数值来表示物料在不同存放状态下被搬运的难易程度。在整个装卸搬运过程中，往往需要对货物进行多次的搬运，如果下一步比前一步更易于移动，就表示其活性指数提高。下一步比前一步更便于作业，即活化；装卸搬运的工序、工步被设计得使货物的活性指数逐步提高（至少不降低），即步步活化。

搬运活性指数的组成关系：散放（集中）—装箱（搬起）—支垫（升起）—装车（运走）—移动。

从上面的关系中可以看出，散放在地上的货物要被运走，需要经过集中、搬起、升起、运走四项作业。作业项最多，最不方便，活性水平最低；装箱的货物只要进行后面三项作业就可以被运走，作业较为方便，活性水平提高一个等级；移动着的货物，不需要再进行其他的作业就可以被运走，活性水平最高。

下面运用活性指数的概念来表示搬运活性水平的高低。例如，散放在地的货物，要经过"集中—搬起—升起—运走"四项作业才能被运走，其活性指数最低，定为 0；对原货

物状态每增加一次必要的操作，就会使货物装卸搬运更方便一些，其活性指数就加上1；而处于移动状态的货物，因为不需要再进行其他作业就能被运走，其活性指数最高，定为4。表3-13是货物处于不同状态的活性指数关系表。

表3-13 货物处于不同状态的活性指数关系表

货物状态	作业说明	作业种类				需要的作业/项	不需要的作业/项	搬运活性指数
		集中	搬起	升起	运走			
散放在地上	集中、搬起、升起、运走	要	要	要	要	4	0	0
装箱放在地上	搬起、升起、运走（已集中）	否	要	要	要	3	1	1
在托盘上	升起、运走（已搬运）	否	否	要	要	2	2	2
在车上	运走（不用升起）	否	否	否	要	1	3	3
在工作着的输送机上	不需其他作业（保持移动）	否	否	否	否	0	4	4
移动着的货物	不需其他作业（保持移动）	否	否	否	否	0	4	4

从表3-13中可以看出，要运走货物，最多需要进行四项作业，假如其中有几项作业不需要进行，就可省去这些项的作业，此时货物的存放状态就有利于搬运，其活性指数就高。由此得出搬运活性指数的定义：搬运某种状态下的货物所需要进行的四项作业中已经不需要进行的作业数量。

从理论上讲，活性指数越高越好，但必须考虑实施的可能性。例如，货物在储存阶段，活性指数为4的输送带和活性指数为3的车辆，在一般的仓库中很少采用，因为大批量的货物不可能存放在输送带和车辆上。可见，应用活性理论还要考虑其他条件和影响因素，这样才能取得好的效果。

为了说明和分析货物搬运的灵活程度，通常采用平均活性指数的方法，这个方法是对某一物流过程货物所具备的活性情况累加后计算其平均值，用δ表示。δ值的大小是确定改变搬运方式的信号。举例说明如下。

$\delta<0.5$，说明所分析的搬运系统半数以上处于活性指数为0的状态，即大部分处于散放状态，其改进方式为采用料箱、推车等存放。

$0.5<\delta<1.3$，说明大部分货物处于集装状态，其改进方式为采用叉车和动力搬运车。

$1.3<\delta<2.3$，说明装卸、搬运系统大多处于活性指数为2的状态，其改进方式为采用单元化货物的连续装卸和运输。

$\delta>2.3$，说明大部分货物处于活性指数为3的状态，其改进方式为选用拖车、机车车头拖挂的装卸搬运方式。

三、确定搬运方式

常用的搬运方式主要有下列四种。

1. 人力搬运

人力搬运分为直接采用人力负重搬运和采用人力设备搬运。直接采用人力负重搬运适用于堆码、拆码、上架、装拆箱、打码成组等作业，或者应急作业。人力负重能力小，人体容易受伤害，作业不稳定，计量不准，持续时间极短，因而效率低，容易产生差损，正常的作业安排不应依赖人力负重搬运作业。

人力设备搬运则是较为常见的方式，如运用手推车、人力拖车、手动提升机等。采用人力设备搬运注意控制搬运距离，不能进行长距离搬运；每次搬运负荷控制在适当的范围，如手推车不得超过500kg；搬运线路地面平坦，避免在坡度大的场地进行作业。

2. 叉车搬运

叉车搬运是仓库近距离搬运的主要方式，指直接利用叉车的水平移动能力进行搬运。叉车搬运有直接对大型货物搬运和利用货板、托盘打码搬运。叉车具有提升能力，能直接进行装卸车、搬运、堆垛、上架作业。但叉车自重小，作业较不稳定，容易发生货物滑落，尤其是在地面不平坦及进行转弯作业时。

3. 拖车搬运

拖车搬运是指利用机动拖车和平板车相结合的搬运方式，一般适用于较远距离、地面不平坦的场地的搬运。拖车搬运量较大，适用于任何货物，包括集装箱的搬运。但拖车搬运需要装卸车作业，只有在两端直接装卸作业时效率才会比较高。

4. 输送带搬运

输送带搬运是指利用输送带将货物从装卸场传输到仓库的搬运方式，可以实现不间断搬运，效率较高，且搬运质量最佳。现今的散装货物库场搬运基本上都采用输送带搬运。输送带是自动化仓库最重要的设备。由于输送带固定安装，因此只能在特定的场合使用，而输送带的一次载货量较小，不适合重大件货物搬运。

想一想，议一议

搬运活性指数与搬运方式之间有什么关系？

知识链接

装卸的方式

一、单件作业

单件作业是对非集装、按件计的货物进行装卸作业的操作方法。单件作业对机械、装备、装卸条件要求不高，因而机动性较强，不受固定设施、设备的局限。

单件作业可采用人力、半机械化及机械化作业。由于单件作业逐件处理，装卸速度慢，容易出现货损及货差，因此作业对象主要是包装杂货、多品类货物、小批量货物及单件大型笨重货物。

二、集装作业

集装作业是指用集装化工具将小件或散装货物集成一定重量或体积的组合件，以便利用机械进行作业的装卸方式。

集装作业的装卸速度快，装卸时并不逐个接触货物，因而货损、货差小。集装作业的对象范围较广，一般除了特大、重、长和粉、粒、液、气状货物，都可进行集装作业。粉、粒、液、气状货物在经一定包装后，也可集装作业；特大、重、长的货物，在经适当分解后，也可采用集装作业。集装作业有以下几种：①托盘装卸，②集装箱装卸，③货捆装卸，④集装网、集装袋装卸，⑤挂车装卸。

三、散装作业

散装作业是指对大批量粉、粒状货物进行无包装散装、散卸的装卸方法。装卸可持续

进行,也可间断进行,但都需要机械化设施、设备,在特定情况下,当货物批量不大时,可采用人力装卸。散装作业方法主要有以下3种。

1. 气动输送装卸

气动输送装卸是利用风机在气力输送机的管内形成单向气流,依靠气体的流动或气压差来输送货物的方法。优点是管道密封性好,装卸能力高,容易实现机械化、自动化。

2. 重力装卸

重力装卸是利用散货的位能进行装卸的方法。首先将散货提升到一定高度,在具有一定的势能后,再利用本身重力进行下一步装卸作业。例如,装运煤炭的火车驶入隧道,开启风动闸门,煤炭流入车内。

3. 机械装卸

机械装卸是利用承载粉、粒货物的各种机械进行装卸,主要有以下两种方式。

(1)用吊车、叉车改换不同机具或用专用装卸机进行抓、铲、舀等作业,完成装卸及一定的搬运作业;采用运载工具载货部分倾翻等形式完成装卸作业。

(2)用皮带、刮板等各种输送设备进行一定距离的托运卸货作业,并与其他设备配合实现装卸。

四、装卸搬运工艺设计与组织

装卸搬运工艺设计是指对一次或同一种类型的装卸搬运作业的设备、人员、线路的计划安排。这种安排包括数量和操作方法的确定。装卸搬运组织包括装卸搬运工艺设计和工艺实施的过程。良好的工艺设计是仓储作业高效率、有秩序、充分利用生产资源的保证,同时也是降低作业成本,防止作业事故的经济管理和安全管理的条件。

工艺设计的要求如下。在质量方面:及时完成作业任务,保证安全生产,保证货物质量,减轻工人劳动强度。在数量方面:提高作业效率,节约劳动力,降低作业成本,缩短作业时间,充分利用仓储资源。在时间方面:良好的工艺设计使整个仓库的作业紧凑,设备利用率高,不出现待时、待工现象,作业不间断,车辆停库时间缩短。

(一)确定设备

仓库装卸搬运工艺设计是在仓库现有的条件下合理组织生产的过程,因而只能在现有设备的基础上精心组织,合理利用。这种现有的条件包括对可利用的社会资源的使用。在进行工艺设计前要充分掌握仓储作业可使用的设备情况,包括能作业设备的数量、作业能力、工况、所处位置等,以便调度;同时还要掌握作业对象的情况,如包装、规格、单重、作业位置等。

1. 合理使用设备

不同的作业设备具有不同的作业特性和作业能力,合理使用作业设备能使其最大限度地发挥功用并保证作业安全。作业设备间的合理配合对于合理使用设备来讲也很重要,只有严密地配合才能保证作业的顺畅和发挥每个设备的作用。

设备的选用原则:使用标准化的设备,设备功能与货物特性、搬运要求匹配,设备的载重量最接近被搬运货物的重量,选择适合在作业场地作业的设备。

2. 合理安排设备数量

作业时应充分利用仓库的设备,但在一个作业场地,设备太多会相互阻碍,反而降低效率。在设备不多的仓库，同一设备同时进行多项作业（间隙作业），是一种充分利用设备、提高整体效率的较好安排。

装卸搬运设备台数的确定公式如下：

$$Z = \frac{Q}{M}$$

式中，Z——所需设备台数（台）；

Q——装卸搬运作业量（t）；

M——所使用设备的生产定额（t/台）。

如果装卸搬运设备采用间隙作业，则每台设备的生产定额为

$$M = \frac{TK_1}{t}(gK_2)$$

式中，T——额定工作时间（装卸搬运作业的总时间）（小时）；

K_1——设备的时间利用系数（设备可用于本作业的时间比例）；

t——装卸搬运作业一个循环所需的时间（小时）；

g——设备的额定载重量（t/台）；

K_2——设备载荷利用系数（取 1/3 或 2/3）。

（二）确定作业人数

目前，我国仓储企业的自动化和机械化水平还较低，绝大部分以人工操作为主，因此，装卸搬运作业活动中人员的安排是其工艺设计与组织的重要方面。仓储作业人力工种有设备操作、辅助设备作业、打码作业、人力装卸搬运作业。

设备操作人员的人数要根据设备操作的需要来确定；可以采用停工不停机的换班方式，这就需要多套设备操作人员；设备操作人员必须具有设备操作的资格。

辅助设备作业是指根据设备作业的需要，对设备进行挂钩、脱钩、扶持、定位等人力作业，人数因设备不同而有不同要求，但基本应稳定地与设备配套。

打码作业是为设备作业服务的人力作业，一般一个打码组由 3~5 名人员组成，一个作业点配一个打码组。作业效率很高的龙门吊等可以安排 2 个或 3 个打码组。

人力装卸搬运作业是需要较多工人的，作业效率极低，只有在特殊情况下，如设备损坏时的应急、冷库内的作业等，才采用这种方式，其余作业尽可能采用机械作业。

人力作业所需人数=作业总量×作业时间/每人每小时作业量

（三）设计作业线路

装卸搬运作业往往由若干道工序组成，为提高装卸搬运作业效率，减少装卸搬运次数，必须做好装卸搬运作业各工序间的衔接，确定合理的搬运线路，达到一次性作业的要求。

作业线路应符合以下要求。

（1）应使作业线路最短。

（2）选择的作业线路应道路平坦，能保证设备的顺畅运行。

（3）作业线路尽可能没有大幅度、大角度转向。

（4）同时进行的不同作业的作业线路不交叉，保持同一方向运行。

（5）作业线路不穿越其他正在进行作业的场地。

（四）设定作业时间

设定作业时间：在工艺设计与组织中，利用各环节作业的不同速度、不同作业能力，以及一些必要的等待时间，通过妥善组织、重叠、交错和合成，使整体作业不间断；对整个仓库的作业进行系统化安排，使资源被充分利用，或者使整体作业时间最少；减少车辆、船舶等运输工具的停留时间。

小提示

装卸搬运作业应遵循的原则

（1）减少环节，装卸程序化。
（2）文明装卸，运营科学化。
（3）集中作业，集装散装化。
（4）省力节能，努力促"活化"。
（5）兼顾协调，通用标准化。
（6）巧装满载，安全效率化。

五、装卸搬运作业注意事项

（1）作业现场应有人统一指挥，保证良好的秩序。作业时，严禁打闹、玩笑；作业区域内禁止闲杂人员随便进入；杜绝一切火种火源，必须使用时应按消防安全制度执行。

（2）操作前应由相关人员说明货物的性能、操作方法和注意事项。禁止因不按操作规程作业而造成货物的变形、残损或包装破损、散乱等现象；操作时注意稳挂、稳吊、轻抬、轻放，注意货物包装上的标志，按包装标志要求操作。对成组配套的物资（一般是机电设备），必须按原来组合装卸搬运、堆码，不混不乱。货物包装有渗漏损坏时，必须当场整补加固。

（3）严格遵守安全操作规程。一切机械操作必须由专职人员负责，不得超速、超重、超高，防止工伤事故和机件损坏。各种装卸搬运机械及各种抓取工具必须视货物性质配套使用。特别是对危险品的操作，作业前必须先了解危险品的危险程度、所需安全措施和医疗急救措施，并严格按照有关程序和工艺方案作业。要根据货物性质选择合适的装卸搬运机械：在装卸易爆货物时，装卸搬运机械应安装熄火装置，禁止使用非防爆电气设备。作业前应对装卸搬运机械进行检查。在装卸搬运爆炸品、有机过氧化物、一级毒害品和放射性物质时，装卸搬运机械都应将额定负荷降低25%使用，操作人员要穿戴相应的防护用具，夜间作业要有良好的照明设备，作业现场要准备必要的安全和应急设备与用具，确保操作人员的安全和健康。

改善搬运作业的原则和方法如表3-14所示。

表3-14 改善搬运作业的原则和方法

因 素	目 标	想 法	改善原则	改善方法
搬运对象	减少搬运总重量、总体积	减少搬运总重量、总体积	尽量减少搬运量	调整仓库布置
				合并相关作业
搬运距离	减少搬运总距离	减少回程	消除搬运	调整厂房布置
			顺道行走	

续表

因　素	目　标	想　法	改善原则	改善方法
搬运距离	减少搬运总距离	回程顺载	掌握各搬运点相关性	调整单位相关性布置
		缩短距离	直线化、平面化	调整仓库布置
		减少搬运次数	单元化	托盘货柜化
			大量化	利用大型搬运机械
				利用中间转运站
搬运空间	减少搬运使用空间	减少搬运作业	充分利用三维空间	调整仓库布置
		缩减移动空间	降低设备回转空间	选用合适、不占空间、不需太多辅助设施的设备
		协调/错开搬运时间	时程规划安排
搬运时间	缩短搬运总时间	缩短搬运时间	高速化	利用高速设备
			保证时效	搬运均匀化
		减少搬运次数	增加搬运量	利用大型搬运机械
	掌握搬运时间	估计预期时间	时程化	时程规划控制
搬运手段	利用经济效率高的手段	增加搬运量	机械化	利用机器设备，包括大型搬运机械
			高速化	利用高速设备
			连续化	利用输送带等连续设备
		采用有效管理方式	保证时效	搬运均匀化
				循环往复式搬运
		减少劳力	利用重力	使用斜槽、滚轮、输送带等重力设备

知识拓展

装卸搬运合理化的基本原则

（1）防止和消除无效作业：①尽量减少装卸次数；②提高货物的纯度；③包装要适宜；④缩短搬运作业的距离。

（2）提高装卸搬运活性水平。

（3）实现装卸作业的省力化。

（4）尽量实现装卸搬运作业的机械化。

（5）推广组合化装卸搬运。

（6）合理规划装卸搬运方式和装卸搬运作业过程。

同步练习

现在有男西服 40 箱，每箱尺寸为 75cm×55cm×50cm，每箱重 15kg，要求用 1t 电动侧面叉车在 2 小时内完成装卸搬运作业，叉车的时间利用系数为 60%，叉车完成装卸搬运作业一个循环平均需要 0.25 小时，假如叉车的设备载荷利用系数为 65%，要按时完成作业，需要几台这样的叉车？

计算题答案 1

仓储管理实务（第4版）

引导任务操作提示

第一步，根据任务中提供的作业量、完成时间、设备的时间利用系数、设备载荷利用系数等信息，利用公式 $Z = \dfrac{Q}{M}$、$M = \dfrac{TK_1}{t}(gK_2)$ 计算所需要的作业设备数量。

第二步，根据任务中提供的上海QD医疗器械有限公司储存货物一览表中的商品信息，制作货物特征表。

第三步，根据任务中提供的上海QD医疗器械有限公司储存货物一览表中的商品信息，分析装卸搬运活性指数。

学习情况自评表

班级：　　　　姓名：　　　　学号：　　　　组别：　　　　时间：

序 号	评 价 内 容	分值/分	实际得分/分
1	车辆安排数量合适	20	
2	活性指数分析正确	20	
3	编制的货物特征表正确	20	
4	工作计划表填写规范，分工明确，并能在规定的时间内完成	5	
5	不迟到、不早退、不缺课	5	
6	合作态度好，服从分工和领导	5	
7	课堂表现好，积极参加讨论	5	
8	课后作业正确且按时完成、书写工整	5	
9	PPT制作精美，汇报展示内容全面、详略得当、语言清晰	5	
10	撰写的学习报告内容正确、完整，有自己的心得体会	10	
	合　　计	100	

Mission 任务 5　入库货物的堆存

知识要点

- ◆ 入库货物堆存的基本要求
- ◆ 入库货物堆存的垛形
- ◆ 托盘紧固方法
- ◆ 入库货物可堆层数的计算与确定

Project 3 项目 货物入库作业

能力培养

学生能够运用本任务所介绍的知识和方法，根据入库货物的不同性质和要求，选择合适的堆存垛形。

任务背景

上海QM仓储有限公司为上海HD商贸有限公司储存一批货物（见表3-15）。上海QM仓储有限公司仓库地坪单位面积技术定额为 1000kg/m²，库房高度为5.6m，底层货物允许承载的最大重量分别为120kg、90kg、50kg。

（1）分别用重叠式、纵横交错式、仰伏相间式、压缝式、通风式、栽柱式完成上述货物的堆垛作业，并计算这3种货物的可堆高层数（货垛底面积大致为4m×4m）。

（2）分别用重叠式、纵横交错式、正反交错式、旋转交错式完成电饭锅的托盘堆垛作业（采用的托盘规格为1.140m×1.140m，电饭锅用空纸盒代替）。

（3）分别用捆扎、网罩紧固、框架紧固、中间夹摩擦材料紧固、专用金属卡具加固、黏合加固、胶带加固、平托盘周边垫高加固、收缩薄膜加固、拉伸薄膜加固10种方法对堆垛的托盘进行紧固。

建议以小组合作的方式完成。

表3-15　上海HD商贸有限公司储存货物一览表

序 号	品　名	数　量	包　装	毛重（kg/箱）
1	洗衣机	80台	1台/箱，100cm×85cm×120cm	16
2	电视机	60台	1台/箱，98cm×67cm×25cm	8.2
3	电饭锅	70只	1只/箱，58cm×45cm×36cm	2.3

任务分析

货物入库后，要进行分类存放，这是仓储保管的基本要求。工作人员根据货物的特性、包装方式、保管要求，以及方便作业和充分利用仓容等原则，确定采用何种存放方式。

任务实施

一、货垛占地面积、可堆层数的确定

（一）货垛占地面积的确定

占地面积可以用下面的公式计算得出：

占地面积=（总件数/可堆层数）×每件货物的底面积

（二）货垛可堆层数的确定

（1）地坪不超重可堆层数计算方法：指货物堆垛的重量必须在建筑部门核定的库房地

坪安全负载范围内（通常以 kg/m² 为单位），不得超重。因此，在货物堆垛前，应预先计算货垛不超重可堆层数。

① 以一件货物来计算：

不超重可堆层数=库房地坪每平方米核定载重量/货物单位面积重量

其中，货物单位面积重量=每件货物的毛重/该件货物的底面积。

② 以整垛货物来计算：

$$\text{不超重可堆层数} = \frac{\text{整垛货物实际占地面积} \times \text{库房地坪每平方米核定载重量}}{\text{每层货物的件数} \times \text{每件货物的毛重}}$$

（2）货垛不超高可堆层数计算方法：

不超高可堆层数=库房可用高度/每件货物的高度

（3）底层货物承载力不超重可堆层数计算方法：

不超重可堆层数=底层货物允许承载的最大重量/堆高货物的单件重量+1

在计算出上述3个可堆层数后，其中最小的数值就是堆垛作业的可堆层数。

二、堆存的基本方法

（一）堆垛法存货

堆垛法存货能充分利用仓容，使仓库内整齐，便于作业和保管。这一方法主要适用于有外包装的货物，如箱、包、桶和袋等，或者不需要包装的大宗货物，如钢材等。常见的堆垛法有以下几种。

1. 重叠式堆垛法

重叠式堆垛法（见图3-12）：也称直堆法，是逐件、逐层向上重叠堆码，一件压一件的堆码方式。为了保证货垛稳定，在一定层数后（如10层）改变方向继续向上堆码，或者长宽各减少一件继续向上堆码（俗称四面收半件）。该方法便于作业、计数，但垛堆稳定性较差，容易倒垛，适用于袋装货物、箱装货物，以及平板、片式货物等。

2. 纵横交错式堆垛法

纵横交错式堆垛法（见图3-13）：每层货物都改变方向向上堆码的方式。该方法垛堆稳固，不易倒垛，但操作不便，每层货物需转换堆码方向，适用于管材、捆装、长箱装等货物。

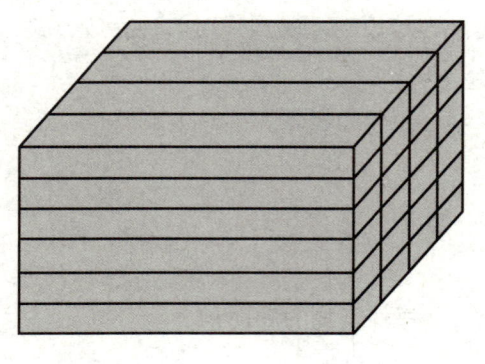

图3-12 重叠式堆垛法

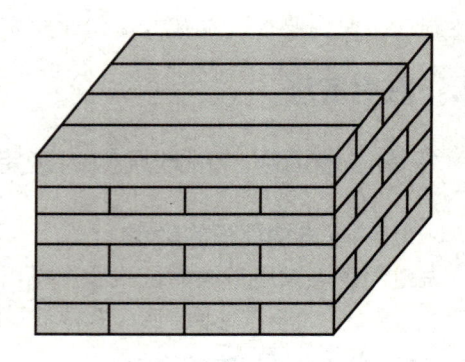

图3-13 纵横交错式堆垛法

3. 仰伏相间式堆垛法

仰伏相间式堆垛法（见图3-14）：对上下两面有大小差别或凹凸的货物，如槽钢、钢轨、箩筐等，将货物先仰放一层，再反一面伏放一层，仰伏相间相扣。该方法垛堆极为稳定，但操作不便。

4. 压缝式堆垛法

压缝式堆垛法（见图3-15）：将底层并排摆放，上层货物放在下层的两件货物之间。如果每层货物都不改变方向，则形成梯形体；如果每层都改变方向，则类似于纵横交错式。上下层件数的关系分为"2顶1""3顶2""4顶3""5顶4"等。该方法垛堆稳固，不易倒垛，但每层堆码的货物数量不一样，不易计数，适用于圆桶、圆管货物。

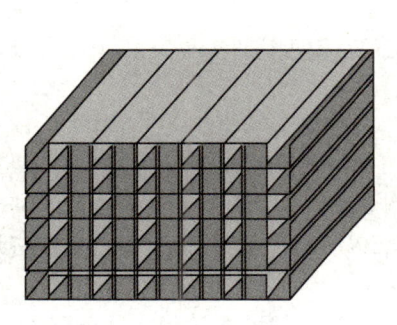

图3-14　仰伏相间式堆垛法　　　　图3-15　压缝式堆垛法

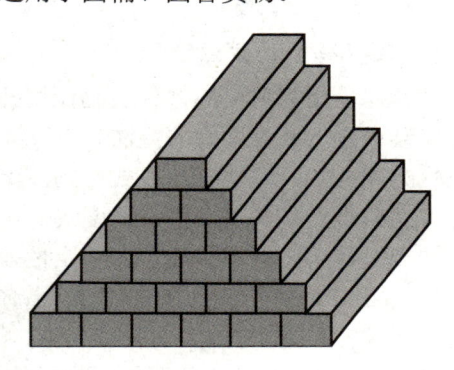

5. 通风式堆垛法

通风式堆垛法（见图3-16）：每件相邻的货物之间都留有空隙，以便通风；层与层之间采用压缝式或纵横交错式，以利于通风散热，但垛堆占的面积较大，适用于需通风散热的货物。

6. 栽柱式堆垛法

栽柱式堆垛法（见图3-17）：码放货物前在货垛两侧栽上木桩或钢棒（如U形货架），将货物平码在桩与桩之间，几层后用铁丝将相对两边的桩拴连，接着往上码放货物。此方法适用于棒材、管材等长条状货物。

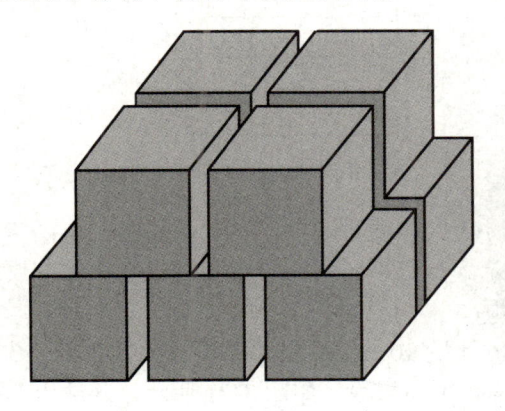

图3-16　通风式堆垛法　　　　图3-17　栽柱式堆垛法

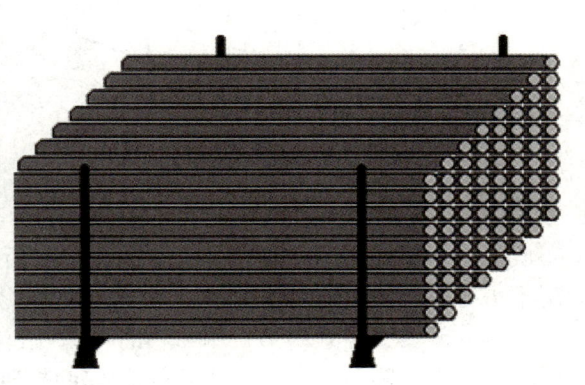

（二）货架堆码法

货架堆码法即使用货架堆码，适用于小五金、小百货等小件货物。常用的货架有 U 形货架、橱格架、托盘货架、悬臂货架、橱柜货架、多层平面货架等。

（三）散堆法

散堆法适用于露天存放的、没有或不需要包装的大宗货物，如煤炭、生铁等。若采用该方法，则堆码场地要夯实、整平，道路畅通；堆码要整齐划一，做到分堆储存，按品种、规格成型，循环清底，账物相符；货垛要保持规定的温度、湿度，做到热天不自燃、下雨不流失、刮风不飞扬、损耗不超过国家标准。

（四）托盘堆存法

1. 装盘码垛的方法

装盘码垛指将散装或散件货物，用托盘、货箱盛装或使用捆扎等方法，组合成若干较大的集装单元。装盘码垛的方法有以下 4 种。

（1）重叠式：各层码放方式相同，上下对应，各层之间不交错堆垛，如图 3-18 所示。这种方式的优点是，工人操作速度快，包装物的 4 个角和边都重叠且保持垂直，承压能力强；缺点是各层之间缺少咬合，稳定性差，容易发生塌垛。在货体底面积较大的情况下，这种方式可使货垛有足够的稳定性。重叠式码放再配以各种紧固方式，不但能使货垛保持稳固，而且装卸操作省力。

（2）纵横交错式：相邻两层货物摆放时旋转 90°，即一层横向放置，另一层纵向放置，层间纵横交错堆垛，如图 3-19 所示。货物层间存在一定的咬合，但咬合强度不高。重叠式和纵横交错式较适用于自动装盘操作。

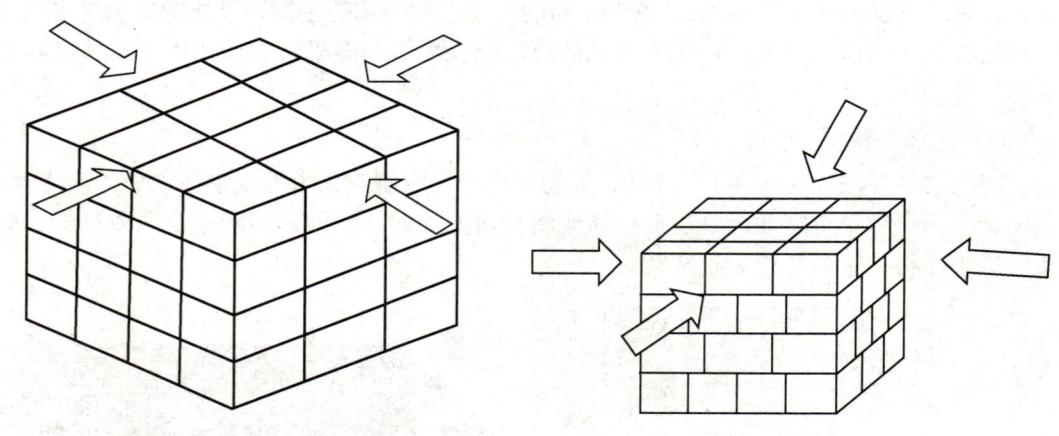

图 3-18 重叠式装盘码垛　　　　图 3-19 纵横交错式装盘码垛

（3）正反交错式：同一层中，不同列的货物以 90°垂直码放，相邻两层中一层的货物码放是另一层旋转 180°的形式，如图 3-20 所示。货物不同层间咬合强度较高，相邻层之间不重缝，码放后稳定性很好，但操作较为麻烦。

（4）旋转交错式：第一层相邻的两个包装体都呈 90°，两层间的码放相差 180°，这样相邻两层之间咬合交叉，托盘货体稳定性较高，不易塌垛，如图 3-21 所示。其缺点是码放难度大，而且中间形成空穴，会降低托盘的载装能力。

图 3-20　正反交错式装盘码垛　　　　　图 3-21　旋转交错式装盘码垛

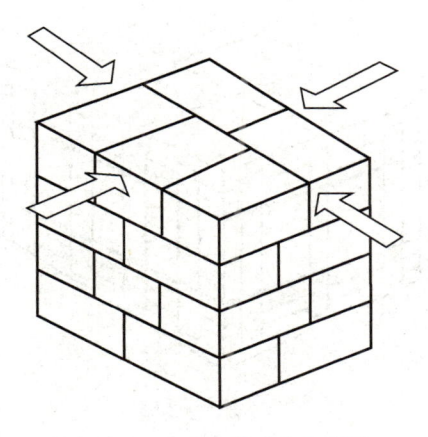

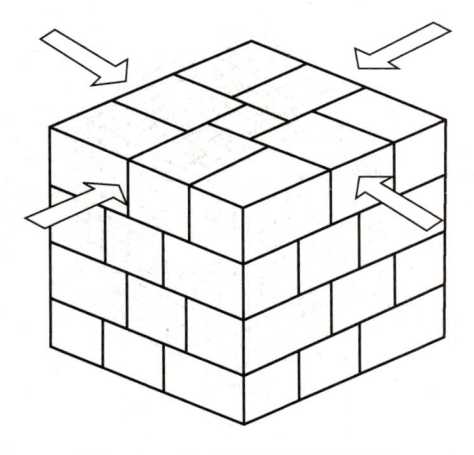

2. 紧固的方法

利用托盘进行堆存需要进行紧固，以防塌垛，紧固的方法有如下 10 种。

（1）捆扎：用绳索、打包带等对托盘货物进行捆扎，以保证货物的稳固。其方式有水平捆扎、垂直捆扎和对角捆扎等，如图 3-22 所示。捆扎打结的方法有扎结、黏合、热融、加卡箍等。捆扎可用于多种货物的托盘集合包装。

水平捆扎　　　　　垂直捆扎　　　　　对角捆扎

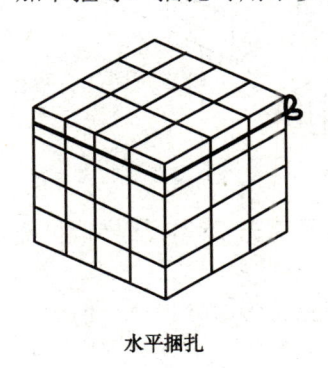

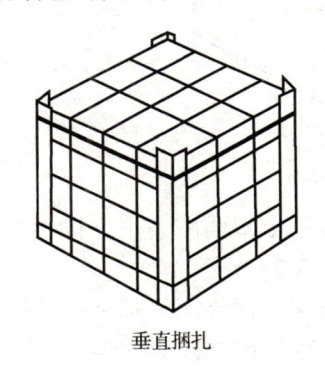

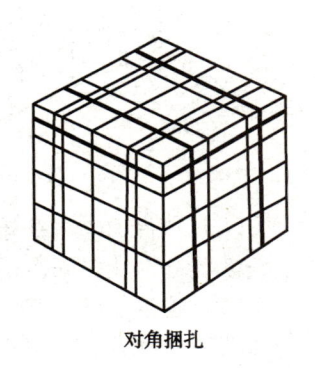

图 3-22　托盘货物的各种捆扎方法

（2）网罩紧固：主要用于装有同类货物托盘的紧固，如图 3-23 所示。该方法多见于航空运输，先将网罩套在航空专用托盘码垛的货物上，再将网罩下端的金属配件挂在托盘周围的固定金属片上，以防不整齐的货垛倒塌，为了防水，可在网罩下用防水层加以覆盖。

（3）框架紧固：先将框架加在托盘货物相对的两面或四面直至顶部，再用打包带或绳索捆紧，以起到紧固货物的作用，如图 3-24 所示。框架的材料以木板、胶合板为主。

（4）中间夹摩擦材料紧固：将具有防滑性的纸板、纸片或软性塑料片夹在各层容器之间，以增加摩擦力，防止水平滑移，如图 3-25 所示。

（5）专用金属卡具加固：对某些货物，最上层如果可伸入金属卡具，则可用专用金属卡具将相邻的包装物卡住，以使每层货物通过金属卡具成为一个整体，防止个别分离滑落，如图 3-26 所示。

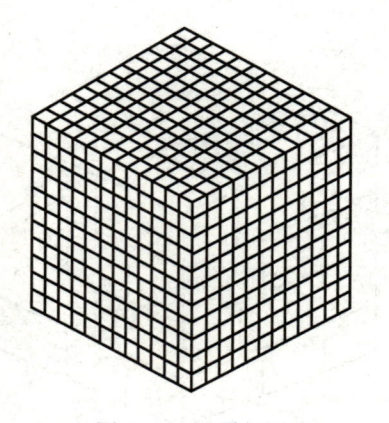

图 3-23 网罩紧固

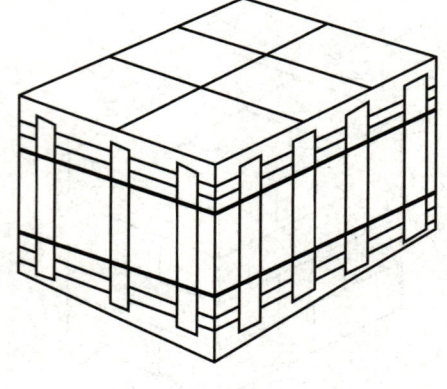

图 3-24 框架紧固

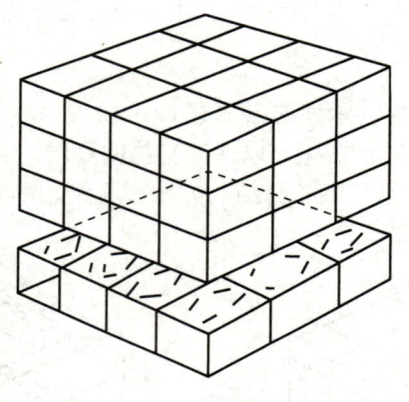

图 3-25 中间夹摩擦材料紧固

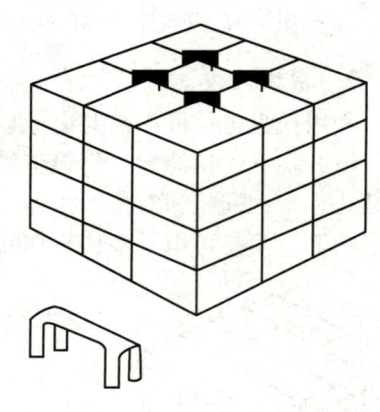

图 3-26 专用金属卡具加固

（6）黏合加固：在每层之间贴上双面胶条，可将两层通过胶条黏在一起，这样便可防止托盘上货物从层间滑落，如图 3-27 所示。

（7）胶带加固：将托盘货体用单面不干胶包装带黏捆，即使包装带部分损坏，但由于全部贴于货物表面，也不会出现散捆现象，如图 3-28 所示。

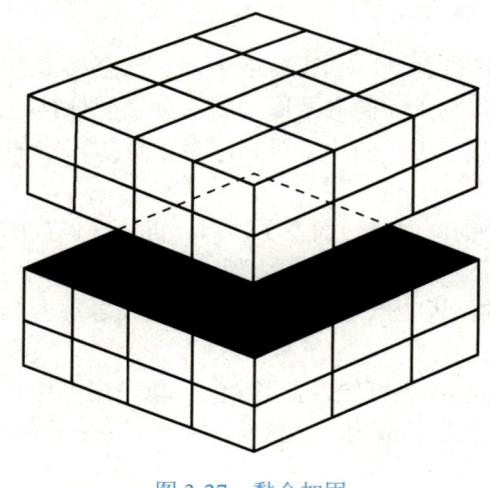

图 3-27 黏合加固

图 3-28 胶带加固

（8）平托盘周边垫高加固：将平托盘的四周稍微垫高，托盘上的货物会向中心互相依靠，在运输过程中发生摇动、振动时，可防止货物滑动错位和货垛外倾，因而能起到稳固作用，如图 3-29 所示。

（9）收缩薄膜加固：先将热缩塑料薄膜置于托盘货体之上，然后进行热缩处理，收缩后的塑料薄膜便将托盘货体紧箍成一体，如图 3-30 所示。这种紧固方法不但能起到紧固、防塌垛的作用，而且由于塑料薄膜的不透水特点，还能起到防水、防雨的作用。这有利于弥补托盘货体不能露天放置、需要仓库的不足，可大大扩展托盘的应用领域。

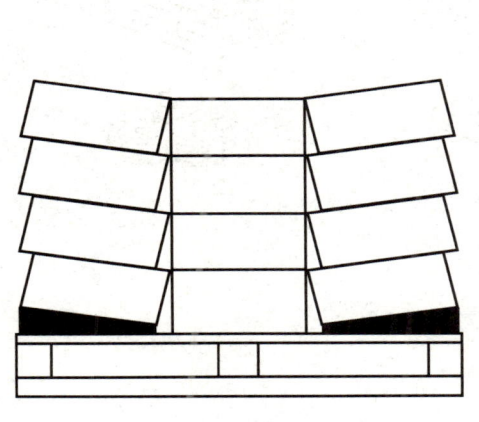

图 3-29　平托盘周边垫高加固　　　　　图 3-30　收缩薄膜加固

（10）拉伸薄膜加固：用拉伸塑料薄膜将货物和托盘一起缠绕包裹，当撤除拉伸薄膜外力后，收缩紧固托盘货体而形成集合包装件。顶部不加塑料薄膜的，形成四面封；顶部加塑料薄膜的，形成五面封。拉伸包装不能完成六面封，因此不能防潮。此外，拉伸薄膜比收缩薄膜捆缚力差，只能用于轻量的集装包装，如图 3-31 所示。

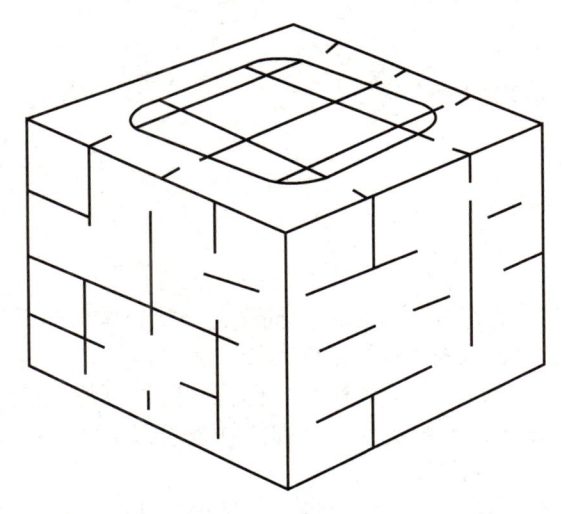

图 3-31　拉伸薄膜加固

（五）五五式堆码法

如图 3-32 所示，以 5 为基本计量单位，根据货物的不同形状码成各种总数为 5 的倍数的货垛，如五五成方、五五成行、五五成包、五五成串等。

五五式堆码法的优点是有利于快速、准确地清点货物，减少差错，提高效率。

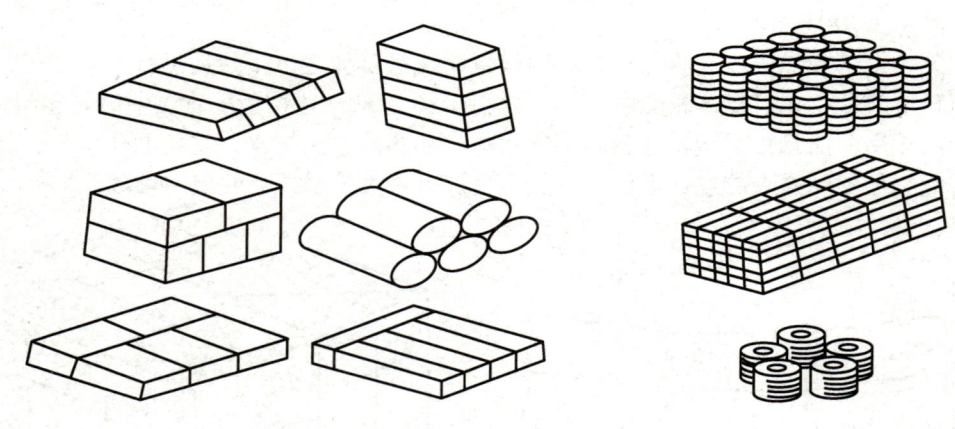

图3-32 五五式堆码

知识链接

货物存放的基本原则

（1）面向通道原则。

（2）分层堆放原则。

（3）先进先出原则。

（4）周转频率对应原则。

（5）同一性原则。

（6）相似性原则。

（7）重量对应原则。

（8）形状对应原则。

（9）明确表示原则。

（10）适当的搬运活性原则。

三、垛形与码垛

（一）垛形

1. 平台垛

平台垛（见图3-33）：先在底层以同一方向平铺一层货物，然后垂直继续向上堆，每层货物的件数、方向相同，垛顶呈平面，垛形为长方体。当然，在实际堆垛时并不采用层层堆码的方式，往往从一端开始，逐步后移。平台垛适用于包装规格单一的大批量货物、能够垂直叠放的方形箱装货物、大袋货物、规则的软袋成组货物，以及托盘成组货物。平台垛只能用于仓库内和无须遮盖的货垛。

平台垛具有整齐、便于清点、占地面积小、堆垛作业方便的优点。但该垛形的稳定性较差，特别是小包装、硬包装的货物，有货垛端头倒塌的风险，所以必要时（如太高、长期堆存、端头位于主要通道等情况）要在两端采取加固措施。对于堆放很高的轻质货物，在堆码到一定高度后，往往要先向内收半件货物后再向上堆码，以保证货垛稳固。

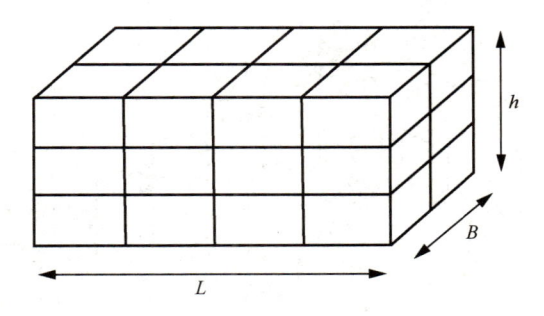

图 3-33　平台垛

标准平台垛的货物总件数计算公式为
$$A = L \times B \times h$$
式中，A——总件数；
L——长度方向的件数；
B——宽度方向的件数；
h——层数。

2. 梯形垛

梯形垛（见图 3-34）：在底层以同一方向排放货物的基础上，向上逐层同方向减数压缝堆垛，垛顶呈平面，整个货垛呈下大上小的梯形体。梯形垛用于包装松软的袋装货物和上层面非平面而无法垂直叠码的货物的堆码，如横放的桶装、卷形捆装货物。梯形垛极为稳固，可以堆放得较高。在露天堆放的货物可采用梯形垛，为了排水需要，需在顶部起脊。

为了增加梯形垛的空间利用率，在堆放可以直立的筐装、矮桶装货物时，底部数层应采用平台垛的方式堆放，在达到一定高度后再采用梯形垛的方式。

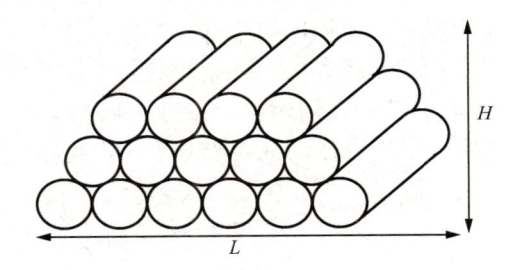

图 3-34　梯形垛

每层的两个侧面（长度方向）收半件（压缝）的立体梯形垛总件数计算公式为
$$A = (2L - h + 1)HB/2$$
式中，A——总件数；
L——长度方向的件数；
B——宽度方向的件数；
H——高度；
h——层数。

3. 行列垛

行列垛（见图 3-35）：将每票货物按件排成行或列排放，每行或每列为一层或数层高，垛形呈现长条形。

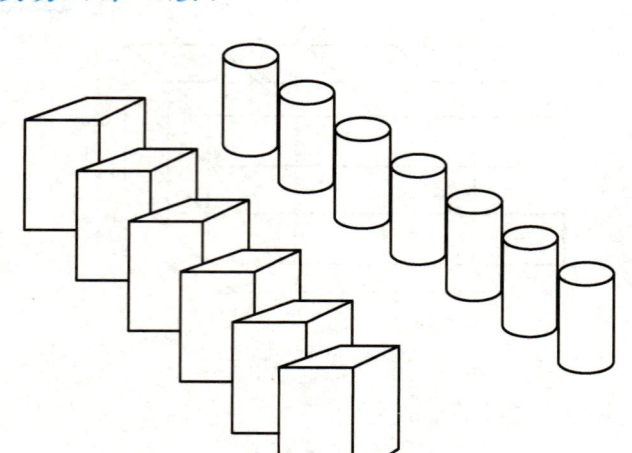

图 3-35　行列垛

行列垛在存放批量较小货物的库场码垛使用,如零担货物。为了避免混货,每批独立开堆存放,长条形的货垛使每个货垛的端头都延伸到通道边,可以直接作业而不受其他货物的阻挡,但每垛货量较少,垛与垛之间都需要留空,垛基小而不能堆高,因此行列垛占用库场面积大,库场利用率较低。

4. 起脊垛

起脊垛(见图 3-36):先按平台垛的方法码垛到一定高度,以卡缝的方式逐层收小,再将顶部收尖成屋脊状。起脊垛是用于堆场堆货的主要垛形,货垛表面的防雨遮盖从中间起向下倾斜,便于雨水排泄,防止雨水淋湿货物。有些仓库由于陈旧或建筑简陋有漏水现象,因此仓库内的怕水货物也采用起脊垛堆垛并遮盖。起脊垛是平台垛为了满足遮盖、排水的需要而产生的变形,具有操作方便、占地面积小的优点,适用于平台垛的货物都可以采用起脊垛堆垛。但是起脊垛由于顶部压缝收小,形状不规则,因此无法在垛堆上清点货物,顶部货物的清点需要在堆垛前以其他方式进行。另外,由于货垛中间的压力大于两边,因此采用起脊垛的库场的使用定额要以脊顶的高度来确定,以免中间底层货物或库场损坏。

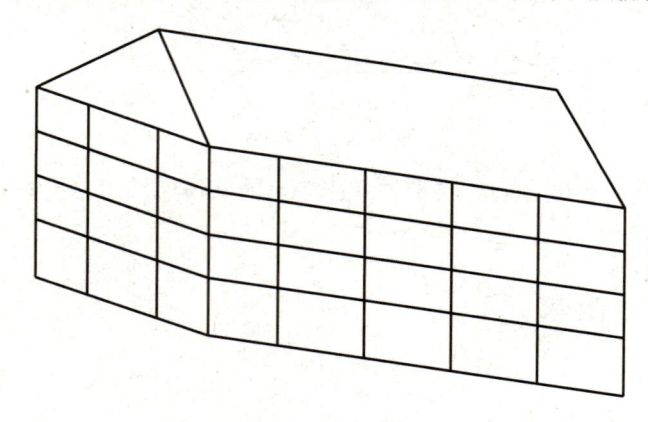

图 3-36　起脊垛

起脊垛的货物总件数计算公式为

$$A = L \times B \times h + 起脊件数$$

式中，A——总件数；
　　　L——长度方向的件数；
　　　B——宽度方向的件数；
　　　h——未起脊的层数。

5. 梅花垛

对于需要直立存放的大桶装货物，将第一排（列）货物排成单排（列），第二排（列）的每件货物靠在第一排（列）的两件货物之间卡位，第三排（列）同第一排（列）一样，每排（列）依次卡缝排放，形成单层梅花垛，如图3-37所示。对于能够多层堆码的桶装货物，在堆放第二层以上时，将每件货物压放在下层的三件货物之间，四边各收半件，形成立体梅花垛。梅花垛货物摆放紧凑，充分利用了货物之间的空隙，节约了库场面积。梅花垛码垛的基本要求包括合理、牢固、定量、整齐、节约、方便等。

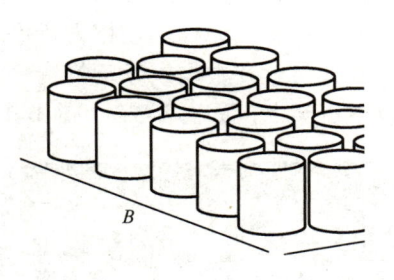

图 3-37　梅花垛

单层梅花垛的货物总件数计算公式为

$$A = (2B-1)L/2$$

式中，A——总件数；
　　　L——长度方向的件数；
　　　B——宽度方向的件数。

6. 井形垛

井形垛（见图3-38）：用于长形的钢材、钢管及木材的堆码，先以一个方向铺放一层货物，再以垂直的方向铺放第二层货物，货物横竖隔层交错，逐层堆放，垛顶呈平面。井形垛的垛形稳固，但层边货物容易滚落，需要捆绑或收进。井形垛的作业较为不便，需要不断改变作业方向。

图 3-38　井形垛

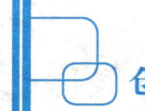

井形垛的货物总件数计算公式为

$$A=(L+B)h/2$$

式中，A——总件数；

L——纵向方向的件数；

B——横向方向的件数；

h——层数。

为了在保管过程中及时掌握入库货物的资料，仓库管理人员需要在货垛上悬挂有关该货垛货物的资料标签。该标签被称为货垛牌，也被称为货物标签、垛卡等。货物码垛完毕后，仓库管理人员就要根据入库货物资料、接收货物情况制作货垛牌，并拴挂在货垛正面明显的位置或货架上，如图3-39和图3-40所示。

图3-39 货垛牌拴挂位置示意（货垛）

图3-40 货垛牌拴挂位置示意（货架）

货垛牌的主要内容有货位号、货物名称、规格型号、存货单位、入库日期、入库数量、货垛数量、接货人（制单人）等。其范本如图3-41所示。

垛　卡

货物名称＿＿＿＿＿＿＿＿＿＿　　规格型号＿＿＿＿＿＿＿＿＿＿
存货单位＿＿＿＿＿＿＿＿＿＿　　入库日期＿＿＿＿＿＿＿＿＿＿
入库数量＿＿＿＿＿＿＿＿＿＿　　货垛数量＿＿＿＿＿＿＿＿＿＿
入库单号＿＿＿＿＿＿＿＿＿＿　　货 位 号＿＿＿＿＿＿＿＿＿＿
保 管 员＿＿＿＿＿＿＿＿＿＿　　制 单 人＿＿＿＿＿＿＿＿＿＿

出库日期	提货单号	提货单位	数量	结存	操作员

图3-41 货垛牌（范本）

想一想，议一议

平台垛、梯形垛、行列垛、起脊垛、梅花垛、井形垛的操作要领分别是什么？

知识拓展

货物堆垛时对垛基的要求

垛基是货垛的基础，其主要作用是随整个货垛的重量，将货物的垂直压力传递给地坪；将货物与地面隔离，起防水、防潮和通风的作用；垛基空间为搬运作业提供方便条件。因此，垛基应满足以下要求。

1. 将整垛货物的重量均匀地传递给地坪

垛基本身要有足够的抗压强度和刚度。为了防止地坪被压陷，应扩大垛基同地坪的接触面积，衬垫物要有足够的密度。

2. 保证良好的防水、防潮和通风

垛基应为敞开式的，有利于空气流通；可适当增加垛基的高度，特别是露天货场的垛基，其高度应为30～50cm；必要时增设防潮层；为了利于排水，露天货场的垛基还应保持一定的坡度。

3. 保证垛基存放的货物不发生变形

露天货场的场地应平整夯实，衬垫物应放平摆正，所有衬垫物要同时受力且受力均匀。大型设备的重心部位应增加衬垫物。

垛基分为固定式垛基和移动式垛基两种。移动式垛基又分为整体式垛基和组合式垛基。组合式垛基机动灵活，可根据需要进行拼装。

在进行堆码作业时，工作人员必须参照货物的仓容定额、地坪承载能力、允许堆放层数等因素。仓容定额是某种货物单位面积上的最高储存量，单位是 t/m^2。不同货物的仓容定额是不同的，同种货物在不同的储存条件下的仓容定额也不相同。仓容定额的大小受货物本身的外形、包装状态、仓库地坪的承载能力和装卸作业手段等因素的影响。

（二）码垛的基本要求

（1）合理：根据不同的货物和保管条件确定不同的堆码方式；不同品质、规格型号、等级、批次、产地、单价的货物应分开堆码；码垛时要分清先后顺序，贯彻"先进先出"的原则。

（2）牢固：货物必须不偏不斜、不压坏底层货物，确保货垛安全牢固。

（3）定量：每行、每层数量力求达到整数，便于计数。

（4）整齐：垛形应有一定的规格，货物的包装标记和标志一律朝外。

（5）节省：码垛时要注意节省货位，提高仓容利用率，节约劳动消耗。

（6）方便：码垛时必须考虑到检查、拆垛、分拣和发货等作业的方便，保证装卸作业的安全，并有利于提高堆码作业的机械化水平。

四、货垛的"五距"要求

货垛的"五距"是指垛距、墙距、柱距、顶距和灯距。货垛不能倚墙、靠柱、碰顶和贴灯；不能紧挨旁边的货垛，必须留有一定的间距。

（1）垛距。货垛与货垛之间的必要距离就是垛距。垛距方便存取作业，能起通风、散热的作用，方便消防工作。库房垛距一般为 0.3～0.5m，货场垛距一般不小于 0.5m。

（2）墙距。为了防止库房墙壁和货场围墙上的潮气对货物产生不利影响，也为了开窗通风，方便消防工作和收发作业，货垛与墙之间必须留有距离，即墙距。墙距一般为 0.1～0.5m。

（3）柱距。为了防止库房柱子的潮气影响货物，也为了保护仓库建筑物的安全，货垛与柱子之间必须留有柱距。柱距一般为 0.1～0.3m。

（4）顶距。顶距是指货垛堆放的最大高度与库房、货棚屋顶横梁间的距离。顶距要便于装卸搬运作业，能通风、散热，有利于消防工作及收发、查点。顶距一般为 0.5m。

（5）灯距。灯距是货垛与照明灯之间的必要距离。为了防止照明灯的热量引起附近货物燃烧而发生火灾，货垛必须留有安全灯距。灯距应不少于 0.5m。

五、特殊货物的堆存要求

（一）危险品的堆存要求

危险品在堆存时应根据其性质和包装确定合适的堆放垛形和货垛大小，其中桶装货不得超过 3 个桶高，袋装货不得超过 4m。库场内的危险品之间，以及和其他设备之间必须保持必要的间距。其中，货垛顶距灯不小于 1.5m；货垛距墙不小于 0.5m；货垛之间的距离不小于 1m；消防器材、配电箱周围禁止堆货或放置其他物品；库房内的消防通道宽度不小于 4m，货场内的消防主通道宽度不小于 6m。危险品叠堆时要整齐，堆垛稳固，不得倒置，悬挂标有危险品编号、品名、性质、类别、级别、消防方法的标志牌。

（二）冷藏品的堆存要求

存期长的货物存放在库里端，存期短的货物存放在库门附近，易升温的货物存放在接近冷风口的地方。根据货物或包装形状合理采用垂直叠垛或交叉叠垛，如冻光猪要肉皮朝下、头尾交错、腹背相接、长短对弯、码平码紧。货垛不能堵塞或影响冷风的流动，避免出现冷风短路。货垛间距要求如下：

（1）冷冻库货垛距顶棚 0.2m。

（2）冷藏库货垛距顶棚 0.3m。

（3）距顶排水管下侧 0.3m。

（4）距顶排水管横侧 0.3m。

（5）距未装设冷排管的墙壁 0.2m。

（6）在冷风机周围 1.5m。

（三）药品的堆存要求

（1）墙距一般不小于 0.3m。

（2）柱距一般不小于 0.3m。

（3）顶距一般规定：平房仓库为 0.3～0.5m；多层建筑仓库底层与中层为 0.2～0.5m，顶层不得低于 0.3m；人字屋架无天花板的仓库，药垛顶层不能顶着天平木下端，应保持 0.3m 以上的距离。

（4）灯距必须保持在 0.5m 以上。

（5）垛距视药品性能、储存场所条件、养护与消防要求、作业需要而定，一般垛距为1m左右。

（6）货垛与地面的距离不小于0.1m。

小提示

堆码货物应具备的条件

（1）货物已验收合格。

（2）包装完好、标志清楚。

（3）外表的污垢、雨雪等已清除，不会影响货物的质量。

（4）因受潮、锈蚀或其他原因导致的不合格货物应与合格货物分开堆放。

同步练习

1. 某仓库进了100箱木箱装的罐头食品。每箱毛重50kg，箱底面积为0.25m²，箱高0.25m，箱上标志表示最多允许叠堆16层，地坪承载能力为5t/m²，库房可用高度为5.2m，求该批货物的可堆层数和高度。

2. 现仓库存储了5000箱商品，每箱尺寸为50cm×50cm×20cm，限高10层，某货位一边宽10m，请问另一边有多宽？货位有多高？

3. 现堆场堆存5000捆某商品，每捆的直径为50cm，要求栽桩堆成梯形垛，货垛一边长10m，限堆4层，请问需要堆几个垛？

4. 现堆场堆存2000桶某商品，每桶的直径为50cm，要求竖立放置成单层梅花垛，货垛一边长5m，限堆4排，请问需要堆几个垛？

计算题答案2

引导任务操作提示

（1）根据重叠式堆垛法、纵横交错式堆垛法、仰伏相间式堆垛法、压缝式堆垛法、通风式堆垛法、栽柱式堆垛法的操作要领对任务中的3种货物进行堆垛作业。利用公式占地面积=（总件数/可堆层数）×每件货物的底面积、不超重可堆层数=库房地坪每平方米核定载重量/货物单位面积重量（地坪不超重，以一件货物来计算）、不超重可堆层数=$\frac{整垛货物实际占地面积×库房地坪每平方米核定载重量}{每层货物的件数×每件货物的毛重}$（地坪不超重，以整垛货物来计算）、不超高可堆层数=库房可用高度/每件货物的高度、不超重可堆层数=（底层货物允许承载的最大重量/堆高货物单件重量）+1（底层货物承载力不超重可堆层数），计算并比较后得出3种货物的可堆层数。

（2）根据重叠式、纵横交错式、正反交错式、旋转交错式装盘码垛的操作要领对电饭锅进行托盘装盘码垛作业。

（3）根据捆扎、网罩紧固、框架紧固、中间夹摩擦材料紧固、专用金属卡具加固、黏合加固、胶带加固、平托盘周边垫高加固、收缩薄膜加固、拉伸薄膜加固这10种托盘紧固操作要领对任务中的3种货物进行紧固作业。

学习情况自评表

班级：　　　　姓名：　　　　学号：　　　　组别：　　　　时间：

序号	评价内容	分值/分	实际得分/分
1	用 6 种方法进行的堆垛操作正确	20	
2	3 种货物的可堆层数计算正确	10	
3	用 4 种方法完成的电饭锅的装盘码垛作业操作正确	10	
4	用 10 种方法对堆垛的托盘进行的紧固操作正确	20	
5	工作计划表填写规范，分工明确，并能在规定的时间内完成	5	
6	不迟到、不早退、不缺课	5	
7	合作态度好，服从分工和领导	5	
8	课堂表现好，积极参加讨论	5	
9	课后作业正确且按时完成、书写工整	5	
10	PPT 制作精美，汇报展示内容全面、详略得当、语言清晰	5	
11	撰写的学习报告内容正确、完整，有自己的心得体会	10	
	合　　计	100	

Mission 任务 6　入库货物的苫垫

知识要点

◆ 入库货物苫盖和垫垛的目的
◆ 苫盖和垫垛的基本方法和操作要领

能力培养

学生能够运用本任务所介绍的知识和方法，根据入库货物的不同性质和要求，选择合适的苫盖、垫垛方法。

任务背景

上海 SH 仓储有限公司为一个客户储存水泥 100 袋（100kg/袋）、建筑五金扣件 80 箱（150kg/箱）、木门 60 张（20kg/张）、铁丝 30 卷（95kg/卷），以及钢材 50 卷（200kg/卷），请分别用垛形苫盖法、鱼鳞式苫盖法、棚架苫盖法、隔离苫盖法进行苫盖，同时分别说明垫垛的要求。

项目 3 货物入库作业

任务分析

苫垫是指为了防止各种自然灾害对储存货物质量产生影响而采取的一项安全措施,分为苫盖和垫垛。

任务实施

一、苫盖

苫盖一般是指对堆放在露天货场的货物,为避免直接日晒和风、雨、霜、雪的侵损所采取的保护措施。库房、货棚中需要防尘的货物也可进行简单的苫盖。通常使用的苫盖材料有塑料布、席子、油毡、铁皮、苫布等,也可以将一些商品的旧包装材料改制成苫盖材料。苫盖的方法主要有下列 4 种。

(一)垛形苫盖法

垛形苫盖法:用苫布把整个货垛遮盖起来,不留空隙,垛顶斜面必须平整,以免下雨时低凹的地方积水后渗入垛内,使货物受损,如图 3-42 所示。垛底的枕木、石块不可露在苫布外面,以防雨水顺延渗入垛内。苫好后,要把苫布上的绳子紧拴在下面的石墩上或地面特设的拉攀物(石柱、铁环等)上,以免被大风掀起。货垛大小要根据苫布面积而定,如果垛大布小,就要用两块或几块苫布连接。苫布连接处要放宽重叠部分(一般要求为 1.5m),防止水从连接处渗入货垛。

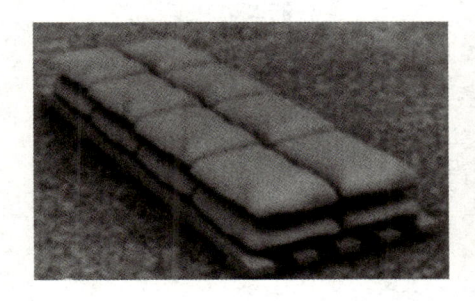

图 3-42 垛形苫盖法

(二)鱼鳞式苫盖法

鱼鳞式苫盖法:通常用芦席或草席自货垛底部向上做围盖,盖好后外形呈鱼鳞状,可防止漏雨,如图 3-43 所示。

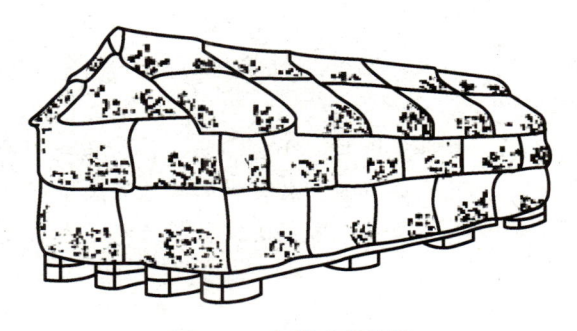

图 3-43 鱼鳞式苫盖法

（三）棚架苫盖法

棚架苫盖法：先用粗竹竿在垛顶搭起人字架（人字架搭多少，根据货垛长度而定，一般每隔1m放一个为宜，货垛两端必须放），再在人字架上苫盖席子（席子要上外下内，一直往下顺延，层层连接，直至整个货垛全部被遮住）。它分为活动棚架苫盖法（见图3-44）和固定棚架苫盖法（见图3-45）两种。

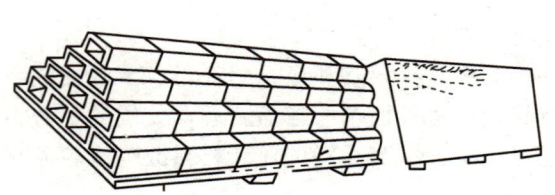

图3-44　活动棚架苫盖法　　　　　　图3-45　固定棚架苫盖法

（四）隔离苫盖法

隔离苫盖法主要适用于怕热、怕潮的货物。操作时，垛间可用席片、竹片隔离；垛围可将席片与上层钉牢，使货垛与席片之间留有一定的空隙，以起到散热、散潮的作用，如图3-46所示。

小提示

苫盖的基本要求

刮风揭不开，
下雨渗不进，
垛要整齐，
肩有斜度。

图3-46　隔离苫盖法

知识链接

选择苫盖材料和方法时应考虑的因素

一般仓库多使用席子和油毡做苫盖材料，仓库应尽量将旧包装铁皮改制成苫盖材料。苫布价格较高，只适合临时使用。对于需要较长时间苫盖的货垛，苫盖材料可用两层席子中间夹一层油毡，按照适当规格预制成苫瓦——使用时方便，拆垛后还可以再次利用。

（1）货物的保管养护要求：裸露的五金制品不能受潮，必须用严密性较好的苫盖材料；对怕热、怕潮的货物应采用隔离苫盖法；对通气性要求较高的货物应采用人字苫盖法。

（2）天气变化情况：在雨季，利用严密性较好的材料苫盖；在夏天，除考虑苫盖防雨外，还要考虑隔热措施。

（3）垛形对苫盖的要求：根据货垛的大小和形状选择苫盖材料和苫盖方法，各种货垛的苫盖都要做到刮风揭不开、下雨渗不进、肩有斜度、垛齐又牢固。

（4）货物进出对苫盖的要求：苫盖要方便进出货操作和货物检查，拆垛翻盖的面积要尽可能小。

二、垫垛

垫垛就是在货物堆垛前，根据货垛的形状、底面积大小、货物保管养护的需要、负载重量等要求，预先铺好衬垫物的作业。其目的主要有：让使用面平整；隔离货物与地面，防止地面潮气和积水浸湿货物；通过衬垫物使重物的压力分散，避免损坏地坪；隔离地面杂物、尘土与货物；形成垛底通风层，有利于货垛通风排湿；使泄漏的货物留存在衬垫物之内，不流动扩散，便于收集和处理。

常见的衬垫物有枕木、废钢轨、木板、帆布、芦席、钢板等，现在也有用堆垛架、托盘的。

小提示

垫垛的基本要求

（1）所使用的衬垫物对拟存货物不会产生不良影响，并具有足够的抗压强度。
（2）地面要平整坚实，衬垫物要摆平放正，并保持同一方向。
（3）衬垫物间距适当，直接接触货物的衬垫物面积与货垛底面积相同，衬垫物不伸出货垛外。
（4）要有足够的高度，露天货场要达到0.3～0.5m，库房内达到0.2m即可。

（一）垫垛的操作方法

1. 露天货场垫垛

货场在使用前，必须平整、夯实，四周开挖明沟，便于积水排出。货场上堆放的货垛的体积和重量比较大，所以要选择较坚固耐压的衬垫物，如枕木、水泥块、花岗石等。高度应视气候条件和防汛要求而定，一般应不低于30cm，地势低洼和可能积水的场地要适当加高。贴面一层可放花岗石或水泥条（垫木贴面容易腐烂），上面架设垫木或垫木架。要注意垫木或垫木架不能露在货垛外面，以防雨水顺着垫木或垫木架流进货垛。露天货场垫垛如图3-47所示。

图3-47 露天货场垫垛

2. 底层库房垫垛

衬垫物一般用垫板、垫架、花岗石等，有时也用稻糠。具体要求：垫垛时，要注意衬垫物的排列方向，第一层衬垫物的空隙要对准走支道或门窗，以利垛底通风、散潮；对于比较怕潮的货物，还需加铺芦席或防潮纸等隔潮材料，以阻止地坪的潮气侵入货物；衬垫

物高度视仓间地坪标高而定，一般要求为30cm；衬垫物要与走支道成直线，以保持走支道畅通和仓间整齐。底层库房垫垛如图3-48所示。

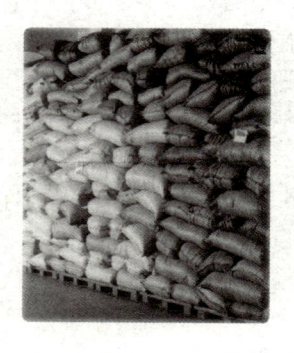

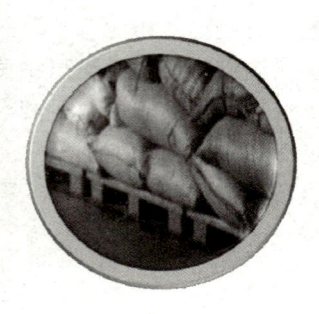

图3-48　底层库房垫垛

（二）衬垫物数量的确定

衬垫物的使用量除了要考虑将压强控制在仓库地坪载荷的限度之内，还要考虑这些库用消耗材料所产生的成本，因此需要确定压强小于地坪载荷的衬垫物数量的最小值。衬垫物数量计算公式为

$$n = \frac{Q_{物}}{lwq - Q_{自}}$$

式中，n——衬垫物数量；
　　　$Q_{物}$——货物重量；
　　　l——衬垫物长度；
　　　w——衬垫物宽度；
　　　q——仓库地坪承载能力；
　　　$Q_{自}$——衬垫物自重。

知识拓展

较重货物的垫垛问题

对于较重的货物，在入库前就必须考虑是否需要垫垛。如果需要垫垛，那么需要几块衬垫物呢？

如果货物对地面的单位面积压力远远超过库场单位面积技术定额，则必须垫垛，需要的衬垫物数量的计算公式为

货物重量+n×一块衬垫物自身的重量=n×一块衬垫物的面积

式中，n——需要的衬垫物的数量。

上述公式的计算结果 n 如果是分数，那么进一位取整数得到的数就是需要的衬垫物数量。

想一想，议一议

入库货物在什么情况下需要苫垫？如何在确保货物质量的前提下降低苫垫成本？

Project 3 项目
货物入库作业

📝 同步练习

某仓库内要存放一台自重为 30t 的设备,该设备底架为两条 2m×0.2m 的钢架。该仓库库场单位面积技术定额为 3t/m²。请问需不需要垫垛?如何采用 2m×1.5m,自重为 0.5t 的钢板垫垛(用几块钢板)?

计算题答案 3

📝 引导任务操作提示

根据垛形苫盖法、鱼鳞式苫盖法、棚架苫盖法、隔离苫盖法的操作要领对任务中的货物进行苫垫作业,并分别说出每种货物的垫垛要求。

📝 学习情况自评表

班级:　　姓名:　　学号:　　组别:　　时间:

序 号	评 价 内 容	分值/分	实际得分/分
1	垛形苫盖法操作正确,垫垛的要求说明充分、正确	15	
2	鱼鳞式苫盖法操作正确,垫垛的要求说明充分、正确	15	
3	棚架苫盖法操作正确,垫垛的要求说明充分、正确	15	
4	隔离苫盖法操作正确,垫垛的要求说明充分、正确	15	
5	工作计划表填写规范,分工明确,并能在规定的时间内完成	5	
6	不迟到、不早退、不缺课	5	
7	合作态度好,服从分工和领导	5	
8	课堂表现好,积极参加讨论	5	
9	课后作业正确且按时完成、书写工整	5	
10	PPT 制作精美,汇报展示内容全面、详略得当、语言清晰	5	
11	撰写的学习报告内容正确、完整,有自己的心得体会	10	
	合　　计	100	

Mission 任务 7　入库货物的手续办理

📝 知识要点

◆ 货物入库后需要办理的手续
◆ 入库货物需要归档的资料
◆ 缮制货物料卡、货物保管账页、入库单、仓单
◆ 对入库货物建档

能力培养

学生能够运用本任务所介绍的知识和方法，根据入库货物的不同情况正确办理货物入库的相关手续。

任务背景

上海 GJ 仓储有限公司为上海 HM 商贸有限公司储存了一批货物（见表3-16）。假定这批货物已通过验收，入库的各项工作已完成，请为该笔储存业务办理入库手续（填写相关表单与账页，为这笔存储业务建立保管档案）。

建议以小组合作的方式完成。

表 3-16 上海 HM 商贸有限公司储存货物一览表

序号	品名	规格型号	单位	单价	数量	货位
1	虎豹牌男西服	M、L、XL	套	600元/套	M：80套，共8箱；L：120套，共12箱；XL：100套，共10箱	1211/6～12116/6；1211/7～12114/7
2	雨虹牌女衬衫	M、L、XL	件	800元/件	M：130件，共13箱；L：150件，共15箱；XL：120件，共12箱	1211/2～12116/2；1211/3～12116/3；1211/4～1214/4
3	统一方便面	150g、200g	桶	150g：2元/桶 200g：3元/桶	150g：600桶，共30箱；200g：640桶，共40箱	1221/1～12216/1；1221/2～12216/2；1221/3～12216/3；1221/4～12216/4；1221/5～1226/5
4	耐克男运动鞋	39～43码	双	920元/双	39码：90双，共12箱；40码：160双，共20箱；41码：200双，共25箱；42码：176双，共22箱；43码：184双，共23箱	1231/1～12316/1；1231/2～12316/2；1231/3～12316/3；1231/4～12316/4；1231/5～12316/5；1231/6～12316/6；1231/7～1236/7

续表

序号	品名	规格型号	单位	单价	数量	货位
5	可口可乐	1.5L、2L	瓶	1.5L：4元/瓶；2L：4.3元/瓶	1.5L：300瓶，共50箱；2L：360瓶，共60箱	111饮1
6	百事可乐	1.5L、2L	瓶	1.5L：4元/瓶；2L：4.3元/瓶	1.5L：240瓶，共40箱；2L：300瓶，共50箱	111饮4
7	长虹液晶彩色电视机	36寸、42寸	台	36寸：3850元/台；42寸：4560元/台	36寸：60台；42寸：100台	112家电5
8	金龙鱼色拉油	1.5L、5L	桶	1.5L：16元/桶；5L：48元/桶	1.5L：300桶；2L：200桶	111油6

任务分析

当货物验收合格后，就可办理入库手续了，货物入库应由仓库保管员填写入库通知单。完整的入库单据必须具备4联：送货回单、货卡、账页和储存凭证，并附上检验记录单、磅码单、产品合格证、装箱单等相关资料凭证，以证实这批货物已经检验合格，可以正式入库保管。

任务实施

一、立卡

"卡"又称料卡、资料卡、货物验收明细卡，如图3-49所示，能够直接反映该垛货物的名称、型号、规格、数量、单价及进出动态和结存数量等。卡片应按入库通知单所列内容逐项填写。货物入库堆码完毕，应立即建立卡片，一垛一卡。对于此卡片的处理，通常有两种方式：一是由保管员集中保存管理，这种方法有利于责任制的贯彻，即专人专责管理，但是如果有进出业务而该保管员缺勤就难以及时进行；二是将填制的料卡直接挂在货物垛位上，挂放位置要明显、牢固，这种方法的优点是便于随时与实物核对，有利于货物进出业务的及时进行，可以提高工作效率。

货物名称	
货物型号	
入库时间	
规格与等级	
单价	
收入数量	
出库数量	
结存数量	
存储位置	
备注	

图3-49 货物料卡（范本）

二、登账

仓库应建立货物保管明细账,用于登记货物进库、出库和结存的详细情况,这个过程即"登账"。登账的方式如下。

(1) 按货物的品名、规格型号、单价和货主等分别建立账户。

(2) 采用活页式,如图3-50所示,按货物的种类和编号顺序排列,在账页上注明货位号和档案号,以便查对。

(3) 必须严格按照货物的进出库凭证及时登记,填写清楚、准确。

(4) 账页记完后,应将结存数结转到新账页,旧账页应保存备查。

(5) 记账发生错误时,按"画红线更正法"更正。

(6) 要经常核对,保证账、卡、物相符。

(7) 登账凭证要妥善保管,装订成册,不得遗失。

时间	货物名称	货物型号	规格	计量单位	收入数量	出库数量	结存数量	单价	金额总计	存储位置

图3-50 货物保管账页(范本)

货物保管明细账是反映在库储存货物进、出、存动态的账目,也是核对储存货物动态和保证与财务总账相符的主要依据。按照账目管理分工,企业的财务部门负责总账管理,一般只负责货物大类记账,并凭此进行财务核算。货物保管部门负责货物明细大类记账,并凭此进行财务核算。货物保管部门负责货物明细账目的管理,凭此进行货物进出业务活动。

想一想,议一议

货物入库登账时应遵循什么规则?

三、建档

建档指将货物入库业务作业全过程的有关资料等进行整理、核对,建立资料档案,以便进行货物管理和与客户保持联系,为将来处理争议提供凭证,同时也有助于总结和积累经验,为货物的保管、出库业务创造良好的条件。

(一) 档案的资料范围

(1) 货物出厂时的各种凭证、技术资料。

(2) 货物到达仓库前的各种凭证、运输资料。

(3) 货物入库验收时的各种业务凭证、资料。
(4) 货物保管期间的各种业务技术资料。
(5) 货物出库和托运时的各种业务凭证、资料。

(二) 档案编号

建好档案后，还需要对档案进行编号。

1. 档号

档号由全宗号、分类号、类别号、案卷号、件号组成。
(1) 全宗号：指定给立档单位的编号。
(2) 分类号：企业根据本单位档案进行分类得出的分类号。
(3) 类别号：要求归档的范围与分类中给出的类别代字或代号。
(4) 案卷号：档案排列的顺序号。
(5) 件号：档案内文件的顺序号。

档号的结构：全宗号-分类号.类别号-案卷号-件号，如图3-51所示。

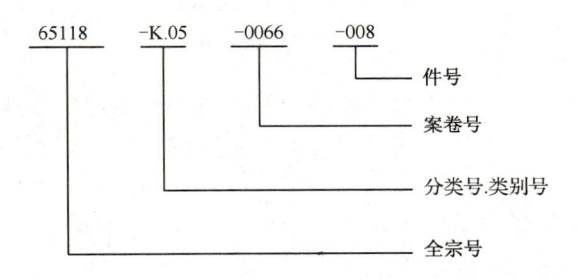

```
65118   -K.05   -0066   -008
                          └── 件号
                  └────── 案卷号
          └────────────── 分类号.类别号
  └────────────────────── 全宗号
```

图 3-51　档号的结构

2. 电子档案号

电子档案号是整理电子文件时赋予的一组符号代码。电子档案号可与对应的档号相同，其结构为全宗号-分类号.类别号-案卷号-件号。

3. 载体编号

载体编号是对光盘等载体排列顺序的编号。当多个案卷在一个载体上存储时，应采用载体编号排列，其结构为类别号-年-顺序号。

> **小提示**
>
> **建档工作的要求**
>
> (1) 一物一档：建立货物档案应该一物一档。
> (2) 统一编号：货物档案应进行统一编号，并在档案上注明货位号，同时在货物保管明细账上注明档案号，以便查阅。
> (3) 妥善保管：货物档案应存放在专用的柜子里，并由专人负责保管。

四、签单

(一) 货物到库接收凭证的签发

货物验收后，应及时按照仓库货物检验记录的要求签发单据，如图3-52所示。签单有两个作用：一是向供货单位和存货人表明收到货物的情况；二是如有短缺等情况可作为存货人向供货单位交涉的依据。

送货单位：

入库时间： 年 月 日

储存位置：

入库单编号：

货物型号	品 名	规 格	单 位	送货数量	实收数量	备 注

会计：　　　　　　　　仓库收货人：　　　　　　　　制单人：

图 3-52　入库单（范本）

（二）货物入库后凭证的签发

办妥货物接收业务的签证手续的主要作用在于对外分清送货单位同仓库的责任，对内划分收货人同保管人之间的责任。交接的凭证则是货物入库单有关各联的签章。货物入库单有4联。

(1) 送货回单，签给送货单位。

(2) 货卡，挂在货垛上。

(3) 账页，留在仓库。

(4) 储存凭证，通过业务会计给货主（存货人）；仓储人员应在货物入库业务的各个操作环节上加快签单，通常要求做到每批入库货物到齐后的一个工作日内签发储存凭证。

（三）仓单的签发

根据《中华人民共和国民法典》合同编（后称《民法典》合同编）的相关规定，存货人交付仓储物的，保管人应当给付仓单（见图3-53），并应在仓单上签字或盖章。仓单是保管人向存货人填发的，表明仓储保管关系的存在，以及保管人愿意向仓单持有人履行交付仓储物的义务。仓单是一种要式证券，因此，其填发须遵循法律特别规定的形式，根据此规定，仓库业务部门可以凭储存凭证向存货人签发仓单。

仓单（正面）

公司名称：
公司地址：

电话：	传真：
账号：	批号：
存货人：	发单日期：
银主名称：	起租日期：

图 3-53　仓单（范本）

Project 3 项目
货物入库作业

兹收到下列货物依本公司条款（见后页）储仓								
唛头及号码	数　量	所报货物	每件收费	每月仓租	进仓费	出仓费

总件数：　　　　　　　　　　　　　　　　经手人：

总件数（大写）：

备注：

核对人：

仓单（反面）
存货记录

日　　期	提单号码	数　　量	结　　余	备　　注

储货条款
一、本仓库所载之货物种类、唛头、箱号等，均系按照储货方所称填列，本公司对货物内容、规格等概不负责。
二、在货物入库交接过程中，若发现与储货方填列内容不符，我公司有权拒收。
三、本仓库不储存危险物品，储货方保证入库货物绝非危险品，如果因储货方的货物品质危及我公司其他货物造成损失，储货方必须承担因此而产生的一切经济赔偿责任。
四、本仓单有效期一年，过期自动失效。已提货之分仓单和提单档案保留期亦为一年。期满尚未提清者，储货方须向本公司换领新仓单。本仓单须经我公司加印硬印方为有效。
五、储货方凭背书之仓单或提货单出货。本公司收回仓单和分提单，证明本公司已将该项货物交付无误，本公司不再承担责任。

图3-53　仓单（范本）（续）

知识链接

仓单的主要内容

仓单是指保管人在收到储存货物时向存货人签发的表示收到一定数量的储存货物的要

式证券，包括下列事项。

（1）存货人的名称或姓名和住所。

（2）储存货物的品种、数量、质量、包装、件数和标记。

（3）储存货物的损耗标准。

仓单质押业务的风险防控

（4）储存场所。

（5）储存期限。

（6）仓储费。

（7）储存货物已经办理保险的，其保险金额、期间及保险人的名称。

（8）填发人、填发地点和填发时间。

同步练习

1. 请思考签发仓单需要注意哪些事项。
2. 请查找资料后回答什么是要式证券。

引导任务操作提示

第一步，为任务中提供的上海HM商贸有限公司储存货物一览表中的货物填制资料卡（假设这些货物是码垛存放的，20箱为一垛）。

第二步，为任务中提供的上海HM商贸有限公司储存的货物建立货物保管明细账。

第三步，为任务中提供的上海HM商贸有限公司储存的货物建立保管档案（注意归档的资料范围）。

第四步，为上海HM商贸有限公司储存的货物签发入库单、仓单。

学习情况自评表

班级：　　　姓名：　　　学号：　　　组别：　　　时间：

序号	评价内容	分值/分	实际得分/分
1	货物料卡缮制正确	15	
2	货物保管账页缮制正确	15	
3	入库单缮制正确	15	
4	仓单缮制正确	15	
5	归档资料完整	5	
6	不迟到、不早退、不缺课	5	
7	合作态度好，服从分工和领导	5	
8	课堂表现好，积极参加讨论	5	
9	课后作业正确且按时完成、书写工整	5	
10	PPT制作精美，汇报展示内容全面、详略得当、语言清晰	5	
11	撰写的学习报告内容正确、完整，有自己的心得体会	10	
	合　计	100	

Project 3 项目 货物入库作业

思政指导

货物入库作业是仓储作业的第一个环节，包括入库货物的接运与验收、编号、货位安排、装卸搬运、堆存、苫垫、手续办理等环节，事务繁杂，需要严谨认真。在这一部分的教学中可以安排学生进行角色扮演，让学生体会到在工作中仓储工作人员及客户的真实感受，认识到工作中任何一点小失误都有可能造成严重的损失，培养学生的职业操守和服务理念。

职业考证要点

★ 货物入库验收的基本要求与验收的主要内容
★ 货位储存策略
★ 活性指数
★ 货物可堆层数的确定
★ 货物堆存的基本方法
★ 货物存放的基本原则
★ 码垛的基本要求
★ 衬垫物数量的确定
★ 入库货物归档资料范围

Exercise 3 实践与思考 3

技能训练题

A、B、C、D 四家公司准备将表 3-17～表 3-20 所示的货物储存在上海 ZK 仓储有限公司（下称 ZK 公司），存期分别为 2023 年 7 月 10 日～2023 年 8 月 30 日、2023 年 7 月 12 日～2023 年 8 月 12 日、2023 年 7 月 20 日～2023 年 9 月 20 日、2023 年 7 月 15 日～2023 年 9 月 25 日。

表 3-17　A 公司储存货物一览表

序　号	品　名	包装及承重	数　量	重量/t
1	双氧水	500g/瓶，12 瓶/箱； 纸箱尺寸：68cm×54cm×46cm； 承重：150kg	50 箱	0.3
2	黄磷	50kg/桶； 铁桶尺寸：高 85cm，直径 50cm； 承重：650kg	120 桶	6.0

137

续表

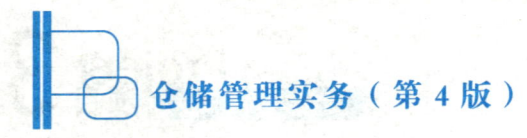

序号	品名	包装及承重	数量	重量/t
3	碳化钙	50kg/桶; 铁桶尺寸：高85cm，直径50cm; 承重：650kg	200桶	10
4	重铬酸钾	50kg/桶; 铁桶尺寸：高85cm，直径50cm; 承重：650kg	250桶	12.5
5	重铬酸钠	50kg/桶; 铁桶尺寸：高85cm，直径50cm; 承重：650kg	150桶	7.5
6	氢氟酸	50kg/箱; 木箱尺寸：92cm×65cm×75cm; 承重：500kg	60箱	3.0
7	磷化锌	50kg/箱; 木箱尺寸：92cm×65cm×75cm 承重：500kg	100箱	5.0
8	甲酸	50kg/桶; 铁桶尺寸：高85cm，直径50cm; 承重：650kg	80桶	4.0

表3-18　B公司储存货物一览表

序号	品名	包装	数量	重量/t
1	差频电疗机	1台/箱，5kg/箱	100台	0.5
2	血糖分析仪	1台/箱，6kg/箱	250台	1.5
3	肝脏冷冻治疗仪	1台/箱，7kg/箱	200台	1.4
4	益母草膏	250g/瓶，30瓶/箱	300箱	2.25
5	板蓝根	10g/袋，100袋/箱	500箱	0.5
6	硫酸亚铁片	100g/瓶，60瓶/箱	100箱	0.6
7	口服补液盐	150g/盒，20盒/箱	200箱	0.6
8	清凉油	150g/大盒，20大盒/箱	300箱	0.9

表3-19　C公司储存货物一览表

序号	品名	包装及承重	数量	重量/t
1	冻猪肉	1片/袋，35kg/袋; 120cm×65cm×20cm; 承重：850kg	500袋	17.5
2	冻牛肉	50kg/袋; 100cm×55cm×40cm; 承重：850kg	1000袋	50
3	冻羊肉	1片/袋，4kg/袋; 75cm×45cm×15cm; 承重：850kg	300袋	1.2

续表

序号	品名	包装及承重	数量	重量/t
4	对虾	20kg/箱；65cm×55cm×40cm；承重：200kg	100箱	2.0
5	鱼	25kg/箱；70cm×65cm×45cm；承重：200kg	60箱	1.5
6	鸡蛋	30kg/筐；68cm×52cm×45cm；承重：180kg	80筐	2.4
7	苹果	25kg/箱；75cm×65cm×545cm；承重：220kg	200箱	5.0
8	梨	25kg/箱；75cm×65cm×545cm；承重：210kg	100箱	2.5

表3-20　D公司储存货物一览表

序号	品名	包装及承重	数量/箱	重量/t
1	男女西装	M：12套/箱，24.5kg/箱；L：10套/箱，24.5kg/箱；XL：8套/箱，24.5kg/箱；XXL：6套/箱，24.5kg/箱	120	2.94
2	可乐	可口可乐：6瓶/箱，13.5kg/箱；百事可乐：6瓶/箱，13.5kg/箱	200	2.7
3	杏仁露	240mL/罐，40罐/箱，21.5kg/箱	150	3.225
4	果汁	1L/瓶，6瓶/箱，6.8kg/箱	100	0.68
5	方便面	150g/碗，10碗/箱，1.8kg/箱	200	0.36
6	地砖	1m×1m，10块/箱，50kg/箱	500	25
7	油漆	4罐/箱，5kg/罐，21.5kg/箱	200	4.3
8	防盗门	2m×1m，1张/箱，21kg/箱	300	6.3

　　1．假设这四家公司的货物都已验收合格，请分别填写入库通知单（以客户名义填写）、到/接货交接单、送货单（以客户名义填写）、磅码单、入库验收单、入库单，并请对这4笔入库业务的验收项目分别进行详细说明。

　　2．假如在验收时发现A公司的货物中有2桶黄磷是用塑料桶装的，桶内虽然加了水，但水没有浸没货物，且密封不严；B公司的益母草膏有1箱中的4瓶出现了霉点，那么，这两种情况应如何处理？

　　3．请为上述货物分别进行编号（编号方法自由选择）。

　　4．假设ZK公司是一家刚刚开业的公司，仓库平面布局如图3-54所示，这四家公司是ZK公司的首批客户，请为上述货物安排货位，并说明采用了何种储存策略，理由分别是什么（要先进行货位编号）。

　　5．假设这4笔入库业务分别需要在3小时、2小时、4小时、2小时内完成（不在同

一天入库），ZK 公司的主要装卸搬运工具有小推车（额定负荷 150kg）、1.5t 电动叉车、2t 电动叉车、5t 柴油叉车等，采用间隙作业，设备的时间利用系数均为 1/3，小推车完成一次循环作业需要 0.45 小时，叉车完成一次循环作业需要 0.30 小时，设备载荷利用系数均为 2/3，那么，这 4 次作业分别需要多少作业设备？

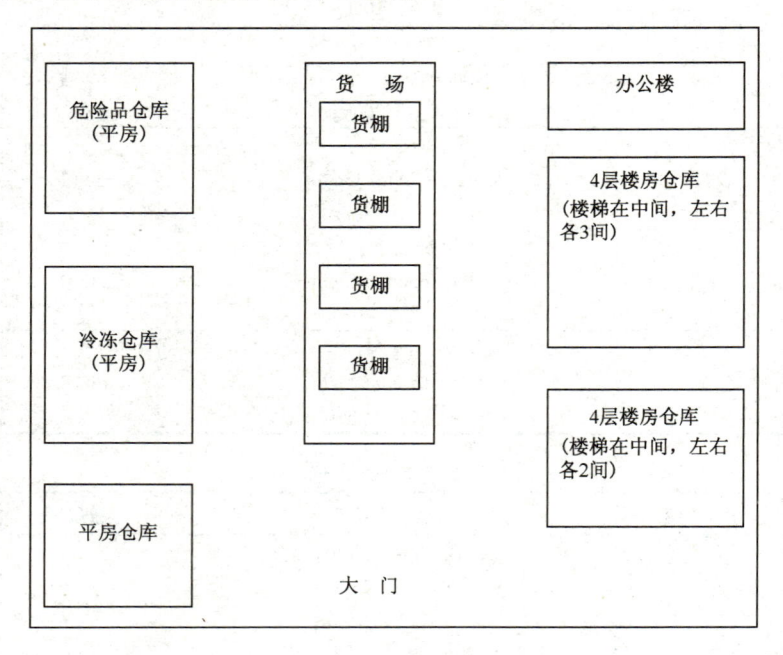

图 3-54　ZK 公司仓库平面布局

6. 假设 ZK 公司仓库的地坪负荷为 2.5t/m^2，仓库高 5.2m，地砖、油漆、防盗门均采用地面堆码存放，那么，这些货物分别能堆多少层？这些货物分别适合采用什么堆垛法？分别适用什么垛形？请分别说明货垛的"五距"要求。

7. 请为这 4 笔业务办理入库手续，分别填写货物资料卡、货物保管账页，并为这 4 个客户分别建立保管档案，描述档案的资料范围，编制档案号。

案例分析题

上海 SW 仓储有限公司年吞吐量高达 2.135×10^7 t，在总结多年实践经验的基础上，该公司制定出下述入库管理制度，取得了良好的效果。

储存货物的入库是仓储公司业务管理的重要阶段。入库是货物储存活动的开始，这一阶段主要包括接运、验收和办理入库手续等环节。

1. 接运

接运是储存货物入库的第一步。这个环节的主要任务是及时、准确地接收入库货物。在接运时，要对照货物运单认真检查，做到交接手续清楚、证件资料齐全，为验收工作创造有利条件，避免将已出现损坏或差错的货物带入仓库，造成仓库的验收或管理出现问题。

2. 验收

凡是入库的货物，都必须经过严格的验收。货物验收是一项按照一定的程序和手续，对货物的数量和质量进行检查，以验证货物是否符合仓储合同的工作。验收为货物的保管和使用提供可靠依据，验收记录是仓库对外提出换货、退货、索赔的重要凭证。因此，验收工作要做到及时、准确，在规定期限内完成，并严格按照验收程序进行。

验收作业程序包括验收准备、核对资料、核验实物、做出验收记录。

（1）验收准备。搜集和熟悉验收凭证及有关订货资料，准备并校验相应的验收工具，准备装卸搬运设备、工具及材料；配备相应的人力，根据货物及保管要求，确定存放地点和保管方法。

（2）核对资料。凡要入库的货物，应具备下列资料：入库通知单、供货单位提供的质量证明书、发货明细表、装箱单，承运单位提供的运单及必要的证件。仓库相关人员需对上述资料进行核对，待无误后方可进行实物验收。

（3）核验实物。这主要包括对货物的数量和质量两个方面进行检验。数量验收包括核对所到货物的名称、规格型号、件数等是否与入库通知单、运单、发货明细表一致。此外，需通过进行技术检验来确定其质量的，应通知有关技术检验部门进行检验。

（4）做出验收记录。验收记录是用来确认所验收货物是否符合要求的重要环节，以确保其数量、质量和规格等与入库通知单一致。

3. 办理入库手续

经验收无误即可办理入库手续，进行登账、立卡、建立档案，妥善保管货物的各种证件、账单等资料。

（1）登账。仓库对每个品种规格的货物及不同级别的货物都必须建立收、发、存明细账，它是及时、准确地反映货物储存动态的基础资料。登账时必须以正式收发凭证为依据。

（2）立卡。"卡"是一种活动的实物标签，反映库存货物的名称、规格型号、级别、储存定额和实物数量，一般被直接挂在货位上。

（3）建立档案。入库有关资料应存入档案，以备查询。档案应一物一档，统一编号，以便查找。

试分析：

1. 结合所学知识，分析上海 SW 仓储有限公司的货物入库管理制度有何优点。
2. 上海 SW 仓储有限公司的货物入库管理制度还有哪些地方需要改进？

知识巩固题

1. 货物入库有哪几种接运方式？
2. 货物入库验收的程序和具体内容分别是什么？
3. 货物入库验收的基本要求有哪些？
4. 什么是流水号编号法、数字分段编号法、分组编号法、实际意义编号法、后数位编号法、暗示编号法？

5. 货位安排应遵循哪些原则？安排方式有几种？选择货位时应注意哪些问题？
6. 货位储存策略有几种？分别适用于什么情形？分别有什么优缺点？
7. 什么是搬运活性？搬运活性指数与搬运方式之间有什么关系？
8. 装卸搬运应遵循哪些原则？注意哪些事项？如何做到装卸搬运合理化？
9. 如何确定货垛可堆层数？
10. 货物堆存的基本方法有哪些？分别有什么优缺点？
11. 托盘装盘紧固的方法有哪些？操作要领分别是什么？
12. 什么是"五五式堆码法"？有什么优缺点？
13. 货物存放的基本原则是什么？
14. 码垛的基本要求是什么？
15. 货垛的"五距"要求有哪些？
16. 堆码货物应具备哪些条件？
17. 什么是苫盖？苫盖的方法有哪些？操作要领分别是什么？
18. 什么是垫垛？其主要目的是什么？垫垛有哪几种方法？
19. 货物验收入库要办理哪些手续？
20. 入库货物应归档的资料有哪些？
21. 入库作业如何确保操作安全？怎样才能做到环保？可采取哪些措施节约成本？

Project 4 项目 货物出库作业

Mission 1 任务 货物出库作业流程

知识要点

- ◆ 货物出库作业流程
- ◆ 货物出库作业的工作内容

能力培养

学生能够运用本任务所介绍的知识和方法，进行出库操作，会填制出库中涉及的各种单证，了解出库货物的交接与账务处理。

任务背景

上海JZ仓储有限公司在2023年6月12日有3笔出库业务，出库货物情况如表4-1~表4-3所示（出库货物用这些货物的空包装盒代替），请分别完成这3笔出库业务。

建议采用虚拟演练的方式，可设置下列角色：提货员、业务受理员、仓储主管、拣货员、理货员、包装员、出库员、账务员。

表 4-1 第一笔出库货物一览表

客户名称	货物名称	数量/盒
A	一次性使用无菌注射器	42
	一次性使用无菌输液器	25
	一次性使用无菌输血器	30
	一次性无菌注射针	10
B	一次性使用无菌注射器	23
	一次性使用无菌采血器	15
	一次性无菌注射针	8

续表

客户名称	货物名称	数量/盒
C	一次性使用无菌采血器	10
	一次性使用无菌输液器	12
	一次性无菌注射针	15

表4-2　第二笔出库货物一览表

客户名称	货物名称	数量/盒
E	一次性使用无菌输血器	29
	一次性使用无菌注射器	21
	一次性无菌注射针	6
F	一次性使用无菌注射器	32
	一次性使用无菌采血器	20
	一次性无菌注射针	7
G	一次性使用无菌采血器	12
	一次性使用无菌输液器	16

表4-3　第三笔出库货物一览表

客户名称	货物名称	数量/盒
H	一次性使用无菌输液器	30
	一次性无菌注射针	5
I	一次性使用无菌输血器	26
	一次性使用无菌采血器	18
	一次性无菌注射针	4
J	一次性使用无菌注射器	15
	一次性使用无菌输液器	22
	一次性无菌注射针	14
K	一次性使用无菌采血器	36
	一次性使用无菌输血器	23

任务分析

出库作业是指仓库按照货主的调拨出库凭证或发货凭证所注明的货物的名称、型号、规格、数量、收货单位、接货方式等条件，进行的核对出库凭证、备货、复核、点交、发放等一系列作业和业务管理活动。

项目 4 货物出库作业

📝 任务实施

一、货物出库的依据

出库业务是保管工作的结束，既涉及仓库同货主或收货企业，以及承运部门的经济联系，也涉及仓库各有关业务部门的作业活动。为了能以合理的物流成本保证出库货物按质、按量、及时、安全地发给客户，满足其生产经营的需要，仓库应主动跟货主联系，由货主提供出库计划——这是仓库出库作业的依据，特别是供应异地的货物和大批量出库的货物更应提前发出通知，以便仓库及时确定运输计划，完成出库任务。

仓库必须建立严格的出库和发运程序，严格遵循"先进先出"的原则，尽量一次完成，防止出错。

> **小提示**
>
> **货物出库的要求**
>
> 货物出库要做到"三不、三核、五检查"。
> 三不：未接单据不翻账，未经审单不备货，未经复核不出库。
> 三核：在发货时，要核实凭证、核对账卡、核对实物。
> 五检查：对单据和实物要进行品名检查、规格检查、包装检查、件数检查、重量检查。

二、货物出库的程序

（一）出库前的准备工作

（1）对货物原包装的整理。货物经多次装卸、堆码、翻仓和拆检会使部分包装受损，不能满足运输要求。因此，仓库必须视情况事先进行整理、加固或改换包装。

（2）零星货物的组配、分装。有些货物需要拆零后出库，仓库应为此事先做好准备，备足零散货物，以免因临时拆零而延误发货时间；有些货物需要进行拼箱，仓库为此应做好挑选、分类、整理和配套等准备工作。

（3）包装材料、工具、用品的准备。从事装、拼箱或改装业务的仓库在发货前应根据性质和运输部门的要求，准备各种包装材料及相应的衬垫物、刷写包装标志的用具、标签、颜料、钉箱、打包工具等。

（4）待运货物的仓容及装卸搬运设备的安排调配。货物出库时，应留出必要的理货场地，并准备必要的装卸搬运设备，以便运输人员提货发运或装箱送箱，做到及时装载货物，加快发送速度。

（5）发货作业的合理组织。发货作业是一项涉及人员多、处理时间紧、工作量大的工作，进行合理的人员组织和机械协调安排是完成发货的必要保证。

由于出库作业比较细致复杂，工作量大，因此事先对出库作业加以合理组织、安排好作业人员和机械、保证各个环节的紧密衔接是十分必要的。

(二）出库程序

1. 核对出库凭证

货物的出库凭证，不论是提货单还是调拨单，均应由主管分配的业务部门签章。出库凭证应包括：收货单位名称（用料单位名称）、发货方式（自提、送料、代运）、货物的名称、规格、数量、单价、总价、用途或调拨原因、调拨单编号，有关部门和人员签章，付款方式及银行账号。

在接到出库凭证后，仓库业务部门负责审核证件上的印鉴是否齐全、相符，有无涂改；审核无误后，按照出库凭证上所列的货物的名称、规格、数量与仓库料账做全面核对；核对无误后，在料账上填写预拨数，将出库凭证移交给仓库保管员。保管员复核无误即可做货物出库的准备工作，包括准备随货出库的货物技术证件、合格证、使用说明书、质量检验证书等。

凡经核对有货物的名称、规格不对的，印鉴不齐全的，数量有涂改的，手续不符合要求的，均不能出库。相关单据范本如图4-1～图4-3所示。

提货单位：   提货时间：　年　月　日

名　　称	规　　格	单　　位	数　　量
	合　　计		

负责人：（签字）　　　　　　　制单人：（签字）　　　　　　　经办人：（签字）

图4-1　提货单（范本）

作业通知单

仓储部：

　　兹有　　　　　　　　公司前来提货，请根据发货单所列项目，按时做好出库准备。

×××仓储有限公司业务部
年　月　日

图4-2　作业通知单（范本）

出库单号码：　　　　　　　　　　　　　　　发货单号码：
提货单位：　　　　　　　　　　　　　　　　发货日期：　　年　月　日

货　号	品　名	规格及型号	包装及件数	数　量
	合　计			

业务主管：（签字）　　　　　　　　　　　制单人：（签字）

本单证一式二联，第一联仓库留存，第二联作为出门证。

图 4-3　发货单（范本）

2. 备货

保管员对货物出库凭证复核无误后，按其所列项目和凭证上的批注，与相应编号的货位对货，核实后进行拣选、配货。拣货清单（范本）如图4-4所示。

品类号码	品类描述	数　量	货　位

图 4-4　拣货清单（范本）

对实行送货制的出库货物，先要进行理货，即将货物按地区代号搬运到备货区，再进行核对、置唛和待运货物装车等。

（1）核对。理货员根据货物场地的大小、车辆到库的班次，先对到场货物按照车辆配载、地区到站编配分堆，然后对分堆的货物进行单货核对。核对工作必须逐车、逐批地进行，以确保单货数量、品唛、去向完全相符。

（2）置唛。要搞好理货工作，必须准确置唛。实行送货制的出库货物，为方便收货单位的收转,理货员必须在应发货物的外包装上刷置收货单位的简称。置唛应在货物外包装两头,字迹清楚,不错、不漏;复用旧包装的,必须刷除原有标志;需粘贴标签的,必须粘贴牢固,便于收货单位收转。

(3)待运货物装车。车辆到库装载待运货物时,理货员要亲自在现场监督装车全过程。具体来讲,要按地区到站逐批装车,防止错装、漏装;对于实际装车件数,必须先与随车人员一起点交清楚,再将送货通知单和随货同行单证交付随车人员一起送达车站或码头。

3. 全面复核

货物备好后,为了避免和防止备货过程中可能出现的差错,工作人员应按照出库凭证上所列内容进行复核。复核的具体内容如下。

(1)怕震、怕潮的货物,衬垫物是否稳妥,密封是否严密?
(2)每件包装是否有装箱单,装箱单上所列各项目是否与实物、凭证等相符合?
(3)收货人、到站、箱号,以及危险品或防震、防潮等标志是否正确、明显?
(4)是否便于装卸搬运作业?
(5)能否保证货物在运输装卸中不致破损?

货物出库的复核形式可以由保管员自行复核,也可以由保管员相互复核,还可以设专职出库货物复核员进行复核或由其他人员复核等。经反复核对确实不符的,应立即调换,并将错备货物上刷的标记除掉,退回原库房。

此外,工作人员还要复核结余货物数量或重量是否与保管账目、货物保管卡片结余数相符,若发现不符,则应立即查明原因,及时更正。

图 4-5 为发货清单(范本)。

收货单位:　　　　　　　　　　　　　　　　　　　　　　　　年　月　日　第　号

编　号	品　名	规格及型号	包装及件数	数　量
1				
2				
3				
4				
5				
6				
7				
合　计				

负责人:(签字)　　　　　　　　　　经办人:(签字)

本单证一式二联,第一联仓库留存,第二联随货同行。

图 4-5　发货清单(范本)

4. 登账

仓库发货业务中,有先登账后付货和先付货后登账两种做法。

(1)先登账后付货的仓库,核单和登账的环节连在一起,由账务员一次连续完成。这种登账方法可以配合保管员的付货工作,从而起到预先把关的作用。因为在根据出库单登账时,账务员除了必须认真核单，还可根据货账（仓储账页）在出库单上批注账面结存数，配合保管员付货后核对余货数；对一移动货位的货物，账务员需随即更正货位，方便保管员按位找货。

（2）先付货后登账的仓库，在保管员付货后，账务员还要经过复核、放行才能登账。这种做法要求账务员必须做好出库单、出门证的全面控制和回笼销号工作，防止单证遗失。按照日账日清的原则，在登账时，账务员逐单核对保管员批注的结存数，若与账面结存数不符，应立即通知保管员查明原因；发现回笼单证中有关人员未签章的，应将原单退回，先补办签章手续，再做账务记载。虽然保管员付货之前缺少预先把关的机会，但是，那些发货频繁、出库单较多的仓库，为了提高服务质量、缩短零星客户提货等候时间和充分发挥运输能力等，采用这种做法也是可以的。

5. 交接清点

备齐出库货物，经全面复核无误的，即可办理交接清点手续。

如果是客户自提方式，就将货物和证件向提货人当面点清，办理交接手续。

如果是代运方式，则应办理内部交接手续，即由货物保管员向运输员或包装部门的工作人员进行交接，由接收人签章，以划清责任。

运输人员在根据货物的性质、重量、包装、收货人地址和其他情况选择运输方式后，应清点箱件，做好标记，整理好发货凭证、装箱单等运输资料，向承运单位办理委托代运手续。对于超高、超长、超宽和超重的货物，运输人员必须在委托前说明，以便承运单位做好安排。承运单位同意承运后，运输人员应及时组织力量，将货物从仓库安全无误地点交给承运单位，并办理结算手续。运输人员应向承运单位提供发货凭证、装箱单，以便将其和运单一起交收货人。运单应由运输人员交财务部门，作为货物结算资料。出库单、装箱单的范本如图4-6、图4-7所示。

如果是专用线装车，那么运输人员应于装车后检查装车质量，并与车站监装人员办理交接手续。

客户名称：				储存凭证号码：	
发货仓库：				出库方式：	
发货日期：				出库单号码：	
货　号	品　名	规格及型号	包装及件数	数　量	
			合　　计		

仓库主管：（签字）　　　　　　　　　　　提货人：（签字）

本单证一式四联，第一联存根，第二联仓库留存，第三联财务用于核算，第四联提货人留存。

图4-6　出库单（范本）

毛重：　　　　　　净重：　　　　　　箱号：

发货凭证	品名及规格	单　位	数　量	备　注

装箱日期：　　年　　月　　日　　　　　　　　　　　　装箱人：

图 4-7　装箱单（范本）

货物点交清楚，出库发运之后，该货物的仓库保管业务即宣告结束，仓库保管员应做好清理工作，及时注销账目、料卡，调整货位上的吊牌，以保持货物的账、卡、物一致，及时准确地反映货物的进出、存取的动态。

想一想，议一议

什么样的货物不能出库？

知识链接

货物的出库方式

（1）送货：仓库根据货主的出库通知或出库请求，通过发货作业把应发货物交由运输单位送达收货单位，或者使用仓库自有车辆把货物运送到收货地点的发货形式，就是通常所称的送货制。

（2）收货人自提：由收货人或其代理持取货凭证直接到库取货，仓库凭单发货。仓库发货人与提货人可以在仓库现场划清交接责任，当面交接并办理签收手续。

（3）过户：一种就地划拨的形式，货物并未出库，但是所有权已从原货主转移到新货主。仓库必须根据原货主开出的正式过户凭证办理过户手续。

（4）取样：货主出于商检或样品陈列等目的，到仓库提取货样。仓库必须根据正式取样凭证发出样品，并做好账务记载。

（5）转仓：货主为了业务方便或改变储存条件，将某批库存货物自甲库转移到乙库。仓库必须根据货主开出的正式转仓单办理转仓手续。

知识拓展

特种货物的出库作业

一、危险品的出库

危险品出库时，仓库出库管理人员必须认真核查出库凭证，仔细核对货物的品名、标志、数量，检查包装是否符合出库装卸搬运及运输要求，协调提货人、承运司机查验货物，确保出库无差错，并做好出库登记，详细记录危险品的流量和流向。当一次提货量超过 0.5t 时，要发放出门证。另外，出库管理人员应按"先进先出"原则组织危险品出库，并认真做好出库清点工作；车辆运送时，还应严格按危险品分类要求分别装运，对怕热、怕冻的危险品需按有关规定办理。

二、冷藏品的出库

冷藏品出库时，仓库出库管理人员应认真核对出库凭证或提货单，要对出库货物的标志、编号、数量、质量、所有人、批次等项目进行认真核对，防止错取、错发、漏发；对出库时需要升温处理的货物，应按照作业程序进行加热处理，不得采用自然升温的方式。

为了减少冷耗，货物出库作业应选择在气温较低的时间段进行，如早晨、傍晚、夜间；出库作业时应集中仓库内的作业力量，尽可能缩短作业时间；要使装运车辆离库门距离最近，缩短货物露天搬运的距离，要防止隔车搬运。若货物出库时库温升高，应停止作业，封库降温。

三、医药商品的出库

（1）医药商品出库应遵循"先产先出"、"近期先出"和"按批号发货"的原则，"先产先出""近期先出"是为了保证药品在有效期内使用；"按批号发货"是为了保证出库药品有可追踪性，便于药品的质量追踪。

（2）医药商品出库时必须进行复核和质量检查复核，检查时，应按发货或配送凭证对实物进行质量检查和数量、项目的核对，做到出库医药商品质量合格且货单相符。麻醉药品、一类精神药品、医疗用毒性药品等特殊药品出库时应双人复核。

（3）出库检查、复核记录及其管理。医药商品在出库复核时，为保证能快速、准确地进行质量跟踪，必须做好医药商品质量跟踪记录，即出库检查与复核记录。所做记录应包括购货单位、品名、剂型、规格、批号、有效期、生产企业、数量、销售日期、质量状况和复核人员等项目。出库检查与复核记录应保存至超过医药商品有效期1年，不得少于3年。

（4）在将发货或配送凭证与实物进行核对时，如果发现以下问题，则应停止发货或配送，并报质量管理部门处理：包装内有异常响动和液体渗漏，外包装出现破损、封口不牢、衬垫不实、封条严重损坏等现象，包装标识模糊不清或脱落，药品已超出有效期等。

引导任务操作提示

第一步，组建学习小组，建议5人为一组，设组长一名。

第二步，设定演练角色，本任务可设提货员、业务受理员、仓储主管、拣货员、理货员、包装员、出库员、账务员8个角色。

第三步，各小组进行角色分工。

第四步，组织小组成员撰写演练台词。

第五步，各小组进行预演训练。

第六步，进行正式演示。

第七步，教师对各小组的演示情况进行现场点评。

学习情况自评表

班级：　　　姓名：　　　学号：　　　组别：　　　时间：

序号	评价内容	分值/分	实际得分/分
1	提货员工作流程处理正确	5	
2	业务受理员工作流程处理正确	5	
3	仓储主管工作流程处理正确	5	
4	拣货员工作流程处理正确	10	
5	理货员工作流程处理正确	8	
6	包装员工作流程处理正确	7	
7	出库员工作流程处理正确	10	
8	账务员工作流程处理正确	10	
9	不迟到、不早退、不缺课	5	
10	合作态度好，服从分工和领导	5	
11	课堂表现好，积极参加讨论	5	
12	课后作业正确且按时完成、书写工整	5	
13	PPT制作精美，汇报展示内容全面、详略得当、语言清晰	10	
14	撰写的学习报告内容正确、完整，有自己的心得体会	10	
	合　计	100	

Mission 任务 2　货物出库过程中发生的问题及其处理

知识要点

- 货物出库过程中可能发生的问题
- 货物出库过程中发生问题的原因
- 处理货物出库过程中发生的问题

能力培养

学生能够运用本任务所介绍的知识和方法，针对货物出库过程中发生的不同问题，采取相应的处理办法。

任务背景

上海R大药房（下称"药房"）于2023年7月15日到上海H仓储有限公司（下称"仓储公司"）提取一批药品。仓库保管员在核对凭证时发现出库凭证已超过提货期限，且有一批药品还未验收入库，提货数比实存数多了 10%。上述问题应如何处理？假设上述问题已被妥善处理，仓储公司同意药房提货，但发货后发现，有一个药品维生素 C 出现了提货单上写的是颗粒状的，而拣货员拣取的是片状的，理货员也没有发现的问题。这一问题应如何处理？假设药房将提取的药品运回去后，发现有一箱装止咳糖浆的箱子已经潮湿了，打开纸箱后发现 4 瓶止咳糖浆的瓶子已破碎，药房打电话来要求赔偿。这一问题又应如何处理？

建议采用角色扮演的方式完成上述任务。

任务分析

仓储公司由于储存的货物量大、品种多，而且来自不同的客户，因此，货物在出库过程中难免会出现各种问题。妥善处理这些问题，不仅可以挽回仓储公司和客户的损失，而且可以改善和提升仓储公司的信誉度，增强仓储公司的市场竞争力。

任务实施

一、出库凭证（提货单）上的问题及处理

（1）凡出库凭证超过提货期限的，客户前来提货必须办理手续，按规定缴足逾期仓储费，方可发货。任何非正式凭证都不能作为发货凭证。提货时，若客户发现规格开错了，则保管员不得自行调换规格发货。

（2）凡发现出库凭证有疑点，以及出库凭证有假冒、复制、涂改等情况的，保管员应及时与仓库保卫部门及出具出库单的单位或部门联系，妥善处理。

（3）对于货物进库未验收，或者期货未进库的出库凭证，一般暂缓发货，并通知货主，待货到并验收后再发货，提货期顺延。

（4）由于各种原因客户将出库凭证遗失的，客户应及时与仓库发货员和账务员联系挂失；如果挂失时货已被提走，保管员不承担责任，但要协助找回货物；如果货还没有被提走，经保管员和账务员查实后，做好挂失登记，将原凭证作废，缓期发货。

二、提货数与实存数不符的问题及处理

若出现提货数与实存数不符的情况（一般是实存数小于提货数），无论是何种原因造成的，都需要先和仓库主管部门及货主及时取得联系后再处理。

> **知识链接**
>
> **提货数与实存数不符的原因**
>
> （1）货物入库时，由于验收问题，增大了实收货物的签收数量，从而造成账面数大于实存数。
>
> （2）仓库保管员和发货员在以前的发货过程中因错发、串发等差错而造成实际货物库存量小于账面数。
>
> （3）货主没有及时核减开出的提货数，造成开出的提货单上的提货数大于实存数。
>
> （4）仓储过程中造成了货物的损毁。

三、串发货和错发货及处理

串发货和错发货主要是指发货员由于对货物种类、规格等不熟悉，或者由于工作中的疏漏，把错误规格、数量的货物发出库的情况。

如果货物尚未离库，保管员应立即组织重新发货；如果货物已经离开仓库，保管员应及时向主管部门和货主通报串发和错发货的品名、规格、数量、提货单位等情况，会同货主和运输单位协商解决。一般没有造成直接经济损失的，应由货主重新按实际发货数冲单（票）解决；已造成直接经济损失的，应按赔偿损失单据冲转调整保管账。

四、包装破漏及处理

包装破漏是指在发货过程中，因货物外包装破损引起的渗漏等问题。这类问题主要是在储存过程中因堆垛挤压、发货操作不慎等造成的，发货时应对包装进行整理或更换方可出库，否则造成的损失应由仓储部门承担。

五、漏记账和错记账及处理

漏记账是指在出库作业中，由于没有及时核销明细账而造成账面数大于或小于实存数的现象。错记账是指在货物出库后核销明细账时没有按实际出库的货物名称、数量等登记，从而造成账实不相符的情况。

无论是漏记账还是错记账，一经发现，除及时向有关领导如实汇报情况外，还应根据原出库凭证查明原因，并调整保管账，使账面数与实际库存保持一致。如果由于漏记账和错记账给货主、运输单位和仓储部门造成了损失，应予以赔偿，同时应追究相关人员的责任。

> **小提示**
>
> 货物出库后出现问题的处理
>
> （1）货物出库后，若有客户反映规格混串、数量不符等问题，如果确属保管员的发货差错，应予以纠正并致歉；反之，则应耐心向客户解释清楚。凡属易碎品，发货后客户要求调换的，应以礼相待，婉言谢绝。如果客户要求帮助解决易碎配件，仓储业务部门要积极协助联系解决。
>
> （2）凡属客户原因，如规格、型号开错，要求退换的，保管员应按入库验收程序重新验收入库。若包装或产品损坏，则不予退货，待修好后按入库质量要求重新入库。
>
> （3）凡属产品内在质量问题，客户要求退货和换货的，应由质检部门出具质量检查证明、实验记录等书面文件，经货品主管部门同意后，方可退货或换货。
>
> （4）退货或换货产品必须达到验收入库的标准，否则不能入库。
>
> （5）货物出库后，保管员发现账实不符的，如果是多发或错发的，要派专人及时追回，以减少损失。

想一想，议一议

货物出库时，如何才能做到不发生问题或少发生问题？

知识拓展

货物出库作业规程

为了防止或尽量减少货物出库中出现问题，仓储公司一般都会为出库管理员制定货物出库作业规程。总体而言，货物出库作业规程主要包括如下内容。

规程一：凭章出库。

货物出库必须凭盖有财务专用章和有关人员签章的出库凭证。出库管理员应仔细检查出库凭证有没有假冒、复制、涂改等情况，做到没有出库凭证不发货，出库凭证有疑亦不发货。

规程二：照单拣货。

仓库接到提货通知时，出库管理员应按照提货单及时进行备货工作，以保证提货人可以按时完整提货。在部分货物出库时，出库管理员应按照先进先出、易坏先出、不利保管先出的原则安排出货。对于已损坏的货物，出库管理员应动员提货人先行提货，然后根据与提货人达成的协议安排出货，没有协商安排的，暂不出货。

备货工作主要有以下几项。

（1）包装整理、标志重刷。

出库管理员应清理原货包装，清除积尘、脏物；包装已残损的，要更换包装；提货人要求重新包装或灌包的，要及时安排包装作业；原包装标志脱落、标志不清的，要进行补刷、补贴；提货人要求标注新标志的，应在提货日之前进行。

（2）零星货物组合。

为了作业方便，出库管理员应对零星货物进行配装，可使用大型容器收集货物或将货物堆装在托盘上，以免提货时遗漏。

（3）根据要求装托盘或成组。

若提货人要求装托盘或成组，则出库管理员应及时进行相应作业，并保证作业质量。

（4）转到备货区备运。

这是指将要出库的货物预先搬运到备货区，以便及时装运。

规程三：出库交接。

在提货时，出库管理员应核实提货人办理的收费等提货凭证，确定提货人已妥善办理仓库提货手续，同时要认真核对提货人身份，避免错交，并收回提货凭证。

以提货人到库提货为例，出库管理员应会同提货人共同查验货物，逐件清点，或者查重验斤，检验货物状态；在货物装车前，要对来库车辆进行检查，确认车辆符合装车作业要求，并对车辆的不利装运情况进行记载或要求车辆管理方处理妥善。

仓库负责装车的，装车前出库管理员应对车厢进行清扫及必要的铺垫，并督促装车人员妥善装车和进行合适的绑扎固定。提货人自理装车的，出库管理员应对装车作业进行监督，装车完毕后会同提货人签署出库凭证、运输单证、留存单证，交付随货单证和资料，办理货物交接手续；应按照一车一证的方式向车辆签发出门证，以便门卫查验放行。

规程四：销账、存档。

货物全部出库完毕，出库管理员应及时将货物从货物保管明细账上核销，以便账货相符；将留存的提货凭证、货物单证等归入货物档案；将已空出的货位标注在货位图上，以便安排货物。

引导任务操作提示

第一步，组建学习小组，建议5人为一组，设一名组长。

第二步，设立相关角色。对于提货数与实存数不符问题的处理的角色扮演，可设提货员、仓库保管员、货主、仓库主管、账务员和验货员；对于错发货问题处理的角色扮演，可设提货员、拣货员、理货员、仓库主管、账务员；对于包装破碎问题处理的角色扮演，可设提货员、理货员、仓库主管、运输司机、货主。

第三步，各小组撰写台词并进行预演。

第四步，根据教师的安排，各小组分别进行演示。

第五步，教师对各小组的演示情况进行现场点评。

学习情况自评表

班级：　　姓名：　　学号：　　组别：　　时间：

序号	评价内容	分值/分	实际得分/分
1	提货员撰写的台词合乎实际情况，表演自然、大方，对话流利，应变能力强，处理问题的方法正确	10	
2	仓库保管员撰写的台词合乎实际情况，表演自然、大方，对话流利，应变能力强，处理问题的方法正确	10	
3	仓库主管撰写的台词合乎实际情况，表演自然、大方，对话流利，应变能力强，处理问题的方法正确	10	
4	账务员撰写的台词合乎实际情况，表演自然、大方，对话流利，应变能力强，处理问题的方法正确	10	
5	验货员撰写的台词合乎实际情况，表演自然、大方，对话流利，应变能力强，处理问题的方法正确	10	
6	货主撰写的台词合乎实际情况，表演自然、大方，对话流利，应变能力强，处理问题的方法正确	10	
7	不迟到、不早退、不缺课	5	
8	合作态度好，服从分工和领导	5	
9	课堂表现好，积极参加讨论	5	
10	课后作业正确且按时完成、书写工整	5	
11	PPT制作精美，汇报展示内容全面、详略得当、语言清晰	10	
12	撰写的学习报告内容正确、完整，有自己的心得体会	10	
	合　计	100	

思政指导

货物出库作业主要包括的内容是出库作业流程、出库过程中发生的问题及其处理等。在出库作业的教学中，建议让学生进行角色扮演，使学生获得更全面的感受，感客户所感，想客户所想，真正达到在教学中培养学生细致、严谨、专注的工作理念和"工匠精神"的教学目标。

职业考证要点

★ 货物出库的依据与准备工作

项目 4 货物出库作业

★ 货物出库的要求
★ 货物出库复核的内容

Exercise 4 实践与思考 4

技能训练题

A、B、C、D 四个客户准备在 2023 年 8 月 10 日、8 月 15 日、8 月 18 日、8 月 20 日从上海 ZK 仓储有限公司提取部分储存货物，具体情况如表 4-4 所示。

1．请就这 4 笔出库业务分别填写提货单、作业通知单、出库单、发货清单、装箱单。
2．请分别对这 4 笔出库业务进行账务处理，修改、填写相关资料。
3．请分别将这 4 笔出库业务的操作流程用文字详细描述出来，并分别说明出库过程中应注意哪些问题。

表 4-4　客户提货情况一览表

客 户 名 称	提 货 品 名	提 取 数 量
A	双氧水	10 箱+6 瓶
	碳化钙	15 桶
	重铬酸钾	20 桶
	磷化锌	15 箱
B	血糖分析仪	40 台
	益母草膏	12 箱+20 瓶
	口服补液盐	25 箱+15 盒
	硫酸亚铁片	18 箱+30 瓶
C	冻猪肉	35 袋
	冻牛肉	80 袋
	对虾	20 箱
	鸡蛋	22 筐
D	可乐	可口可乐 20 箱，百事可乐 16 箱
	方便面	10 箱
	油漆	14 箱
	地砖	35 箱

157

案例分析题

某物流公司由于仓库工作人员备货时不够仔细，导致错发货，将货主计划近期只在B地区销售的品种发送至异地，从而打乱了货主的整个营销计划，使货主的预期目标未能实现。根据合同中的有关条款，该物流公司将赔付高达12万元的罚款，后经与货主多次协商，货主做出了较大让步。

试分析：
1. 仓库问题出在哪些环节上？
2. 货物出库时有哪些要求？

知识巩固题

1. 货物出库的依据是什么？
2. 货物出库前要做哪些准备工作？
3. 货物出库的基本要求有哪些？
4. 货物出库作业分为哪几个阶段？
5. 货物出库有哪几种方式？
6. 出库作业中复核的具体内容有哪些？
7. 出库作业过程中可能出现哪些问题？应如何处理？
8. 出库作业如何才能做到环保、安全、节约成本？

Project 5 项目 5 货物在库保管作业

Mission 任务 1 货物在库养护作业

知识要点

- 货物在库养护的原则
- 货物在库养护的基本方法

能力培养

学生能够运用本任务所介绍的知识和方法，根据不同货物的性质、储存要求等，采取具体的保管养护措施。

任务背景

上海 JN 仓储有限公司为客户储存表 5-1 所示的货物。请根据这些货物的性质及储存要求，为它们分别制定保管养护措施。要求：措施不仅要具有针对性和可操作性，而且要环保，并体现成本节约原则。

建议以小组合作的方式完成。

表 5-1 客户储存货物一览表

序 号	货物类别	货物名称
1	药品	阿司匹林、麻醉乙醇、维生素 C、阿咖酚散、痱子粉、复方甘草片、注射用青霉素钠、杏仁止咳糖浆、当归、红花、枸杞
2	医疗器械	解剖钩、脑神经刀、心脏手术剪、一次性使用无菌注射器、小儿血压表、生物芯片阅读仪、止血海绵、采血器
3	化学品	五氯硝基苯、氮气、过氧乙酸
4	食品	饼干、方便面、酱油、醋、牛奶
5	服装	真丝服装、麻质服装、皮衣

续表

序　号	货物类别	货物名称
6	工艺品	草制品、木制品、竹制品
7	黄金珠宝	黄金戒指、水晶项链、玉佩

任务分析

货物在库养护是指仓库针对货物的特性，采取科学手段对货物进行保管，防止和延缓货物质量变化的行为。货物的养护应遵循"以防为主、防治结合"的原则。

任务实施

养护工作的内容主要有下列几项。

一、控制好仓库的温湿度

货物在仓库储存过程中发生的各种变质现象几乎都与库房内的温湿度密切相关。货物由于其本身特性，对温湿度一般都有一定的适应范围，超过这个范围，货物质量就会发生不同程度的变化，因此，应根据库存货物的性能要求，适时采取密封、通风、除湿和其他控制与调节温湿度的办法，力求把仓库温湿度保持在适应货物储存的范围内，以确保货物质量安全。

（一）密封

密封就是把货物尽可能严密地封闭起来，防止或减少外界不良气候条件和其他不利因素的影响，以达到安全保管的目的。

1. 密封的方法

（1）整库密封：对储存批量大、保管周期长的仓库（如战备物资仓库、大批量进口物资仓库），可进行整库密封。整库密封主要是用密封材料密封仓库门窗和其他通风孔道（应加装两道门作为检查出入的库门，有条件的可采用密闭门）。

（2）小室密封：对于储存数量不多、保管周期长、要求特定保管条件的货物，可采用小室密封，即在库房内单独隔离出一个小的房间，将需要封存的货物存入小室内，并将小室密封起来。

（3）按垛密封：对于数量较少、品种单一、形状规则、长期储存的货物，可按货垛进行密封。按垛密封所用的密封材料，除应具有良好的防潮、保温性能外，还应有足够的韧性和强度。

（4）货架密封：对于数量少、品种多、不经常收发、要求保管条件高的小件货物，可将其存入货架，并将整个货架密封起来。

（5）货箱密封：对于数量很少，移动频率不高，需要在特殊条件下保管，且具有硬包装或容器的货物（如精密仪器仪表、化工原料等），可按原包装或容器进行密封——可封严包装箱或容器的缝隙，也可将货物放入塑料袋内，之后用热合或黏合的方法将塑料袋封口，放入包装箱内。

（6）单件密封：对于数量少、无包装或包装损坏、形状复杂、要求严格的精加工产品，可进行单件密封。最简便且经济的方法是用塑料袋套封，也可用蜡纸、防潮纸或硬纸盒封装。

2. 密封的介质

（1）大气密封。大气密封就是将封存的货物直接在大气中密封，其间隙中充满大气，密封后基本保持密封时的大气湿度。

（2）干燥空气密封。干燥空气密封就是在密封空间内充入干燥空气或放置吸湿剂，使空气干燥，防止货物受潮。干燥空气的相对湿度应为40%～50%。

（3）充氮密封。充氮密封就是在密封空间内充入干燥的氮气，形成缺氧的环境，减少氧的危害。

（4）去氧密封。去氧密封就是在密闭空间内放入还原剂，如亚硝酸钠，以吸收空气中的氧，形成缺氧的环境，为封存货物提供更有利的储存条件。

小提示

密封储存应注意的问题

密封前要检查货物的质量、温度和含水量是否正常，若发现锈蚀、发霉、生虫、发热等现象则不能密封。货物含水量超过安全范围或包装材料过潮的，也不宜密封。

密封时间要根据货物的性能和气候情况决定。例如，怕热、易溶的货物，应在较阴凉的季节进行密封；怕潮、易霉的货物，应在雷雨季节到来之前密封。

货物的自然损耗

密封后要加强检查管理工作。如果发现货物有异状，就要及时采取措施，确保货物的质量安全。

（二）通风

通风就是根据空气流动的规律，利用库内外空气温度不同而形成的气压差，使库内外空气形成对流，来达到调节库内温湿度的目的。

1. 通风方式

仓库通风按通风动力可分为自然通风和强迫通风两种方式。

1）自然通风

自然通风是利用库内外空气的压力差，实现库内外空气交换的一种通风方式。这种通风方式不需要任何通风设备，因而也就不消耗任何能源，而且通风换气量比较大，是一种最简便、最经济的通风方式。自然通风按通风原理可分为风压通风和热压通风。

（1）风压通风是利用风的作用来实现库内外空气的交换的。当库房的一侧受到风的作用时，气流首先冲击库房的迎风面，然后折转绕过库房，经过一段距离后，又恢复到原来的状态。在库房的迎风面，由于气流直接受到库房一侧的阻挡，动压降低，而静压增高。若设气流未受到干扰前的压强为零，则库房迎风面的压强为正值，形成正压区。气流受阻后，一部分通过库房迎风面的门窗或其他孔洞进入仓库，而大部分则绕过库房（从库房的两端和上部），由于库房占据了空间的一部分断面，使得气流流动的断面缩小，从而导致风速提高，空气的动压增加，静压相应减少。这时在库房的两端和背风面的压强为负值，形成负压区，对库内产生一种吸引的力，使库内空气通过库房两端背风面的门窗或其他孔洞流出。

161

（2）热压通风是利用库内外空气的温度差所形成的压力差实现的。因为空气的比例与空气的温度成反比关系，温度越高空气的容重越小，温度越低空气的容重越大。当库内外温度不同时，库内外空气的比例不一样，库内外截面积相同、高度相等的两个空气柱所形成的压力也不相等。例如，当库内空气温度高于库外时，库内空气的比例小于库外。在库房空间的下部，库外空气柱形成的压力要比库内空气柱形成的压力大，库内外存在一定的压力差。这时如果打开门窗，库外温度较低而密度较大的冷空气就从库房下部的门窗或通风孔进入库内，同时库内温度较高而密度较小的热空气就会从库房的上部窗口或通风孔排出库外，便形成了库内外空气的自然交换。

在实际情况中，仓库通风通常是在风压和热压同时作用下进行的，有时以风压通风为主，有时则以热压通风为主。

2）强迫通风

强迫通风又称机械通风或人工通风，它利用通风机械所产生的压力或吸引力，即正压或负压，使库内外空气形成压力差，从而强迫库内空气发生循环、交换和排出，达到通风的目的。强迫通风有3种方式，即排出式、吸入式和混合式。

（1）排出式通风，是在库房墙壁的上部或库房顶部安装排风机械，利用机械产生的推力，将库内空气经库房上方的通风孔道压迫到库外，从而使库内气压降低，这样库外空气便从库房下部"乘虚而入"，形成库内外空气的对流与循环。

（2）吸入式通风，是在仓库墙壁的下部安装抽风机械，利用其产生的负压区，将库外空气吸入库内，充塞仓库的下部空间，压迫库内空气上升，经库房上部的排气口排出，形成库内外空气的对流和交换。

（3）混合式通风，是将上述两种方式结合起来运用，安装排风机械和抽风机械，在吸入库外空气的同时排出库内空气，对库内空气起到一拉一推的作用，使通风的速度更快，效果更好。

2. 通风时机

仓库通风必须选择最适宜的时机，如果通风时机不当，不但不能达到通风的目的，反而有时会出现相反的结果。例如，想通过通风降低库内湿度，但由于通风时机不对反而会造成库内湿度升高。因此，必须根据通风的目的确定有利的通风时机。

1）通风降温

库存货物怕热而对大气湿度要求不严的仓库，可利用库内外的温差，选择适宜的时机进行通风，只要库外的温度低于库内，就可以通风。储存怕热又怕潮的货物的仓库，在通风降温时，除了要满足库外温度低于库内温度的条件，还必须同时考虑库内外湿度的情况，只有库外的绝对湿度低于库内，才能进行通风。由于一日内日出前库外气温低，绝对湿度也低，因此是通风降温的有利时机。

2）通风降湿

仓库通风的目的多数是降低库内湿度。降湿的通风时机不易掌握，必须对库内外的绝对湿度、相对湿度和温度等进行综合分析。通风应使库内的相对湿度降低。相对湿度是绝对湿度和温度的函数。绝对湿度和温度只要有一者变化，相对湿度就会发生变化；如果两者同时变化，情况就比较复杂。绝对湿度上升时，如果温度不变，相对湿度就会随着上升；如果温度也同时上升，饱和湿度就会上升，相对湿度则会下降，这时上升和下降的趋势有可能互相抵消。如果因温度变化引起相对湿度的变化大于因绝对湿度变化引起的相对湿度的变化，其最终结果是相对湿度受温度变化的影响更大。反之，如果因绝对湿度变化引起的相对湿度的变化大于因温度变化而引起的相对湿度的变化，那么相对湿度将随着绝对湿度的变化而变化。

在一般情况下，可参照"通风降湿条件参考表"掌握通风时机。在通风降湿过程中，还要注意防止库内出现结露现象，即对露点温度应严加控制。无论是库外温度等于或低于库内空气的露点温度，还是库内温度等于或低于库外空气的露点温度，都不能进行通风。

3. 通风应注意的问题

（1）在一般情况下，应尽可能利用自然通风，只有当自然通风不能满足要求时，才考虑强迫通风。一般仓库不需要强迫通风，但有些仓库，如化工危险品仓库，必须考虑强迫通风。因为库内的有害气体如果不及时排出，就有发生燃烧或爆炸的危险，有的还会引起人们中毒，酿成重大事故。

（2）在利用自然通风降湿的过程中，应注意避免通风产生的副作用。例如，依靠风压通风时，一些灰尘、杂物容易随着气流进入库内，对库存货物造成不良影响，所以当风力超过5级时不宜进行通风。

（3）强迫通风多采用排出式通风方式，即在排气口安装排风扇。但可能产生易燃、易爆气体的仓库和可能产生腐蚀性气体的仓库，应采用吸入式通风方式。因为易燃、易爆气体经排风口向外排放时，如果排风扇电机产生火花，就有发生燃烧、爆炸的危险；而腐蚀性气体经排风扇向外排放时，易腐蚀排风机械，缩短机械寿命。若采用吸入式通风方式，则可使上述问题得到解决。

（4）通风机械的选择应根据实际需要与可能，并考虑经济实用。通风机械分为轴流式和离心式两种。一般仓库可采用轴流式通风机，因为这种通风机械通风量比较大、动力能源消耗少，缺点是产生的空气压力差小，适合在阻力较小的情况下进行通风。离心式通风机产生的空气压力差大，但消耗能量多，适合在阻力大的情况下进行通风。

（5）通风必须与仓库密封相结合。当通风进行到一定的时间，达到通风目的时，应及时关闭门窗和通风孔，使仓库处于相对密封的状态，以保持通风的效果。可见，不但开始通风应掌握好时机，停止通风也应掌握好时机。注意：当库外由于天气的骤然变化，温湿度大幅度变化时，也应立即中断通风，将仓库门窗紧闭。

总之，通风方式的选择与运用取决于库存货物的性质所要求的温湿度；取决于库房条件，如库房大小，门窗、通风洞的数量，以及地坪的结构等；还取决于地理环境和气象条件，如库房位于城市、乡村、高原、平地或江、河、湖和海边等。因此，必须根据不同地区、不同季节和不同库房条件等，从货物安全角度出发选择通风方式，因地、因物、因时制宜地掌握与运用库房通风这一手段，确保库存货物的质量完好。

（三）除湿

如果库内湿度过高，不适宜货物保管，而库外湿度过大，也不宜进行通风散潮，就需要进行除湿了。

1. 湿度的测定方法

在库房内放置温湿度表时，温湿度表应放置在库房的中央，离地面约1.4m处，不可放在门窗附近或墙角。

2. 除湿的方法

空气除湿是利用物理或化学的方法，将空气中的水分除去，以降低空气湿度的一种有效方法。除湿的方法主要有冷却法除湿、吸湿剂吸湿等。

1）冷却法除湿

冷却法是利用制冷的原理，将潮湿的空气冷却到露点温度以下，使水汽凝结成水滴分离排出，从而使空气干燥的一种方法，也称露点法。仓库通常采用的是直接蒸发盘管式冷却除湿法，其原理是在冷却盘管中，直接减压蒸发来自压缩制冷机的高压液体冷媒，以冷却通过盘管侧的空气，使之冷却到所要求的露点以下，水汽凝结成水而被除去。冷却除湿装置主要由压缩机、冷凝器、膨胀阀、冷却盘管等组成。

2）吸湿剂吸湿

吸湿剂吸湿是常用的方法之一，可分为静态吸湿和动态吸湿。

（1）静态吸湿。这种方法是将固体吸湿剂静止放置在要被吸湿的空间内，使其与空气自然接触，吸收空气中的水分，达到降低空气湿度的目的。常用吸湿剂及其特征如下。

① 氧化钙，即生石灰，有很强的吸湿性，它在吸收空气中的水分后发生化学变化，生成氢氧化钙。但由于氧化钙在储运过程中已吸收了一定量的水分，实际上每千克氧化钙可吸收水分 0.25kg 左右，吸湿速度较快。氧化钙料源充足，价格便宜，使用方便。其缺点是在吸湿过程中放出热量，生成具有腐蚀性的碱性物质，对库存货物有不良影响，当库存货物中有毛、丝织品和皮革制品等时，不能使用。氧化钙吸湿后必须及时更换，否则生成的氢氧化钙会从空气中吸收二氧化碳，释放出水分。

② 氯化钙，分为工业无水氯化钙和含有结晶水的氯化钙。前者为白色多孔无定型晶体，呈块粒状，吸湿能力很强（每千克能吸收 1～1.2kg 的水分）；后者为白色半透明结晶体，吸湿性略差（每千克吸湿 0.7～0.8kg）。氯化钙吸湿后即溶化为液体，但经加热处理后仍可还原为固体，供继续使用。其缺点是对金属有较强的腐蚀性，吸湿后还原处理比较困难，价格较高。

③ 硅胶，又称砂胶、硅酸凝胶，分为原色硅胶和变色硅胶两种。原色硅胶为无色透明/乳白色粒状或不规则的固体；变色硅胶是原色硅胶经氯化钴和溴化铜等处理过的，呈蓝绿色、深蓝色、黑褐色或赭黄色。硅胶吸湿后工作人员根据其颜色的变化判断其是否达到饱和程度。硅胶每千克可吸收水分 0.4～0.5kg。它吸湿后仍为固体，不溶化、不污染，也无腐蚀性，而且吸湿后处理起来比较容易，可反复使用。其缺点是价格高，不宜在大的空间使用。

④ 木炭，具有多孔性毛细管结构，有很强的表面吸附能力，若经精制成活性炭，还可以使其吸湿能力大大提高。普通木炭的吸湿能力不如上述几种吸湿剂，但因其性能稳定，吸湿后不粉化、不液化、不放热、无污染、无腐蚀性，且经干燥可反复使用，而且价格比较便宜，所以仍有一定的实用价值。

静态吸湿的最大特点是简便易行，不需要任何设备，也不消耗能源，一般仓库都可采用，是目前应用最广泛的除湿方法。它的缺点是吸湿比较缓慢，吸湿效果不够明显。

（2）动态吸湿。这是利用吸湿机械强迫空气通过吸湿剂进行吸湿的方法，通常是将吸湿剂（氯化钙）装入特制的箱体内（箱体有进风口和排风口），在排风机械的作用下，将空气吸入箱体内，通过吸湿剂吸收空气中的水分，从排风口排出比较干燥的空气。这样反复循环吸湿可将空气干燥到一定的程度。这种吸湿方法的吸湿效果比较好，但需要不断补充氯化钙,且吸湿后的氯化钙需要及时得到脱水处理。比较理想的情况是设置两个吸湿箱体,每个箱体内都有脱水装置,在一个箱体内利用干燥的吸湿剂吸收空气中的水分,而在另一个箱体内对饱和状态的吸湿剂进行脱水再生,两个箱体交互吸湿,实现吸湿工作的连续性。这种连续式的吸湿方法只需花费较少的运转费,就能进行大容积的库内吸湿,因为4~8小时即可使吸湿剂再生一次,所以需要的吸湿剂量较少。两个箱体可实现自动切换,不需要人工操作,但这种设备的结构相对复杂,成本比较高。

吸湿剂用量是根据库房内空间总含水量和所使用的吸湿剂单位重量的最大吸水量确定的。湿度、露点查算表如表5-2所示,仓库温湿度记录表(范本)如图5-1所示。

表5-2 湿度、露点查算表

气温/℃	干球温度/℃—湿球温度/℃																	
	0		1		2		3		4		5		6		7		8	
	td	r	td	r	td	r	td	r	td	r	td	r	td	r	td	r	td	r
-5	-5	100	-9	74	-14	48			23									
-4	-3	100	-8	75	-13	51	-20	27										
-3	-3	100	-6	77	-11	53	-18	31		9								
-2	-2	100	-5	78	-9	56	-16	35		14								
-1	-1	100	-4	79	-8	58	-13	38	-19	18								
0	0	100	-3	80	-7	60	-12	41	-16	22		4						
1	1	100	-2	81	-5	62	-10	44	-12	26		9						
2	2	100	-1	82	-4	64	-8	47	-10	30		13						
3	3	100	1	83	-3	66	-7	49	-8	33	-20	17						
4	4	100	2	84	-1	67	-5	51	-4	36	-16	21		6				
5	5	100	2	84	0	68	-4	54	-4	39	-14	25		10				
6	6	100	4	85	1	70	-2	56	-3	41	-11	28	-20	14				
7	7	100	5	85	2	71	-1	57	-1	44	-9	31	-16	18		5		
8	8	100	6	86	3	72	0	59		46	-7	34	-13	21		9		
9	9	100	7	87	4	73	2	61	2	48	-5	35	-10	24	-18	13		
10	10	100	8	87	6	74	3	62	3	50	-3	39	-8	27	-14	16		6
11	11	100	9	88	7	75	4	64	4	52	-2	41	-6	30	-11	20		9
12	12	100	10	88	8	76	6	64	6	54	0	43	-4	33	-9	23	-16	13
13	13	100	11	88	9	77	7	66	7	55	2	45	-2	35	-6	25	-12	16
14	14	100	12	89	10	78	8	67	8	57	3	47	0	37	-4	28	-9	19
15	15	100	13	89	11	78	9	68	9	58	4	49	1	39	-2	30	-7	21
16	16	100	14	89	12	79	10	69	10	60	5	50	3	41	0	33	-4	24
17	17	100	15	90	14	80	12	70	12	61	7	52	4	43	1	35	-2	26
18	18	100	16	90	15	80	13	71	13	62	8	53	6	45	3	37	0	29
19	19	100	17	90	16	81	14	72	14	63	9	5	7	46	5	39	2	31
20	20	100	18	91	17	81	15	73	15	64	11	56	9	48	6	40	3	33
21	21	100	19	91	18	82	16	73	17	65	12	57	10	50	8	42	5	35
22	22	100	20	91	19	82	17	74	18	66	13	58	11	51	9	43	6	36
23	23	100	22	91	20	83	18	75	19	67	14	60	12	52	10	45	8	38
24	24	100	23	91	21	83	19	75	20	68	16	60	13	53	12	46	9	40
25	25	100	24	92	22	84	20	76	21	68	17	61	15	54	13	48	11	41
26	26	100	25	92	23	84	22	76	22	69	18	62	16	55	14	49	12	42
27	27	100	26	92	24	84	23	77	23	70	19	63	18	56	16	50	14	44
28	28	100	27	92	25	84	24	77	24	71	20	64	19	57	17	51	15	45
29		100	28	92	26	85	25	77	25	71	22	65	20	58	18	52	16	46

续表

气温/℃	干球温度/℃—湿球温度/℃																	
	0		1		2		3		4		5		6		7		8	
	td	r	td	r	td	r	td	r	td	r	td	r	td	r	td	r	td	r
30		100		93	27	85	26	78	27	72	23	65	21	59	19	53	16	47
31		100		93	28	86	27	79	28	72	24	66	22	60	21	54	19	48
32		100		93		86	28	79		73	25	67	23	61	22	55	20	49
33		100		93		87		80		73	26	67	25	61	23	56	21	50
34		100		93		87		80		74	27	68	26	62	24	57	23	51
35		100		93		87		81		75	28	68	27	63	25	57	24	52
36		100		93		87		81		75		70	28	63	26	58	25	53

注：td 为露点温度（℃），r 为相对湿度（%）。

库号_____　　　放置位置_____　　　储存货物_____
安全温度_____　　　安全相对湿度_____

日期	天气	干球 （℃）	湿球 （℃）	相对 湿度	绝对湿度 （g/m³）		调节 措施	记录 时间	记录人	备注
					库内	库外				
1										
2										
3										
4										
5										
6										
⋮										
26										
27										
28										
29										

图 5-1　仓库温湿度记录表（范本）

30					
31					

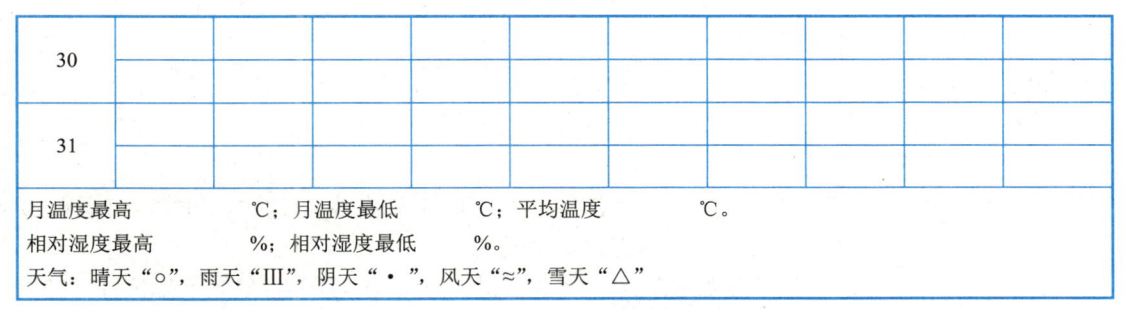

月温度最高　　　　　℃；月温度最低　　　　℃；平均温度　　　　℃。
相对湿度最高　　　　　%；相对湿度最低　　　　%。
天气：晴天"○"，雨天"Ⅲ"，阴天"·"，风天"≈"，雪天"△"

图 5-1　仓库温湿度记录表（范本）（续）

知识链接

湿度小常识

湿度是表示大气干湿程度的物理量，常用绝对湿度、饱和湿度、相对湿度等方法表示。

（1）绝对湿度，指单位体积空气中所含水蒸气的质量，一般用 1m³ 空气中所含水蒸气克数（g/m³）表示。实际工作中通常用空气中水汽压力（P）表示，即毫米汞柱（mm·Hg）。气象工作中则统一用毫巴（mb）表示。

（2）饱和湿度，指在一定的温度下，与液态水相平衡时空气中水蒸气的含量，单位为 g/m³，或者 mm·Hg（或 mb）（从《常压下饱和水汽压表》可查）。

（3）相对湿度，指绝对湿度与其同温度下饱和湿度间的百分比，通常用干湿球温度计测量，以百分数计算。相对湿度计算公式为

$$r = e/E \times 100\%$$

式中，r——相对湿度；
　　　e——绝对湿度；
　　　E——饱和湿度。

相对湿度表示的是空气的潮湿程度，是仓库湿度管理中的常用标度。相对湿度越接近 100%，说明绝对湿度越接近饱和湿度，空气越潮湿；反之，空气越干燥。

在气温和气压一定的情况下，绝对湿度越大，相对湿度也越大。

二、防止储存货物霉腐

储存货物的霉腐是指货物在储存期间，由于受到某些微生物的作用所引起的生霉、腐烂、腐败和腐臭等质量变化的现象。

要防止货物霉腐，可从控制影响霉菌生长的几个环境因素出发，创造不利于霉菌生长繁殖的环境条件，达到防霉的目的；而从温度、湿度、氧气、酸碱度、光线等几个因素来看，使用最为普遍、效果最佳的方法莫过于控制货物的水分和储存环境的空气湿度。只要紧抓这两个方面，就可防止货物霉腐。

一般防止货物霉腐的方法有以下几种。

1. 常规防霉腐

（1）加强入库验收。
（2）加强仓库温湿度管理。
（3）合理安排储存场所。

(4)合理堆码,下垫隔潮物。

(5)安全密封。

(6)搞好仓库清洁卫生。

2. 化学防霉腐

(1)多菌灵:可以将0.1%~0.3%质量浓度的乳液涂刷在皮革、布胶鞋、纱线和纸张上,以防止霉变,还可以将其喷洒在仓库内进行防霉消毒。

(2)水杨酰苯胺:黄色或粉红色粉末,不溶于水,但溶于乙醇及其他有机溶剂,将质量浓度为0.2%~0.6%的溶液喷洒、喷涂或涂刷在皮革制品、电信器材上可以防霉变。

(3)二氯乙烯基水杨酰胺:白色粉末,无臭、无味、无刺激性,不易溶于水。质量浓度为0.3%~0.4%的胶悬液对皮革防霉有显著效果。

(4)百菌清:白色结晶体,无臭、无味,微溶于水,能溶于丙酮等有机溶液,质量浓度为0.2%~0.3%的溶液常用于皮革制品防霉。

(5)托布津:无色结晶体,溶于丙酮、甲醇和三氯甲烷。质量浓度为50%的溶液可用水稀释1000倍后浸渍水果,有消毒、防霉的效果。

(6)除氧剂:将货物放在严格密封的包装内,再放入除氧剂。以铁粉为主要成分的除氧剂效果比较好,防霉广泛,用于各种食品、中药材、电子元件、光学元件和精密仪器等货物。

(7)充氮气或二氧化碳:将易发霉的货物包装或整垛用乙烯或乙烯薄膜全部密封,之后将密封包装内的空气用真空泵抽出,再填充氮气或二氧化碳,同时需要定时检测,让包装内的氧气浓度保持在3%左右。

3. 物理防霉腐

(1)紫外线:日光中含有大量的紫外线,有杀灭霉菌的作用。将一些不怕日晒的粮食、农副产品、中药材、棉麻制品等进行曝晒,这样既能杀灭其表面的霉菌,又能通过日光辐射热将其所含的过多水分蒸发以抑制霉菌生长。此外,可以在库房内安装紫外线灯定期照射,进行环境消毒。

(2)微波:微波可使物体升温,从而将霉腐微生物杀死。仓库可通过微波发生器来进行微波防霉,适用于食品、粮食、皮革制品、竹木制品和棉织品等。

(3)辐射:利用放射性同位素释放的各种射线来照射易腐货物。这种方法适用于医疗器材、日用品、食品防腐、皮革制品和中药材的防霉腐,效果十分显著。

4. 气调防霉腐

气调防霉腐是通过调整环境气体成分而达到安全储存的防霉腐方法,通常由减少环境中的氧气、增加二氧化碳含量及降低环境温度三个方面综合而成。常用的气调防霉腐方法有真空充氮防霉腐和二氧化碳防霉腐两种。

常见的易霉腐货物如表5-3所示。

表5-3 常见的易霉腐货物一览表

货物类别	具体货物
药品	以淀粉为载体的片剂、粉剂、丸剂,以糖液为主的各种糖浆,以蜂蜜为主的蜜丸,以动物胶为主的膏药,以葡萄糖等溶液为主的针剂等
食品	饼干、糕点、糖果、罐头、饮料、酱醋、肉类、鱼类、鲜蛋等

续表

货物类别	具体货物
纺织品	棉、毛、麻、丝等天然纤维及其制品
日用品	化妆品
工艺品	草制品、木制品、竹制品、麻制品、面塑、绒绣、绢花、核雕等
皮革及其制品	皮箱、皮衣、皮鞋、皮包等

三、做好金属制品的防锈与除锈

金属制品锈蚀是指金属制品表面在环境介质的作用下，发生化学反应与电化学反应，从而发生质量上的变化。及时、有效地进行防锈、除锈，从而防止或减缓金属制品的锈蚀，是货物在库养护工作的重要内容之一。

（一）金属制品的防锈

金属制品的防锈主要是针对客观环境条件进行的，方法如下。

1. 通过控制和改善储存条件防锈

（1）选择适宜的储存场所。
（2）保持库房干燥。
（3）保持货物及其储存场所清洁。
（4）妥善存放、码垛和苫盖。
（5）保持材料防腐层或包装完整。
（6）坚持定期进行质量检查，并做好记录。

2. 涂油防锈

涂油防锈是指在金属制品的表面涂一层防锈油脂薄膜。目前，市场上的防锈油有两种：一是软膜防锈油，二是硬膜防锈油。前者防锈能力稍差，但容易用有机溶液清除；后者防锈能力强，但不易被清除。

3. 气相防锈

气相防锈是一种常用的防锈方法，主要有以下几种。

（1）粉末法：把气相防锈粉末撒在货物表面，或者用器皿盛装后置于包装物内，或者用纱布包好后悬挂于货物四周。

（2）浸涂纸（布）法：先将气相缓蚀剂溶解于蒸馏水中或有机溶剂中制成溶液，然后将溶液浸涂或刷涂在防锈纸或防锈布上，干燥后即成为气相防锈纸或气相防锈布，含量一般为 $5\sim30g/m^2$；使用时，应先直接用其包装金属制品，然后在它的外面加石蜡纸或塑料袋包装。

（3）溶液法：先把防锈剂制成溶液，喷涂在金属表面，再用石蜡纸或塑料袋包装。

4. 可剥性塑料防锈

可剥性塑料是一种以塑料为基体的防锈包装材料。可剥性塑料被涂抹于金属表面上成膜后会析出一层油膜，将塑料膜与金属隔开，故启封时不需借助溶剂就能用手轻易剥除。这种材料适用于钢、铁和铝等金属，所形成的膜的韧性好，但费用高。

5. 涂漆防锈

这是指在金属制品表面均匀地涂上一层油漆，是应用极其广泛的一种防锈方法。其优

点是施工简单、适用面广；缺点是易开裂、脱落，而且可从漆层空隙透过湿气，使漆层底下的金属发生锈蚀。

6. 防锈水防锈

防锈水防锈也是应用比较广泛的防锈方法，但因防锈期限短，故多用于工序间防锈。

（二）金属制品的除锈

金属制品的除锈方法可分为物理除锈和化学除锈两种。物理除锈又可分为人工除锈与机械除锈。化学除锈中有一种特殊方式，即电化学除锈。

（1）人工除锈。这是指用简单的除锈工具，如棕刷、钢丝刷、砂纸、刮刀等，通过人的手工操作来除去金属制品上的锈斑、锈痕的一种方法。

（2）机械除锈。机械除锈一般有抛光法、钢丝轮除锈法和喷射法3种。

（3）化学除锈。金属的锈蚀物主要是金属氧化物，化学除锈就是使酸溶液与这些金属氧化物发生反应，使金属氧化物溶解在酸溶液中，达到将锈蚀物从金属表面除去的目的。化学除锈的酸溶液一般采用硫酸、盐酸和磷酸，多用于齿轮、轴承、量具、刃具及中小型部件的除锈。

（4）电化学除锈。这是指将需要除锈的金属制品浸入电解液中，并接上电源，通过电化学作用除去锈蚀物的方法。电化学除锈主要用于形体较大的金属制品。

四、防治仓库虫害

仓库害虫的防治是搞好货物保管保养工作的一个重要环节。如果不对货物中发现的害虫及时采取措施进行杀灭，就会造成严重损失。

（一）杜绝仓库害虫来源

要杜绝仓库害虫的来源和传播，必须做好以下几点。

（1）对货物原材料进行杀虫、防虫处理。

（2）对入库货物进行虫害检查和处理。

（3）搞好仓库的环境卫生，做好卫生消毒，保持清洁；密封洞孔隙缝，堵塞鼠洞；库外不留杂草、垃圾、污水；冬季清理虫巢，春季喷洒药剂。

（二）药物防治

这是指使用各种化学杀虫剂，通过喂毒、触杀或熏蒸等手段杀灭害虫，是当前防治仓库害虫的主要措施。常用的防虫、杀虫药剂有驱避剂、杀虫剂、熏蒸剂。

（三）物理机械防治

物理机械防治指采用自然或人为的高、低温实现杀虫的目的，如曝晒、烘烤、热蒸、远红外线照射及冰冻等。对鼠的防治可采用捕鼠器、设挡门板等。

五、抓好在库货物的安全管理

在库货物的安全管理主要涉及危险品的养护、防火及防盗等相关工作。

（一）危险品的养护措施

危险品按其危险性质可分为爆炸品、易燃品、腐蚀品、毒害品及放射性物品等。如果没有妥善保管，其后果不只会造成财产损失，甚至会危及人的生命安全，因此，危险品的养护是仓储中至关重要的一环。危险品的一般养护措施如下。

（1）严格进行入库验收工作。

（2）注意安全操作。

（3）定期进行在库检查。

（4）做好温湿度管理。

（二）在库货物的防火

仓库安全工作的重点是防火，因为火灾是仓库安全的最大威胁。防火的措施主要有以下几种。

（1）熟悉储存货物的分类、性质、保管业务知识和防火安全制度。

（2）熟练使用消防器材。

（3）正确进行货物储存和装卸，以及电器管理和火源管理等。

（4）认真贯彻执行公安部制定的《仓库防火安全管理规则》。

（5）掌握灭火的方法。常用的灭火方法主要有冷却法（把燃烧物的温度降低到其燃烧点以下，使其不能燃烧），窒息法（使燃烧物与氧气隔绝），拆移法（搬开或拆除可燃烧的东西，使火不能蔓延），遮断法（将浸湿的物品遮盖在火场附近的其他易燃物上，防止火势蔓延），分散法（将集中的货物迅速分散，孤立火源）等。

常用的消防工具主要有以下几种。

1. 消防栓

消防栓是接于消防供水管道上的阀门装置，供给灭火用水。其形式有3种：栓式消防栓装于室外，壁式消防栓装于室内，地下式消防栓装于室外地下。每个消防栓应配有数条合适的水龙带和消防水枪。水的灭火作用是冷却和窒息，但不适于油类及电器着火后的灭火。

2. 砂箱

砂子适用于盖熄小量易燃液体及不能用水或液体灭火机来灭火的物质。砂子应细小，不得有石子、垃圾等，并应在砂箱旁备有铁铲。用砂土覆盖燃烧物的灭火作用，一方面是冷却，另一方面是隔绝空气。

3. 灭火机

仓库应根据存放货物的性质及业务操作情况，配备各种类型的灭火机，并置于使用便利且明显的地方。常用的灭火机主要有以下几种。

（1）泡沫灭火机，也称酸碱灭火机，内部分别装有硫酸铝（有时用硫酸）与碳酸氢钠（含有发泡剂）两种溶液，使用时将筒身倒转，使两种溶液混合后发生化学反应，产生含有二氧化碳气体的浓厚泡沫，由喷嘴喷出。泡沫轻且富有黏性，被喷出后覆盖在易燃液体表面，一方面吸取液体的热量，使液体温度降低，蒸发速度减慢；另一方面泡沫之间的黏着力使泡沫浮在易燃液体表面隔绝液体与空气，从而使燃烧停止。泡沫灭火机主要用于扑救木材、棉花、纸张、易燃液体的火灾，但不能用于电器着火后的灭火，以免造成触电事故。

（2）二氧化碳灭火机，二氧化碳经高压压缩液化后被装入钢瓶内，用时旋转活塞，二氧化碳立即自动喷出，在其迅速气化的过程中吸收大量热量而变成雪花状固体二氧化碳（干冰），使温度降至-78.5℃，发挥冷却和窒息作用，从而将火扑灭。二氧化碳灭火机适用于贵重药品、易燃药品、精密仪器、油类、电气设备等的灭火，但不能用于扑救金属钾、钠、镁、铝等物质的火灾，因为这类物质性质活泼，能夺取二氧化碳中的氧，发生化学反应而燃烧。

（3）四氯化碳灭火机，为圆形钢筒，内装四氯化碳液体，根据不同的喷射方式可分为泵式、气压式、高压式。使用时打开开关，四氯化碳液体因受筒内气压作用而从喷嘴喷出，一般射程为7m左右。四氯化碳落入火区后会十分迅速地蒸发，1kg四氯化碳可气化成145L蒸气，这种蒸气相对密度约为空气的5.5倍，可以覆盖在燃烧物上隔绝空气，断绝氧气供应，当空气中有7.5%四氯化碳蒸气时，即可阻止燃烧。四氯化碳不导电，适用于扑救电器设备、油类及贵重物品的火灾。但应注意，四氯化碳有毒，其蒸气毒性更大，当空气中含量为$0.3g/m^3$时，人吸入就会有生命危险；同时，四氯化碳遇250℃以上高温时，能与水蒸气作用而分解产生有剧毒性的光气和氯化氢气体，尤其是遇灼热的金属时，分解更为强烈，因此，在使用时要站在上风方向或较高的地方。如果在室内或空气不流通的地方使用，最好戴上防毒面具。如果没有防毒面具，则可用湿毛巾把嘴和鼻孔捂上，灭火后再立即通风。四氯化碳不能扑救金属钾、钠、镁、铝，以及乙炔、乙烷、二硫化碳等引起的火灾。

（4）干粉灭火机，由盛干粉（碳酸钠粉末加防潮剂和增滑剂配制而成）的铁筒和盛装压缩气体（二氧化碳）的钢瓶联合组成。使用时提起圈环，干粉在二氧化碳的压力下喷射到燃烧区，由于干粉颗粒小而且质轻，因此能覆盖在燃烧物体上隔绝火焰的辐射热，并析出不燃气体冲淡空气中氧的含量，从而使燃烧物体停止燃烧。干粉灭火机灭火效率高、速度快、不导电、不腐蚀、毒性低，适用于扑救石油、石油产品、油漆、有机溶剂和电气设备等的火灾。

（5）1211灭火机，瓶内装有1211（二氟一氯一溴甲烷），灭火原理主要是通过干扰、抑制火焰的连锁反应，并有一定的冷却、窒息作用，从而将火扑灭。1211灭火机的特点是高效、低毒、腐蚀性小，灭火后不留痕迹，使用安全，保存时间长，可用于扑救各种油类、可燃气体和电气设备等初期火灾。

4. 破拆工具

破拆工具主要用于灭火时破拆建筑物、门窗、地板、屋顶等，以便打开通路进行灭火、救人或疏散货物，或者防止火势蔓延。破拆工具主要有消防斧、铁锹、火钩等。

（三）在库货物的防盗

仓库中必须安装防盗监视、自动报警设备，建立治安保卫制度，实行门卫放行制度，加强日常巡查，做好交接班记录，制定治安应急预案，完善防盗的各项规章制度，同时做好如图5-2~图5-6所示的各种记录。

日　　期	提货单位	提货内容摘要	提货人签名	备　　注

图5-2　门卫放行登记表（范本）

日　　期	区　　域	巡查情况	巡　查　人	备　　注

图 5-3　仓库巡查表（范本）

交接班记录

交班人员（签名）：　　　　　接班人员（签名）：　　　　　日期：

（以下由交班人员填写）

1．值班期间巡查情况

2．值班期间防盗设备情况

图 5-4　交接班记录表（范本）

库　房		日　　期	
检查项目	检查结果	备　注
1．是否配备足够的消防器材？标志是否明显？		
2．是否定期对消防器材进行养护和检查？		
3．易燃、易爆货物是否存放在危险品库（区）？是否有专人保管？是否进行了有效的隔离以杜绝火源？		
4．油类和胶类货物是否混存？码放方式是否符合标准？		
5．库存货物堆放是否整齐？间距是否符合规定？		
6．库房内是否通风良好、清洁整齐？照明是否正常？		
7．库房是否设置了必要的防盗设施？门窗、门锁是否牢固完好？		
8．货物的取放是否严格按顺序进行？取放时有无碰撞？		
9．辅料的包装容器是否严密？有无渗漏和破损？		
10．库内温度是否在安全限度内？运输工具是否定期保养？		
异常情况处理意见：		
记录人	库房主管	监控员	

图 5-5　库房安全检查记录（范本）

检查日期：　　　　　　　　　　年　　月　　日　　　　　　　　　　　字第　　号

不安全因素	不符合规则处或不安全情形	建议改善事项	改善期限	改善经过或结果

检查人：　　　　　　　　　主要负责人：　　　　　　　　　主管：

图 5-6　安全改善通知书（范本）

六、搞好仓库卫生

　　垃圾、尘土、杂草为霉菌、害虫提供了生存空间，而霉菌、害虫的繁殖会直接导致库存货物出现霉变、虫蛀、变质等，因此，要保管好货物，必须经常清除这些杂物，保持库房环境的整洁。库房内要做到墙壁、窗台、墙沟、垛底无垃圾、污土，垛顶无积尘，走道、支道每天打扫，货垛出清后清扫货位，屋角、垛顶无蛛网、积尘。为了防止尘土飞扬，在水泥地坪上可用湿木屑撒地。露天场地要做到：货位四周不积水，无垃圾，无杂草，保持环境整洁。

七、加强日常在库检查

　　检查在库储存货物，是为了了解和掌握货物在保管过程中的质量变化情况，便于在发现问题后及时采取相应措施，进行防治或处理。如果不能及时发现并采取措施，就会造成或扩大损失。有些货物在工厂制成后并未发现有什么问题，入库验收时也未发现异状，可是当过了一段时间再检查时，就发现变质了，这种情况多是由于入库货物或其包装水分偏高所致。

　　进行货物在库检查不可能每批每件都查，可以列出重点，有计划、有步骤地进行定期检查。

　　下列货物可排队定期检查。
　　（1）入库时发现已有问题的货物。
　　（2）性能不稳定或不够熟悉的货物。
　　（3）堆放场所不是特别适宜的货物。
　　（4）有轻微异状，尚未处理的货物。
　　（5）储存时间较长的货物。

　　排好队后，要根据确定的检查周期进行循环检查，这样就能对所保管的货物的质量情况做到心中有数。检查货垛、抽查货物要从预估最易发生问题的部分着手，如近窗、沿墙、垛底、垛芯等处，必要时可进行翻堆倒垛、抽芯挖底检查，以便深入发掘问题，同时可以用测湿仪抽测水分，协助感官检查。

　　总之，对库存货物应进行定期或不定期的检查，检查应特别注意货物温度、水分、气味、包装物外观、货垛状况是否有异状。

　　需要注意的是，如果在检查时发现问题，就要彻底地调查情况，分析原因，并根据产生异状的原因迅速采取措施，进行防治和处理。凡属于储存条件和保管措施上存在问题的，应主动改善储存条件和保管措施；凡属于货物生产工厂方面存在问题的，应联系委托单位协商处理，积极配合解决；凡属于因仓库保管不善而引起问题的，应承担应负的责任。

　　对在库检查时发现异状的货物，可根据其异状程度，做不同的处理。凡在检查时发现货物的外观质量与入库时比较起了一些变化，但异状程度轻微，异状面不大，蔓延趋势缓慢，不影响销售和使用的，可作为一般异状对待，填报"货物异状问题报告表"供委托单位了解，同时仓库加强保管、检查措施，注意其变化发展情况。凡在质量上已发生显著变化，异状程度较重，异状面较广，并有迅速发展趋势的，可做重大异状问题处理，填报"货物异状问题催请处理表"送委托单位催请处理。图5-7为货物养护检查记录表范本。

库 房		日 期	
检查项目		检查结果	备 注
1. 库区是否干净、整齐、有序？物流通道是否畅通？			
2. 库房屋顶、墙壁是否渗水、漏雨？地上有无积水、油垢？			
3. 库区的温度和湿度是否在合适范围内？			

图5-7　货物养护检查记录表（范本）

4. 库区内的通风设备是否处于良好状态？		
5. 货物是否离地存放？是否按规定的行距、间距整齐码放？		
6. 包装材料是否完好？是否有鼠啃、受潮、发霉等现象？		
7. 是否存在过期未出库的货物？切割、剪裁的余料和废料是否摆放合理？		
8. 货物存放位置是否与货物标识一致？		
9. 货物是否有变形、破损、划伤、开裂、变色、破包等情况？		
10. 挥发性货物是否渗漏？包装是否完好？		
异常情况及处理意见：		
记录人	库房主管	监控员

图 5-7　货物养护检查记录表（范本）（续）

知识拓展

特种货物的在库保管养护

一、危险品的在库保管养护

危险品必须储存在专用仓库、专用场地或专用储藏室内。危险品专用储存场所必须专区专用，不能存放普通货物，不同危险品应分类存放在不同的专用仓库。危险品仓库改变用途或改存其他危险品，应通过相应的管理部门审批。

危险品仓库的设施设备必须实行专用制度；要按照国家相应标准和有关规定进行维修、保养，并进行定期检测，保证其符合安全运行要求。盛装危险品的容器在使用前后必须进行检查；对储存剧毒化学品的装置和设施要每年进行一次安全评价，对储存其他危险品的装置和设施要每两年进行一次安全评价，对评价不符合要求的设施设备应立即停止使用。

危险品储存场所必须设有通风、防爆、防压、防火、防雷、报警、灭火、防晒、调温、清除静电等安全设施。

危险品仓库出口地面必须砌一道拦坎，以防危险品泄漏到库外。危险品仓库内的排水管道不得与户外雨水管道相连。

危险品仓库内严禁烟火，任何人不得携带手机、穿带钉鞋进入危险品仓库。

危险品管理人员必须接受危险品专业知识培训，且通过考核，即危险品仓库管理人员须持证上岗。

危险品的储存方式、方法与储存数量必须符合国家标准。仓库管理人员应根据国家标准、危险特性、包装及管理制度合理选择存放位置，根据危险货物的保管要求妥善安排相应的通风、遮阳、防水、控温、控湿条件的仓库。

对危险品应实行分类、分项存放，堆垛不宜太高，垛间应留有一定的间隙，货垛与墙壁之间的间距应大于 0.7m，对怕热、怕潮、怕冻货物应根据天气变化情况及时采取密封、通风、降温和吸潮等措施。

危险品堆叠时要整齐，堆垛稳固，标志朝上，不得倒置，垛头应悬挂危险品的标志、编号、品名、性质、类别、级别等相关信息。

危险品仓库应实行定期检查制度，检查间隔不宜超过 5 天。在检查中发现问题的，应及时填写"问题货物通知单"，并及时上报领导。仓库管理人员必须保持库内的整洁，特别是对残余化学品应及时清扫；对残损、质次、储存过久的危险品应及时向有关单位联系催调。

危险品仓库必须实行专人管理，剧毒化学品必须实行双人保管制度，仓库存放剧毒化学品必须向当地公安机关备案。对于废弃的危险品及其容器等，仓库要采取妥善的措施，如随货进行移交、封存、掩埋等无害化处理，不得留有隐患。剧毒危险品发生被盗、丢失、误用等应及时向当地公安机关报案。

二、冷藏品的在库保管养护

（1）要保证冷藏品在储存时的质量，就要对含水货物减少干耗，对食品加强卫生检疫。仓库应设专职的卫生检疫人员对出入库货物进行检查，库内应做到无污染、无霉菌、无异味、无鼠害、无冰霜。

（2）要经常并定时测试库内温度，严格按照货物保存所需要的温度控制仓库内的温度；尽可能减少库内的温度波动，防止因货物变质或解冻发生倒垛。

（3）在将货物从冻结间转入冷藏间时，货物温度不应高于冷藏间温度 3℃；要严格控制室内温度变化，如冻结间昼夜温差不大于 1℃，冷藏间的温差不超过 0.5℃。

（4）腐烂的、受污染的货物，以及其他不符合卫生要求包装的食品，在入库前须经过挑选、除污、整理和包装。

（5）拆垛作业应从上往下取货，禁止从垛中取货，取货时要注意防止因货物冻结粘连强行取货而扯破包装的现象。

（6）要注意库内工作人员的个人卫生，应定期对工作人员进行身体检查，对患传染病者需及时调离与冷藏品发生接触的岗位。

三、医药商品在库保管养护

1. 分区分类储存

（1）医疗器械的分区分类储存：医疗器械应与非医疗器械分开存放，一次性使用的无菌医疗器械、植入性医疗器械应与其他医疗器械分开存放，危险品也应与其他医疗器械分开存放。有温/湿度要求的产品（如体外诊断试剂）还要被储存在专用的库房里。

（2）药品的分区分类储存：①按药品的剂型分类储存，应根据储存温度要求将每种药品分别储存于冷库（2~10℃）、阴凉库（20℃以下）或常温库（0~30℃）内，各仓库的相对湿度应保持在 45%~75%；②按药品的性质分类储存，按 GSP（Good Supply Practice，良好药品供应规范，在中国称《药品经营质量管理规范》）的要求，药品与非药品（指不具备药品生产批准文号的性质）、性质相互影响、容易串味的药品，内服药与外用药，均应分库或分区存放。品名或外包装容易混淆的品种应分区或隔垛存放。中药材、中药饮片应与其

他药品分开存放。麻醉药品、一类精神药品可存放在同一个专用仓库内。药品中的危险品应存放在专用的危险品库内。不合格药品（含退货药品）应存放在不合格品库（区）内。

库内产品摆放应有明显标志，包括状态标识和货位卡。状态标识实行色标管理，分为绿、红、黄三色；合格产品对应绿色，不合格产品对应红色，待验、退货和质量有疑问的产品对应黄色。

2. 温、湿度管理

对医药商品的温、湿度管理包含温、湿度的测量与记录，以及温、湿度的调节等内容，要求更为严格。同常见的降温、除湿不同，一些医药商品由于其特殊性，要对其进行保温、升湿。

例如，甲醛溶液在9℃以下存放可形成红色聚合物沉淀；注射剂和水剂在−5℃时极易发生冻裂现象；乳剂会因冻结而破坏乳化力，并且解冻后会形成药液分层，不能再供药用等。

湿度太小能使某些含结晶水的药物（如硼砂、硫酸铜等）风化，风化后失水量不等，使剂量难以掌握，特别是剧毒药，可能因此超过用量而引起中毒等事故。对此，可采用向库内地面洒水或以喷雾设备喷水；在库内设置盛水容器储水，让水自然蒸发等。

3. 特殊医药商品的保管要求

放射性医药商品、麻醉药品、一类精神药品等要严格按照国家规定进行保管，实行双人双锁制度，存放在专门的仓库内，如出现被盗、遗失等情况应及时向当地公安机关报案。

想一想，议一议

货物在库保管养护，怎样才能做到环保、安全和节约成本？

引导任务操作提示

药品的保管养护措施：重点在分类、分区存放，注意调节温度和湿度，有的需要密封、避光，有的不能重压和久储，同时注意有效期。

医疗器械的保管养护措施：重点在防锈、灭菌等。

化学品的保管养护措施：重点在通风、遮阳、防水、控温、控湿、防火等。

食品的保管养护措施：重点在防霉腐、防变质、防鼠等。

服装的保管养护措施：重点在分类存放，防火、防潮、防鼠、防霉等。

工艺品的保管养护措施：重点在高处存放（平房仓库）、防潮、防火、做好湿度控制等。

黄金珠宝的保管养护措施：重点在防盗、不能重压等。

学习情况自评表

班级：　　　姓名：　　　学号：　　　组别：　　　时间：

序号	评价内容	分值/分	实际得分/分
1	11种药品的养护方法得当	22	
2	8种医疗器械的养护方法得当	16	
3	3种化学品的养护方法得当	6	

货物在库保管作业　项目 5

续表

序号	评价内容	分值/分	实际得分/分
4	5种食品的养护方法得当	10	
5	3种服装的养护方法得当	6	
6	3种工艺品的养护方法得当	6	
7	3种黄金珠宝的养护方法得当	6	
8	不迟到、不早退、不缺课	4	
9	合作态度好，服从分工和领导	4	
10	课堂表现好，积极参加讨论	4	
11	课后作业正确且按时完成、书写工整	4	
12	PPT制作精美，汇报展示内容全面、详略得当、语言清晰	6	
13	撰写的学习报告内容正确、完整，有自己的心得体会	6	
	合　　计	100	

Mission 任务 2　货物在库盘点作业

知识要点

- 货物在库盘点的目的
- 盘点作业的主要内容
- 盘点作业的方法和步骤
- 对盘点结果进行分析，并写出盘点报告

能力培养

学生能够运用本任务所介绍的知识和方法，针对不同的货物存储情况，选择合适的盘点方法，开展有效的盘点工作，并写出正确的盘点报告。

任务背景

上海XD仓储有限公司2号仓库2023年5~6月进出库货物如表5-4、表5-5所示。2023年6月30日，该公司对2号仓库进行盘点，请完成2号仓库的盘点工作，逐一填写相关盘点表单，并撰写盘点报告（学生自己从所学的货物编号的方法中任选一种进行货物编号）。

建议以小组合作的方式完成。

179

表5-4　上海XD仓储有限公司2号仓库2023年5~6月入库货物一览表

品　名	货物编号	入库时间	入库数量
方便面		2023年5月20日	600桶，计50箱，12桶/箱
		2023年5月30日	840桶，计70箱，12桶/箱
		2023年6月18日	780桶，计65箱，12桶/箱
		2023年6月28日	1200桶，计100箱，12桶/箱
牛奶		2023年5月10日	2400袋，计100箱，24袋/箱
		2023年5月20日	2640袋，计110箱，24袋/箱
		2023年5月30日	3600袋，计150箱，24袋/箱
		2023年6月10日	2880袋，计120箱，24袋/箱
		2023年6月25日	2400袋，计100箱，24袋/箱
色拉油		2023年5月15日	200桶
		2023年6月1日	280桶
		2023年6月18日	245桶

表5-5　上海XD仓储有限公司2号仓库2023年5~6月出库货物一览表

品　名	货物编号	出库时间	出库数量
方便面		2023年5月25日	30箱
		2023年5月30日	18箱
		2023年6月5日	52箱
		2023年6月10日	8箱
		2023年6月20日	48箱
		2023年6月25日	20箱
		2023年6月28日	82箱
牛奶		2023年5月14日	30箱
		2023年5月18日	65箱+8袋
		2023年5月22日	48箱
		2023年5月29日	56箱+12袋
		2023年6月5日	85箱+10袋
		2023年6月9日	55箱
		2023年6月15日	65箱+6袋
		2023年6月20日	40箱
		2023年6月26日	68箱+12袋
		2023年6月28日	30箱
色拉油		2023年5月18日	50桶
		2023年5月25日	125桶
		2023年5月29日	15桶
		2023年6月2日	84桶
		2023年6月8日	145桶
		2023年6月15日	30桶
		2023年6月20日	120桶
		2023年6月25日	86桶
		2023年6月27日	26桶

Project 5 项目
货物在库保管作业

任务分析

货物在仓库中因不断地搬动和进出库，其库存的账面数量容易出现与实际数量不符的现象。有些货物存放时间过久、保管措施不当，致使其品质、性能受到影响，如变质、丢失等。为了有效控制在库货物数量和质量，企业需要不断地对各储存场所进行清点、查核，即盘点作业，以便及时发现管理中存在的问题，迅速采取补救措施，减少企业的经济损失，提高仓储服务质量。

任务实施

一、盘点作业的内容

盘点作业的内容主要有以下几项。

（1）货物数量：通过点数计数查明货物在库的实际数量，核对库存账面数量与实际库存数量是否一致。

（2）货物质量：检查在库货物质量有无变化，有无超过有效期和保质期，有无长期积压等现象，必要时应对货物进行技术检验。

（3）保管条件：检查保管条件是否符合各种货物的保管要求，如堆码是否合理稳固，库内温度是否符合要求，各类计量器具是否准确等。

（4）库存安全状况：检查各种安全措施和消防设备、器材是否符合安全要求，建筑物和设备是否处于安全状态。

知识链接

盘点作业的目的

目的一：为了确定现存量，并修正货账不符产生的误差。

目的二：为了计算企业的损益，就必须对现有库存进行盘点，一旦发现库存太多，就表示企业的经营存在压力。

目的三：为了稽核货物管理的绩效，使出入库的管理方法和保管状态变得清晰。例如，呆品的处理状况、存货周转率、物料的保养维修，均可通过盘点发现问题，以谋改善之策。

二、盘点作业的步骤

（一）盘点前的准备

盘点作业的准备工作是否充分，关系到盘点作业的顺利程度。为了在短时间内利用有限的人力迅速准确地达成盘点目标，事先必须做好以下准备工作。

（1）明确盘点的程序、方法。

（2）配合财务会计做好准备。

（3）准备好盘点用的表单，其范本如图 5-8～图 5-13 所示。

（4）准备好盘点用的基本工具。

181

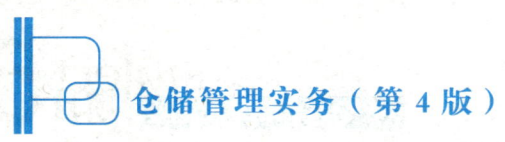

盘点日期		第一盘点人		盘点单号码		
商品编号						
商品数量						
商品单价						
外观状况						
存放位置						
盘点日期		第二盘点人		盘点单号码		
商品编号						
商品数量						
商品单价						
外观状况						
存放位置						
盘点日期		复核人		盘点单号码		
商品编号						
商品数量						
商品单价						
外观状况						
存放位置						

图 5-8 盘点单（范本）

1. 编号：_____
2. 材料名称：_____
3. 数量：_____ 单位：_____
4. 放置地点：_____

　　填卡：_____

1. 编号：_____
2. 材料类别：_____ 日期：_____

　　□原材料　　□物料　　□呆料
　　□废料　　□半成品　　□成品

材料名称：_____
料　　号：_____
数　　量：_____ 单位：_____
存放位置：_____
　　核对：_____ 填卡：_____

图 5-9 盘点卡（范本）

项目 5 货物在库保管作业

年　月　日

品　名	编　号	单　位	账面结存数	增　加　数	减　少　数	调整后结存数	调整原因说明

图 5-10　盘点调整表（范本）

第一联	第二联
1. 货物编号_____　货物类别_____	1. 货物编号_____　货物类别_____
2. 货物名称_____	2. 货物名称_____
3. 数量_____　单位_____	3. 数量_____　单位_____
4. 存放位置代号_____	4. 存放位置代号_____
5. 填卡_____　盘点卡号_____	5. 填卡_____　盘点卡号_____

图 5-11　盘存卡（范本）

年　月　日

类别	品名及规格	单位	单价	调整后账面数量	盘点数量	盘盈 数量	盘盈 金额	盘亏 数量	盘亏 金额	差异原因 说明	差异原因 对策

图 5-12　盘点盈亏汇总表（范本）

年　月　日

货物编号	货物名称	单位	账面资料 数量	账面资料 单位	账面资料 金额	盘点实存 数量	盘点实存 单位	盘点实存 金额	数量盈亏 盘盈 数量	数量盈亏 盘盈 金额	数量盈亏 盘亏 数量	数量盈亏 盘亏 金额	价格增减 增价 单价	价格增减 增价 金额	价格增减 减价 单价	价格增减 减价 金额	差异原因	负责人	备注

图 5-13　货物盘点数量盈亏及价格增减更正表（范本）

（二）确定盘点时间

一般性货物就货账相符的目标而言，盘点次数越多越好，但因每次实施盘点必须投入人力、物力、财力，且耗资不菲，故很难经常实施。事实上，导致盘点误差的关键在于出入库的过程，可能由于出入库作业单据的输入、检查点数的错误，或者由于出入库搬运造成的损失，因此，出入库作业次数多，误差也会随之增加。一般而言，半年至一年实施一次盘点即可。但在仓储中心货物流动速度较快的情况下，既要考虑过久盘点会对企业造成损失，又要考虑可用资源的限制，最好能视仓储中心不同货物的性质确定不同的盘点时间。例如，A 类货物每天或每周盘点一次；B 类货物每两三天盘点一次；C 类货物每月盘点一次。需要注意的是，每次盘点持续的时间应尽可能短，全面盘点以 2～6 天为佳，盘点的日期一般选择在财务结算前夕，通过盘点计算损益，以查清财务状况；或者在淡季进行，因为淡季储货较少，业务不太繁忙，所以盘点较为容易，投入资源较少，人力调动也很方便。

（三）确定盘点的方法

1. 账面盘点法

账面盘点法是将每种货物分别设立"存货账卡"，并将每种货物的出入库数量及有关信息记录在账面上，逐笔汇总出账面库存结余数，这样可以随时从计算机或账册上核查货物的出入库信息及库存结余量。

2. 现货盘点法

现货盘点法按盘点时间频率的不同又可分为期末盘点及循环盘点。

1）期末盘点

期末盘点是在会计计算期末统一清点所有货物数量的方法。

由于期末盘点是将所有货物一次点完，因此工作量大、要求严格，通常采取分区、分组的方式进行，其目的是明确责任，防止重复盘点和漏盘。分区即将整个储存区域划分成一个一个的责任区，不同的责任区由不同的小组负责点数、复核和监督，因此，一个小组通常至少需要三个人，其中两个人分别负责清点数量并填写盘点单，复查数量并登记复查结果，第三个人核对前两次盘点数量是否一致，并对不一致的结果进行检查，等全部盘点结束后再与计算机或账册上反映的账面数量核对。

2）循环盘点

循环盘点是指每天、每周清点一小部分货物，一个循环周期将每种货物至少清点一次的方法。

循环盘点通常对价值高或重要的货物的盘点次数多，而且监督也严格一些，而对价值低或不太重要的货物的盘点次数可以尽量少。因为循环盘点一次只对少量货物盘点，所以通常只需保管员自行对照库存资料进行点数检查，发现问题按盘点程序进行复核，并查明原因，进行调整，也可以采用专门的循环盘点单登记盘点情况。

（四）培训盘点人员

为使盘点工作得以顺利进行，盘点时必须增派人员协助进行，各部门增派的人员必须实现组织化，并且参加过短期训练，从而使每位参与盘点的人员都充分发挥其作用。人员的培训分为两部分：第一，针对所有人员进行盘点方法训练；第二，针对复盘与监盘人员进行认识盘点货物的训练。

（五）清理储存场所

（1）在盘点前，对厂商交来的货物必须明确其所有数量，若已验收完成，属本仓储公司的，应及时整理归库，若尚未完成验收程序，应同厂商划分清楚，避免混淆。

（2）储存场所在关闭前应通知各需求部门预领所需的货物。

（3）储存场所整理整顿完成，以便计数盘点。

（4）预先鉴定呆料、废品、不良品，以便盘点。

（5）账卡、单据、资料均应整理后加以结清。

（6）储存场所的管理人员在盘点前应自行预盘。

（六）盘点计数

盘点计数：可以采用人工抄表计数，也可以采用电子盘点计数器。

（七）盘点结果分析及评价

1. 盘点结果分析

盘点结束后，应对盘点结果进行分析，分析的思路如下。

（1）通过盘点，实际库存数与账面库存数的差异有多大？

（2）这些差异主要集中在哪些品种上？

（3）这些差异对公司的损益有多大影响？

（4）平均每个品种的货物发生误差的次数情况如何？

（5）当发现所得数据与账簿资料不符时，还应追查产生差异的原因是什么。

知识拓展

产生盘点差异的原因

（1）记账员素质不高，致使货物数目无法准确记录。

（2）料账处理制度的不完善导致货物数目无法准确反映。

（3）盘点制度的不完善导致货账不符。

（4）盘点时产生漏盘、重盘、错盘等情况，导致盘点结果出现错误。

（5）盘点前数据信息未理清，导致账面数不准确。

（6）出入库作业时产生误差。

（7）盘点人员不尽职导致货物损坏、丢失等后果。

2. 盘点结果评价指标

（1）盘点数量误差，计算公式为

$$盘点数量误差 = 实际库存数 - 账面库存数$$

（2）盘点数量误差率，计算公式为

$$盘点数量误差率 = 盘点数量误差 / 实际库存数$$

（3）盘点品项误差率，计算公式为

$$盘点品项误差率 = 盘点误差品项数 / 盘点实际品项数$$

（4）平均每件盘点误差品金额，计算公式为

平均每件盘点误差品金额=盘点误差金额/盘点数量误差

（5）盘点次数比率，计算公式为

盘点次数比率=盘点误差次数/盘点执行次数

（6）平均每品项盘点误差次数率，计算公式为

平均每品项盘点误差次数率=盘点误差次数/盘点误差品项数

（八）盘点结果处理

（1）查明差异原因后，应针对主要原因进行调整与处理，至于呆/废品、不良品减价的部分，则需与盘亏一并处理。

（2）除盘点时产生数量的盈亏外，有些货物在价格上会产生增减，这些变更在经主管审核后必须利用货物盘点数量盈亏及价格增减更正表进行修改。

（3）通过盘点、分析和总结，应找出在管理流程、管理方式、作业程序、人员素质等方面需要改进的地方，进而改善货物管理的现状，降低货物损耗，提高经营管理水平。

小提示

盘点的原则

1. 真实

这是要求盘点所有的点数、资料必须是真实的，不允许弄虚作假、掩盖漏洞和失误。

2. 准确

盘点的过程要准确无误，资料的输入、陈列的核查、盘点的点数都必须准确。

3. 完整

所有盘点的流程，包括区域的规划、盘点的原始资料、盘点的点数等，都必须完整，不要遗漏区域、遗漏货物。

4. 清楚

盘点过程属于流水作业，不同的人员负责不同的工作，因此，所有资料必须清楚，人员的书写必须清楚，货物的整理必须清楚，从而使盘点顺利进行。

5. 团队精神

盘点是全体人员都参加的过程，为了减少停业的损失，加快盘点的速度，各个部门必须有良好的配合与协调意识，以大局为重，使整个盘点工作按计划有序地进行。

货物自动化盘点

想一想，议一议

如何做好盘点的组织、协调工作？

引导任务操作提示

第一步，确定盘点内容。

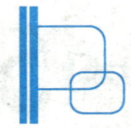

第二步，选择盘点方法（根据任务提供的相关信息，在账面盘点法、现货盘点法这两种方法中选择）。

第三步，准备好盘点用的表单及其他相关器具。

第四步，确定盘点时间（本任务中已明确了）。

第五步，对照入库货物一览表和出库货物一览表进行实际的盘点。

第六步，撰写盘点报告，报告中要有对盘点情况的分析，如存在问题，并提出改进措施。

学习情况自评表

班级：　　　　姓名：　　　　学号：　　　　组别：　　　　时间：

序号	评价内容	分值/分	实际得分/分
1	方便面盘点表单填制正确，盘点报告规范，有盘点差异原因分析，提出的整改方案具有较强的可操作性	20	
2	牛奶盘点表单填制正确，盘点报告规范，有盘点差异原因分析，提出的整改方案具有较强的可操作性	20	
3	色拉油盘点表单填制正确，盘点报告规范，有盘点差异原因分析，提出的整改方案具有较强的可操作性	20	
4	不迟到、不早退、不缺课	5	
5	合作态度好，服从分工和领导	5	
6	课堂表现好，积极参加讨论	5	
7	课后作业正确且按时完成、书写工整	5	
8	PPT制作精美，汇报展示内容全面、详略得当、语言清晰	10	
9	撰写的学习报告内容正确、完整，有自己的心得体会	10	
	合　　计	100	

思政指导

货物在库保管作业包括货物在库养护作业、货物在库盘点作业等内容。货物在库养护既要满足客户的要求，保证货物的品质，又要兼顾仓储经营者的经济效益。货物在库盘点更是要求做到100%正确，否则就失去了盘点的意义。这需要学生既要有爱岗敬业的精神，秉承客户至上的理念，又要有强劲的业务能力。在授课过程中，教师可以通过本项目的测试题对学生的学习情况进行严格测试，通过展示丰富的案例等来培养学生的精神品质。

职业考证要点

★ 货物在库养护措施

★ 盘点作业的内容与步骤

实践与思考 5

技能训练题

A、B、C、D 四家公司准备将表 3-17～表 3-20 所示的货物储存在上海 ZK 仓储有限公司，存期分别为 2023 年 7 月 10 日～2023 年 8 月 30 日、2023 年 7 月 12 日～2023 年 8 月 12 日、2023 年 7 月 20 日～2023 年 9 月 20 日、2023 年 7 月 15 日～2023 年 9 月 25 日。请为这 4 个客户的货物分别制定养护措施和检查管理办法（要求措施、办法要具体、详细，符合货物的特性，并且要体现环保和成本节约原则）。

案例分析题

某公司在上海 XD 仓储有限公司（以下简称 XD 公司）储存了 6342 件货物，现已在 XD 公司的仓库中存放了 84 天。XD 公司共进行了 7 次盘点，每 12 天一次，由于货物特性，每次盘点需废弃已损货物，只对余货计数。已知每次盘点剩余量分别是 6202 件、6150 件、6116 件、6031 件、5923 件、5887 件、5845 件。

试分析其盘查率为多少，并分析在该批货物的保管上 XD 公司存在哪些问题。

知识巩固题

1. 货物在库养护的具体工作有哪些？
2. 如何对在库货物进行养护检查？
3. 密封的方法有几种？
4. 如何确定通风时机？通常采用哪几种通风方式？
5. 如何进行除湿？常用的除湿剂有哪几种？
6. 如何防止储存货物霉腐？
7. 怎样对金属制品进行防锈除锈处理？
8. 如何防止在库货物的虫害？

9. 在库货物的安全管理工作有哪些？
10. 盘点的内容有哪些？
11. 如何确定盘点时间？盘点方法有哪几种？
12. 一般来讲，应从哪几个方面对盘点结果进行分析？分析的思路是什么？
13. 产生盘点差异的原因有哪些？

Project 6 项目6 仓储经营管理

Mission 任务1 仓储经营计划

知识要点

- ◆ 仓储经营计划体系与指标体系的主要内容
- ◆ 编制仓储经营计划的编制依据与制订程序
- ◆ 确定仓库的储存能力

能力培养

学生能够运用本任务所介绍的知识和方法，根据仓储公司的业务状况和市场发展前景，编制具体的、可操作的仓储经营计划。

任务背景

上海某仓储有限公司是一家经营生活日用品储存业务的专业仓储公司，主要储存的品种有彩电、冰箱、洗衣机、微波炉、纯净水、洗衣粉、洗洁精、肥皂、方便面等。公司占地面积为15亩（1亩≈666.67m²），有4层楼房仓库1幢，每层各有6间库房，每间库房长18m、宽15m、高8m。其中第1层和第2层的货物就地码放，第3层（含第3层）以上的货物存放在货架上，每个货架的有效利用高度为6.5m。仓库实际面积占建筑面积的80%，储存面积占实际面积的70%，日平均使用面积为储存面积的80%。仓库底层地坪承载能力为3t/m²，楼层地坪承载能力为2.2t/m²，主要作业设备是1.5t的叉车和0.2t的小推车。公司实行三班倒，8小时工作制，年平均工作340天。作业设备的起重系数为90%，设备年平均工作时间为280天，从卸货区到仓库往返一次的平均时间为叉车15分钟（含辅助作业时间）、小推车20分钟（含辅助作业时间）。根据以往公司老客户的存储业务情况及公司营销部门的市场开拓，预计2024年公司能接到的业务量如表6-1所示。假设每种货物每个月的储存量相同，叉车每小时作业成本为10元，小推车每小时作业成本为5元，叉车维修费平

均每年为 500 元，小推车维修费平均每年为 60 元，作业人员平均每人月工资为 3000 元（含福利），家电类货物维护保养费为每台 1 元，其他类为 0.5 元。请为该公司制订一份仓储经营计划（其他相关信息由学生根据情况进行假设，建议以小组合作的方式完成）。

表 6-1　2024 年该公司预计存储业务量一览表

序号	商品名称	数量	重量（平均）	外包装尺寸	预计存放地点	备注
1	电冰箱	2.5 万台	38kg/台	85cm×75cm×160cm	仓库 1 层	限高 3 层 存期 28 天
2	洗衣机	1.65 万台	26kg/台	70cm×65cm×120cm	仓库 1 层	限高 6 层 存期 25 天
3	电视机	1.36 万台	10kg/台	87cm×15cm×70cm	仓库 2 层	限高 7 层 存期 22 天
4	微波炉	1.9 万台	15kg/台	80cm×65cm×50cm	仓库 2 层	限高 9 层 存期 30 天
5	纯净水	1.2 万箱	6kg/箱	70cm×60cm×50cm	仓库 1 层	限高 8 层 存期 20 天
6	洗衣粉	8 万箱	9kg/箱	68cm×57cm×49cm	仓库 3 层	货架存放 存期 18 天
7	洗洁精	10 万箱		65cm×60cm×45cm	仓库 3 层	货架存放 存期 21 天
8	肥皂	12 万箱		78cm×65cm×50cm	仓库 3 层	货架存放 存期 16 天
9	方便面	15 万箱		76cm×59cm×60cm	仓库 4 层	货架存放 存期 12 天
10	蜂蜜	4 万箱		60cm×55cm×48cm	仓库 4 层	货架存放 存期 19 天
11	咖啡	1 万箱		62cm×55cm×50cm	仓库 4 层	货架存放 存期 18 天
12	食用油	7 万箱		55cm×60cm×50cm	仓库 1 层	限高 6 层 存期 14 天

任务分析

　　纵观再生产的整个过程，仓储经营管理活动在任何领域都是客观存在的，是不能轻易被其他物流活动所替代的；即使在各种企业大谈"零库存"、"JIT（Just in Time，准时制）库存"和供应商管理库存的今天，库存本身也只是由社会再生产的一个领域转移到了另一个领域。可以说，科学地进行仓储经营管理是一个部门、企业，乃至一个国家发展不可缺少的重要环节之一。因此，要以现代的管理思想，运用先进的管理理论和科学的方法，秉承市场经济的经营理念，对仓储经营活动进行计划、组织、指挥、协调、控制和监督，以实现最佳的协调和配合，充分利用仓储资源，降低仓储经营管理成本，提高仓储经营效益。

任务实施

一、仓储经营计划体系与指标体系

（一）仓储经营计划体系

现代仓储经营计划体系是围绕现代仓储多种经营活动所编制的多层次的、相互衔接与补充的计划群。现代仓储的经营计划体系主要由长远规划、年度计划、工作进度计划构成。

1. 长远规划

长远规划是现代仓储确定未来发展方向和目标的战略计划，是对未来若干年内应当实现的任务的总体性规定，是现代仓储在连续几年中必须遵循的行动纲领。

长远规划注重的是长期经济效益、安全与稳定。其内容是现代仓储发展中的一些重大问题，未来若干年可能使企业获得独特的优势。

2. 年度计划

年度计划是长远规划的具体化，是指导现代仓储经营活动的行动计划。年度计划涉及现代仓储各部分、各环节、各方面经济活动的平衡，规定了各项具体的技术经济指标，是全体员工在计划年度内的行动纲领，也是现代仓储的重要计划形式。其内容包括货物运输计划、货物仓储计划、流通加工计划、劳动工资计划、技术组织措施计划、基本建设计划、设备维修计划、财务计划和人力资源开发计划等。

知识链接

储存计划的制订

货物储存计划也被称为货物出入库计划，是在考虑储存能力的前提下，根据出入库计划确定储存货物品种、数量及储存时间的计划，有年度计划、半年计划、季度计划和月度计划。最常用的是年度计划。它规定了企业的年度储存任务和期望目标，影响和制约着其他各项计划的制订（把年度计划分解为短期储存计划，就可制订半年计划、季度计划和月度计划）。

一、储存计划的编制依据

编制储存计划时，需要对入库储存货物的品种、数量、时间及影响储存量的因素等进行广泛的市场调查研究，结合仓库储存能力，加以综合编制。影响货物储存计划的主要因素有两个，分别是货物储存的品种和仓库储存能力。

二、储存计划的编制方法

1. 确定需求

（1）大量收集货物的市场供需信息，以及客户向仓储企业提供的货物存储申报计划，仔细调查存储货物的种类、数量、包装、货主、出入库时间等。

（2）企业可与客户签订货物储存合同、协议或意向书，详细拟定出储存货物的名称、数量、储存要求、储存时间、包装形式及货物特性等。

2. 考察库存能力

（1）考察仓库的容量。

（2）考察仓库的机械化程度和未来的发展。

（3）调查仓库的经营方式。
（4）考察仓库管理的方法和能力，以及员工的素质。
（5）考察仓库所面临的外部条件。
（6）考察仓储安全及消防管理水平。

3. 平衡客户需求与自身储存能力

在了解了未来一段时间内客户的货物储存需求及自身储存能力以后，计划工作就是如何充分利用现有的仓储资源进行客户需求和自身能力之间的综合平衡。这种平衡包括以下3个方面。

1）仓储前后环节能力的平衡

仓储是物流系统中的"停滞"环节，因此应该平衡物流链上前后仓储的数量和能力，如果前后环节的储存能力不平衡，就会造成库存的不足或过剩。所以，仓储企业应该从整体物流的角度平衡系统内各环节之间的仓储能力。

2）仓库与储存需求的平衡

仓库合理化使用就是仓库的储存能力刚好满足客户的储存需求。但是，有些仓库的储存能力常常大于需求，而另一些仓库的储存能力却小于需求。因此，经营者应根据自己仓库的实际情况，有针对性地组织货源。对于一些量大且货源稳定的货种，如果目前的仓库类型和储存能力难以满足，则应考虑租用其他企业的仓库，并在经论证认为合理可行的情况下对现有仓库进行技术改造，使其满足新货种的储存需求。

3）货物储存时间上的平衡

储存需求是随着市场经济的周期性涨落而改变的，这种变化并不与经济涨落同步，而是相对滞后的。由于影响储存需求变化的因素很多，准确地估计储存需求的变化规律具有很大挑战。但是，经营者通过长期工作积累的经验，同时观察货物供需市场的变化，就能掌握储存需求的变化趋势，从而估计它的变化规律。

经营者在掌握储存需求变化后，应在仓储计划中较长时段的仓储安排上做到时间的平衡，在时间不变的情况下，及时调整原来的存货分区方法，以满足当前货种的储存需要。

想一想，议一议

如何确定仓容定额？

3. 工作进度计划

工作进度计划是具体执行计划，是现代仓储中用以指导和组织日常经营活动的计划。现代仓储各方面的经营活动都要制订工作进度计划，以便将年度计划的各个组成部分进一步具体化，如月度运输计划、月度储存计划、购销合同计划和流通加工产出进度计划等。

（二）仓储经营计划指标体系

仓储经营计划指标体系，表达计划内容的各种指标，从不同角度规定现代仓储计划期的任务，各种指标之间主次配合、互相补充，形成计划指标体系。现代仓储经营计划指标体系主要有4个基本组成部分。

1. 规定工作量的基本指标

工作量的基本指标主要有货物销售量（额）、货物购进量（额）、货物储备量（额）、货物调入（出）和货物运输量，并规定劳动力的使用与补偿的指标，如职工人数、劳动效率、工资总额等。

2. 规定资源利用程度的指标

资源利用程度的指标主要包括仓储面积利用率、仓容利用率、机械设备完好率和机械设备利用率等。

3. 规定企业经营成果的基本指标

企业经营成果的基本指标主要包括资金占用额、资金周转天数、资金周转次数和利润率等。

4. 规定企业服务水平的基本指标

企业服务水平的基本指标主要包括客户满意程度、缺货率、准时交货率、货损货差赔偿费率等。

二、仓储经营计划的编制依据

现代仓储经营计划是现代仓储经营活动的总体安排，因此，现代仓储经营计划要在国家实行的调控政策、市场调研、预测的基础上，结合企业的实际情况，如经营条件和经营能力，综合平衡来制订现代仓储经营计划。其主要编制依据有以下几个。

1. 市场供需变化情况

在市场经济条件下，物流市场调查结果是编制计划的主要依据。制订现代仓储经营计划需要了解市场发展的规律，合理预测市场对商品消费需要的变化，根据消费的需要及生产厂商的供给，及时地、保质保量地提供适应的商品和服务。现代仓储企业只有通过经营活动的不断创新、不断满足和引导市场需要，才能在市场竞争中占据优势地位。

2. 客户提出的货物存储申报计划及服务需求

现代仓储企业可以通过有效的促销活动与客户签订货物储存合同、协议或意向书，在这些文件中将给出拟储存货物的名称、数量、储存要求、储存时间，甚至货物的包装形式和货物的特性等，形成货物储存申报计划。除了保管等基本功能，现代仓储企业还向各类客户提供多种增值服务项目，如加工、包装、配送等，甚至接受整个物流委托，与客户签订增值服务及综合物流服务协议，作为现代仓储经营计划的基本依据。

3. 现代仓储经营条件和经营能力

现代仓储经营活动的实现有赖于经营条件和经营能力。由于储存的商品种类（如食品仓储、电器仓储、医药仓储、图书仓储等）不同，企业的经营范围、条件等差别很大。一个企业满足所有商品物流需要是不可能的，也是没有必要的。现代仓储企业根据所经营商品的特性，配备一定规模的物流设施和设备，结合交通、地域等环境条件，构成其经营条件和经营能力。

编制现代仓储经营计划必须充分考虑经营条件的许可及经营能力的限制。当然，随着市场需求的不断扩大，现代仓储企业可从硬件和软件两个方面投入，改善经营条件，增强经营能力，为社会提供更便捷的物流服务。

知识拓展

确定仓库储存能力和货位存储量的方法

一、仓库储存能力的确定

根据仓储企业所确定的库房或货场的储存面积和仓容定额，就能确定该企业的仓库储存能力，其计算公式为

$$Q = \sum_{i=1}^{n} q_i \times S_i$$

式中，Q——储存能力；

q_i——库房或货场的仓容定额；

S_i——库房或货场的储存面积；

n——库房或货场的总数；

i——序号。

二、货位储存量的确定

1. 确定单位仓容定额 P

这包括确定 $P_库$ 和 $P_货$ 中的较小数值。

（1）库场单位面积技术定额 $P_库$ 是指库场地面设计和建造所达到的强度，用 t/m^2 表示，一般为 $2.5 \sim 3.0 t/m^2$，加强型地面为 $5 \sim 10 t/m^2$。

（2）货物单位面积堆存定额 $P_货$ 是指根据货物本身的包装及其本身的强度所确定的堆高限定。

2. 货位存货数量计算

货位存货数量的计算公式为

$$Q = P \times S$$

式中，Q——货位存放数量；

P——库房或货场单位面积技术定额；

S——仓库货位占地面积。

三、仓储经营计划的制订程序

多种经营的现代仓储企业里一般有 3 个管理层次，即总部、事业部与职能部门，因而产生 3 种层次计划：仓储总体战略计划、经营计划及职能计划。为了使这 3 种计划相互衔接、密切配合，企业需要根据一定的程序来制订实施计划。

（一）计划的第一个步骤

计划过程的第一个步骤主要有两项内容：一是在仓储总部管理人员与事业部管理人员之间达成一个临时协议；二是为第二个步骤的详细计划提出重点。具体过程如下。

1. 建立仓储总体目标

在计划的最初阶段，仓储企业总部经理与事业部经理之间要进行初步对话，共同探讨仓储总体目标。在探讨过程中，各事业部对总体目标所涉及的范围与程度会有不同的看法。在对话的基础上，首先，总部为各事业部的战略实施计划规定一个方向；然后，各事业部根据自己的战略来制订计划；最后，总部在均衡配置各项资源的基础上阐明仓储总体目标。

在制订计划的过程中，企业的总体战略主要取决于该仓储企业的多种经营程度。一般来讲，企业的多种经营程度越高，总部为各事业部提出一个明确的具有凝聚力的战略的可能性越小。只有在各事业部形成自己的战略方案以后，总部才能阐明仓储的总体战略。

2. 制定事业部的战略方案

在仓储总体目标确定以后，总部经理应要求各事业部经理制定出本事业部的战略方案，详细说明各自事业部所确定的经营活动范围和目标，提出经营战略与下一年度的临时目标。在计划过程中，这一步骤相当重要。一个清楚的战略方案可以使各事业部更加明确自己的经营范围，减少各事业部之间相互竞争的风险。

在制定战略方案以后，事业部经理要向总部高层管理者提交自己的经营目标及贯彻实施的计划，由总部来平衡。总部的决策由仓储的情况决定，如有的根据资源的分配做出最后的决策，有的则是将总部通过的事业部的战略方案反馈给各事业部，由事业部执行。

（二）计划的第二个步骤

计划过程的第二个步骤包含两项内容：一是各事业部经理要与其职能部门经理达成有关在今后几年里要贯彻实施的行动计划的临时协议；二是在长期计划中，职能部门经理的任务取决于该事业部的经营重点。

在此期间，事业部经理一般只与职能部门经理达成一个临时协议，不可能明确地指出销售目标或利润目标。一方面是因为过细的计划会约束部门经理的行为，使其失去创造性地实现事业部目标的机会，另一方面是因为只有在总部同意了事业部的计划并给予相应的资源以后，事业部的目标才能最后确定下来。

由于临时协议的约束，职能部门经理的计划过程只能是一个简单的过程，不过，计划要详尽，要保证总体战略的具体实施。当然，职能部门计划项目的范围、数量和时间都取决于目标的性质。

（三）计划的第三个步骤

在第三个步骤中，事业部的工作重点是与总部再次协商，最后决定资源的分配，进行详细的资金预算。在这一过程中双方应该把握以下几点。

1. 资源分配的非正式性

资源分配一般都是非正式的过程，在很大程度上取决于总部高层管理者的经济思维与企业当前的经营重点。如果总部与事业部之间进行了很好的沟通，资源分配与工作计划中一般不存在不衔接的风险。

2. 资源分配的时间性

在事业部的工作计划确定下来以后，总部有权为了满足下一年的经营活动或竞争的需要，将资源分配期限规定在一定的时间内（如一年），以便更灵活地运用现有的资源和潜在的资源。

3. 资源分配的整体性

在资源分配上，总部既要考虑满足每个事业部的需求，也要有一个通盘的安排，确保整体的平衡。

总之，包含多种经营方式的大型现代仓储企业的战略实施计划的制订过程既简单又复杂。从理论上说，这一过程相当简单，但从操作上看，这一过程要比理论上复杂得多。对于现代仓储而言，计算机可以对经营决策和制订经营计划发挥"支持"作用，成为现代经营管理的有效工具。仓储的决策大部分是结构决策，即大部分是例行的和重复性的决策。对于这

些决策，企业可以建立一种规范或模型，应用现代管理方法，为决策提供支持。计算机在制订比较科学的经营计划方面的作用也越来越大。例如，高效率的信息系统给完善的计划提供了保证，完善的计划系统可以对进货时间做出精确的安排，有效的末端物流系统可以保证集货、配送准时，先进的装卸系统可以实现多种形式的火车与汽车之间的直接衔接，计算机网络可以保障各个业务环节的畅通等。因此，现代科学技术可以协助实现这一系统的全面创新。当然，一个完美的战略实施计划还需训练有素的经理运用创造性思维才能圆满完成。

小提示

计算仓库储存能力使用的重量单位

计算仓库储存能力使用的重量单位是"综合吨"。

储存货物可以分为实重货物和轻泡货物，若每 $2m^3$ 体积的某种货物的重量大于或等于 1t，则这种货物为实重货物；若每 $2m^3$ 体积的某种货物的重量小于 1t，则为轻泡货物。

实际上，对于实重货物，一般以其实际重量来计算重量；对于轻泡货物，则以 $2m^3$ 体积折算为 1t 来计算重量，而不管其实际重量多少。综合两种计算方法所计算出的货物重量单位就叫"综合吨"。

同步练习

1. 请简述仓储经营计划的制订过程。
2. 请简述仓储经营计划的指标体系。
3. 某小型仓库的库场单位面积技术定额是 $2.8t/m^2$，仓库货位占地面积为 $200m^2$（20m×10m），计划存放箱装商品 A。A 的尺寸为 50cm×80cm×30cm（宽×长×高），单箱重量为 15kg，堆高极限为 6 层（每箱货物上面最多再堆 5 层，否则放置在底层的货物会被压坏）。请确定该仓库堆存货物 A 时的货位存放数量是多少？

计算题答案 1

引导任务操作提示

第一步，计算 2024 年所有要储存的货物需要的仓库储存面积。

第二步，计算该公司现有的仓库面积及仓库储存能力。

第三步，将 2024 年要储存的货物总量及所需仓库货位面积与现有的仓库货位面积和仓库储存能力进行比较，判断现有的仓储条件能否满足需要，如不能满足，则确定差距多大，以便确定应增建的仓库面积及应增加的仓容能力，并在此基础上制订基建计划。

第四步，将全年储存的货物平均分摊到每个月中去，根据存期计算出每个月需要准备的仓位、仓容及需要调仓的作业量，并在此基础上制订货物储存计划。

第五步，根据引导任务中提供的信息，计算出完成入出库货物作业需要配备多少台作业设备，并制定作业设备的维修保养方案。

第六步，根据引导任务中提供的信息计算出要完成全年货物储存计划需要配备多少员工，并粗略地计算出每天大致需要安排多少人手。

第七步，根据引导任务中提供的信息计算出全年需要支付的仓储费用总额，并按各类货物平均储存量比例计算分摊的仓储费用。相关计算公式为：仓储费用分配率=（仓储费用总额/各类货物平均储存量之和）×100%，某类货物平均储存额（量）=［月初该类货物的储存额（量）+月末该类货物的储存额（量）］+2。

学习情况自评表

班级：　　　　姓名：　　　　学号：　　　　组别：

序号	评价内容	分值/分	实际得分/分
1	全年储存货物所需仓位面积计算正确	10	
2	公司现有的仓库面积及总仓容能力计算正确	10	
3	基建计划合理	5	
4	货物储存计划合理	15	
5	所需作业设备配置合理，维修保养方案合理	5	
6	作业人员安排合理	5	
7	仓储费用计划合理	5	
8	工作计划表填写规范，分工明确	5	
9	能在规定的时间内完成任务	5	
10	合作态度好，服从分工和领导	5	
11	不迟到、不早退、不缺课	5	
12	课堂表现好，积极参加讨论	5	
13	PPT制作精美，汇报展示内容全面、详略得当、语言清晰	10	
14	撰写的学习报告内容正确、完整，有自己的心得体会	10	
	合　　计	100	

Mission 任务 2　仓储经营方法

知识要点

◆ 保管仓储经营方法
◆ 混藏仓储经营方法
◆ 消费仓储经营方法
◆ 仓库租赁经营方法
◆ 流通加工经营方法
◆ 融通仓、保税仓库、海外仓经营方法

能力培养

学生能够运用本任务所介绍的知识和方法，根据仓储企业的实际情况，有针对性地选择和运用合适的仓储经营方法。

任务背景

上海一家机械设备公司的配件全年销售额为 15.76 亿元,年实物配送费用是 2.43 亿元,约为销售额的 15.42%,产生如此之高的费用主要由于该公司坚持高质量的服务标准所致。该公司在全国主要市场都设有仓库,共 691 个之多。公司高层认为配送费用开支过大,服务标准不必保持如此之高。他们请来知名专家共同研究,确认撤销 405 个仓库,可以使配送费用降至最低,每年可节约 2300 多万元,但由于减少了仓库,客户不能及时就近迅速收到货物,经过计算机模拟得出该公司将失掉现今销售额的 18%。

决策分析:

(1) 该公司可以采纳的仓储经营方法有哪些?

(2) 该公司可否开展仓储多种经营?若能开展,那么应该如何开展?

任务分析

仓储企业经营管理的目的是使企业的仓储资源得以充分利用,在仓储服务商品交易中获得最大收益和最小的成本投入,实现经营利润的最大化。

随着各企业购、销、存经营活动连续不断地进行,商品的储存数量和仓储结构也在不断变化,为了保证商品的仓储趋向合理化,必须采用一些科学的方法,对商品的仓储及仓储经营进行有效的动态控制。如何确定科学的、先进的、有效的仓储经营方法,使仓储资源得以充分利用是仓储企业搞好经营管理的关键。

现代仓储经营方法主要包括保管仓储经营、混藏仓储经营、消费仓储经营、仓库租赁经营、流通加工经营,以及创新式仓储经营等。

任务实施

一、保管仓储经营

1. 保管仓储的经营方法

保管仓储是指存货人将储存货物交付给仓库经营人储存,并支付仓储保管费的一种仓储经营方法。

在保管仓储经营中,仓库经营人一方面要尽可能多地吸引仓储货物,获得大量的仓储委托,实现仓储保管费收入的最大化;另一方面还要在仓储保管中尽量降低保管成本,以获取经营成果。仓储保管费取决于存货数量、存货时间及仓储费率。其计算公式为

$$C = Q \times T \times K$$

式中,C——仓储保管费;

Q——存货数量;

T——存货时间;

K——仓储费率。

仓储总收入可按下式计算:

$$仓储总收入 = 总库容量 \times 仓容利用率 \times 平均费率$$

2. 保管仓储的经营特点

（1）保管仓储的目的在于保持保管货物的原状。存货人将储存货物交付给仓库经营人，其主要目的在于保管，储存货物的所有权不会因交付给仓库经营人而转移，因此，仓储企业必须提供必要的保管条件保持储存货物的原状，而不能对储存货物进行其他处理。

（2）储存货物一般都是数量大、体积大、质量高的货物。

（3）保管仓储活动是有偿的保管活动。

（4）保管仓储经营的整个过程均由保管员进行操作，仓库经营人的投入较多。

（5）原物归还。

3. 保管仓储的经营管理

若要使储存货物质量保持完好，则需要加强仓储管理工作。首先要加强仓储技术的科学研究，根据货物的性能和特点提供适宜的保管环境和保管条件，保证储存货物的数量正确，质量完好；其次要不断提高仓储员工的业务水平，培养出一支训练有素的员工队伍，在养护、保管工作中发挥其应有的作用；最后要建立健全仓储管理制度，加强市场调查和预测，搞好客户关系，组织好货物的收、发、保管保养工作，掌握库存动态，保证仓储经营活动的正常运行。

小提示

仓储企业开展保管仓储业务应做好的几项工作

1. 制定仓储规划

在现有各类仓储设施条件下，仓储企业根据仓储任务对不同种类的货物的储存作业进行全面规划，如保管场所的选择、布置、保管方式与保管过程等。

2. 提供适宜的保管场所

仓储企业要为不同种类的货物创造不同的保管环境与保管条件，并防止各种有害因素的影响，如仓库温湿度控制、金属制品防锈等。

3. 提供储存货物信息

仓储企业在负责货物保管的同时，还应承担起各类信息管理的任务，包括料账、料卡、各种单据报表等的填写、整理、使用、分析等。

4. 进行广泛的市场宣传与开发

仓储企业通过宣传塑造企业的良好形象，使企业能为更多的客户所接受，从而促进仓储业务量的提升与稳定。

二、混藏仓储经营

1. 混藏仓储的经营方法

混藏仓储是指存货人将一定品质、数量的储存货物交付给仓库经营人储存，在保管期限届满时，仓库经营人只需以相同种类、相同品质、相同数量的替代物返还的一种仓储经营方法。

混藏仓储主要适用于农业、建筑业、粮食加工等行业中对品质无差别、可以准确计量的商品。在混藏仓储经营中，仓库经营人应寻求尽可能控制品种的数量和大批量混藏的经营模式，从而发挥混藏仓储的优势。混藏仓储经营方法的收入主要来源于仓储保管费，存量越多、存期越长，收益越大。

2. 混藏仓储的经营特点

（1）混藏仓储的对象是种类物。

（2）混藏仓储的保管物并不随交付而转移所有权。

（3）混藏仓储是一种特殊的仓储方式。

（4）混藏仓储是成本最低的仓储方式。当存货人基于货物的价值保管目的而免去保管人对原物的返还义务时，仓库经营人既减轻了义务负担，又扩大了保管物的范围。混藏仓储是在保管仓储经营的基础上发展而来的，为了降低仓储成本，通过混藏的方式，使仓储设备投入最少、仓储空间利用率最高，从而使仓储成本最低。

（5）种类物混藏的方式便于统一仓储作业、统一养护、统一账务处理等管理。这样将所有同种类、同品质的保管物混合保管，在保管方式上失去各保管物特定化要求，种类物成为保管合同中的保管物。各存货人对混合保管物交付保管时的份额享有所有权。这种种类物混藏的方式给各种作业、养护及账务工作带来了管理上的便利。

三、消费仓储经营

1. 消费仓储的经营方法

消费仓储是指存货人不仅将一定数量、品质的储存货物交付给仓库经营人储存，而且双方约定，将储存货物的所有权也转移到仓库经营人处，在合同期届满时，仓库经营人以相同种类、相同品质、相同数量替代物返还的一种仓储经营方法。

消费仓储经营有两种主要模式：其一，仓库经营人直接使用储存货物进行生产、加工；其二，仓库经营人在储存货物的价格升高时将储存货物销售，在价格降低时购回。消费仓库经营人的收益主要来自对储存货物的消费收入，当消费收入大于返还时的购买价格时，仓库经营人便获得了经营利润。反之，当消费收入小于返还时的购买价格时，仓库经营人就不会对储存货物进行消费，而是原物返还。在消费仓储中，仓储费收入是次要收入，有时甚至采取零仓储费结算方式。消费仓储的开展使仓储财产的价值得以充分利用，提高了社会资源的利用率。消费仓储可以在任何储存货物中开展，但对于仓库经营人的经营水平有极高的要求，现今在期货仓储中广泛开展。

想一想，议一议

消费仓储经营方式与其他仓储经营方式相比较，仓库经营人的收益有何不同？

2. 消费仓储的经营特点

消费仓储最为显著的经营特点是仓库经营人在接收储存货物时便取得了储存货物的所有权。在储存过程中，仓库经营人可以自由处理储存货物，返还时只需以相同种类、相同品质、相同数量的替代物返还。因此，消费仓储就是仓库经营人利用储存货物停滞在仓库期间的价值进行经营，追求利用仓储财产经营的收益。

具体来讲，消费仓储的经营特点有以下几个方面。

（1）消费仓储是一种特殊的仓储形式，具有与保管仓储相同的基本性质。

（2）以种类物作为保管对象，兼有混藏仓储的经营特点，原物虽然可以被消耗使用，但其价值得以保存。保管期间所有权被转移给保管人，为仓储经营提供了发挥的空间。

（3）消费仓储以物的价值保管为目的，仓库经营人要以种类、品质、数量相同的货物进行返还。

四、仓库租赁经营

（一）仓库租赁的经营方法

仓库租赁经营是通过出租仓库、场地、仓库设备，由存货人自行保管货物的仓库经营方式。在进行仓库租赁经营时，最主要的一项工作是签订一个仓库租赁合同，在合同条款的约束下进行租赁经营，取得经营收入。仓库租赁经营既可以采用整体性出租的方式，也可以采用部分出租、货位出租等分散出租方式。目前，采用较多的是部分出租和货位出租方式。

（二）仓库采取租赁经营的原因

（1）储存货物的品种多且具有高度的专业性要求。
（2）自营成本高。
（3）客户有租赁需要。
（4）物流社会化发展程度高。

（三）仓库租赁的经营特点

1. 承租人具有特殊商品的保管能力和服务水平

采取仓库租赁经营方式的前提条件是出租的收益所得高于自身经营收益所得。一般以下式计算为依据：

$$租金收入 > 仓储保管费 - 保管成本 - 服务成本$$

2. 以合同的方式确定租赁双方的权利和义务

出租人的权利是对出租的仓库及设备拥有所有权，并按合同收取租金，同时必须承认承租人对租用仓库及仓库设备的使用权，并保证仓库及仓库设备的完好性能。承租人的权利是对租用的仓库及仓库设备享有使用权（不是所有权），并有维护仓库和设备及按约定支付租金的义务。

3. 分散出租方式会增加管理工作量

若采用部分出租、货位出租等分散出租方式，出租人需要承担更多的仓库管理工作，如环境管理、保安管理等。但采用整体性出租的方式，出租人虽然减少了管理工作量，但同时也放弃了所有自主经营权，不利于仓储业务的开拓和对经营活动的控制。

（四）箱柜委托租赁保管业务

箱柜委托租赁保管业务是仓库经营人以一般城市居民和企业为服务对象，向他们出租体积较小的箱柜来保管非交易物品的一种仓储业务。对一般居民，仓库拥有者以家庭中的贵重物品（如金银首饰、高级衣料、高级皮毛制品、古董、艺术品等）为对象，提供保管服务；对企业，仓库拥有者以法律或规章制度等规定必须保存一定时间的文书资料、磁带记录资料等物品为对象，提供保管服务。箱柜委托租赁保管业务强调安全性和保密性，它为居住面积较小的城市居民和办公面积较小的企业提供了一种便利的保管服务。箱柜委托租赁保管业务是一种城市型的仓库保管业务。许多从事箱柜委托租赁保管业务的仓库经营人专门向企业提供这种业务，他们根据保管物品的特点建立专门的仓库。这种仓库一般有三个特点：一是注重保管物品的保密性，因为保管的企业资料中有许多涉及企业的商业秘密，所以仓库有责任保护企业秘密，防止被保管企业的资料流失到社会上去；二是注重保管物品的安全性，防止发生保管物品损坏或变质，因为企业的这些资料（如账目发票、交易合同、会议记录、产品设计资料、个人档案等）需要保管比较长的时间，在长时间的保管过程中必须防止发生保管物品损坏、变质的情况；三是注重快速服务反应，当企业需要调用或查询保管资料时，仓库经营人能迅速、准确地调出所要资料，并及时送达企业。箱柜委托租赁保管业务作为一种城市型的保管业务具有较大的发展潜力。

五、流通加工经营

（一）流通加工经营的概念

流通加工是指物品从生产地到使用地的过程中，根据需要施加包装、分割、裁剪、计量、分拣、刷标志、拴标签、组装等简单作业的总称。其目的是促进销售、维护物品质量和提高物流效率，通过对物品进行加工，使物品发生变化。

（二）流通加工经营的地位及作用

1. 流通加工在物流中的地位

1）流通加工有效地完善了流通

流通加工在实现时间、场所两个重要效用方面，确实不能与运输和储存相比，因而，流通加工不能被看作物流的主要功能因素。流通加工的普遍性也不能与运输、储存相比，流通加工不是所有物流中必然出现的。但这绝不是说流通加工不重要，实际上它是不可被轻视的，它是起着补充、完善、提高增强作用的功能因素，能起到运输、储存等其他功能因素无法起到的作用。所以，流通加工可以被描述为提高物流水平，促进流通向现代化发展的不可少的形态。

2）流通加工是物流中的重要利润源

流通加工是一种低投入、高产出的加工方式，往往以简单加工解决大问题。实践证明，有的流通加工通过改变装潢使商品档次跃升而充分实现其价值，有的流通加工将商品利用率提高20%～50%，这是采取一般方法提高生产率所难以企及的。根据我国近些年的实践，流通加工单就向流通企业提供利润一点，其成效并不亚于从运输和储存中挖掘的利润，是物流中的重要利润源。

3）流通加工在国民经济中也是重要的加工形式

在整个国民经济的组织和运行方面，流通加工是其中一种重要的加工形态，对推动国民经济的发展和完善国民经济的产业结构和生产分工有一定的意义。

2. 流通加工经营的作用

1）提高原材料的利用率

利用流通加工环节进行集中下料，是将生产厂家直运来的简单规格的产品按用户的要求进行下料。例如，将钢板进行剪板、切裁，将钢筋或圆钢裁制成毛坯，将木材加工成各种长度及大小的板/方材等。集中下料可以优材优用、小材大用、合理套裁，有很好的技术经济效果。

2）进行初级加工，方便用户

用量小或出于临时需要的用户缺乏进行高效率初级加工的能力，依靠流通加工可使用户省去进行初级加工的资金、设备及人力投入，从而搞活供应，方便用户。

目前发展较快的初级加工有将水泥加工成生混凝土，将原木或板/方材加工成门窗，冷拉钢筋及冲制异型零件，钢板预处理、整形、打孔等。

3）提高加工效率及设备利用率

企业在建立集中加工点后可以采用效率高、技术先进、加工量大的专门机具和设备，从而提高加工效率及设备利用率。

六、仓储经营的新形式

随着供应链金融、电商物流、信息技术等的发展，仓储经营的新形式越来越多，主要有融通仓、保税仓库、海外仓等。

（一）融通仓

1. 融通仓的含义与目的

"融"指金融，"通"指货物的流通，"仓"指物流的仓储。融通仓是融、通、仓三者的集成、统一管理和综合协调。所以融通仓是一种对物流、信息流和资金流综合管理的创新。其内容包括物流服务、金融服务、中介服务和风险管理服务，以及这些服务间的组合与互动。融通仓是一种物流和金融的集成式创新服务。融通仓的目的是用资金流盘活物流，或者用物流拉动资金流，其核心思想是在各种流的整合与互补互动关系中寻找机会和时机；其目的是提升服务质量，提高经营效率，减少运营资本，拓展服务内容，减少风险，优化资源利用，协调多方行为，提升供应链整体绩效，增加整个供应链的竞争力等。

2. 融通仓的运作模式

融通仓作为一个综合性的第三方物流服务平台，它不仅为银企间的合作构架新桥梁，也将仓储业务更好地融入企业供应链中，成为中小企业重要的第三方物流服务提供者。融通仓业务主要有仓单质押、保兑仓等运作模式。

1）仓单质押模式A（质押担保融资）

在仓单质押业务中，生产经营企业采购的原材料或待销售的产成品进入第三方物流企业设立的融通仓，同时向银行提出贷款申请；第三方物流企业负责进行货物验收、价值评估及监管，并据此向银行出具证明文件；银行根据贷款申请和价值评估报告酌情向生产经营企业发放贷款；生产经营企业照常销售其融通仓内的产品；第三方物流企业在确保生产经营企业销售产品的收款账户为生产经营企业在协作银行开设的特殊账户的情况下予以发货；收货方将货款打入生产经营企业在银行开设的特殊账户；银行从生产经营企业的账户中扣除相应资金以偿还贷款。如果生产经营企业不偿还或不能偿还贷款债务，银行有权从质押物中优先受偿。在实践中，还存在一种延伸模式，即在一般仓单质押运作基础上，第三方物流企业根据生产经营企业不同，整合社会仓库资源甚至生产经营企业自身的仓库，就近进行质押监管，极大地降低了生产经营企业的质押成本。

2）仓单质押模式B（信用担保融资）

银行根据第三方物流企业的规模、经营业绩、运营现状、资产负债比例及信用程度，授予第三方物流企业一定的信贷配额，第三方物流企业又根据与其长期合作的中小企业的信用状况配置信贷配额，为生产经营企业提供信用担保，并将受保企业滞留在其融通仓内的货物作为质押物或反担保物，确保其信用担保的安全。生产经营企业在质押物储存期间需要不断进行补库和出库，企业出具的入库单或出库单只需要经过融通仓的确认，中间省去了银行确认、通知、协调和处理等许多环节，缩短了补库和出库操作的周期，在保证银行信贷安全的前提下，提高生产经营企业产销供应链运作效率，同时也可给信用状况较好的企业提供更多、更便利的信用服务，第三方物流企业自身的信用担保安全也可得到保障。

该模式有利于生产经营企业更加便捷地获得融资，减少原先质押贷款中一些烦琐的环节；也有利于银行提高对质押贷款全过程的监控能力，更加灵活地开展质押贷款服务，优化其质押贷款的业务流程和工作环节，降低贷款的风险。

3）保兑仓模式（买方信贷）

在保兑仓模式中，制造商、经销商、第三方物流企业、银行四方签署保兑仓业务合作协议书。经销商根据与制造商签订的购销合同向银行交纳一定的保证金（该款项应不少于经销商计划向制造商此次提货的价款），申请开立银行承兑汇票，专项用于向制造商支付货款，由第三方物流企业提供承兑担保，经销商以货物对第三方物流企业进行反担保。第三方物流企业根据掌控货物的销售情况和库存情况按比例决定承保金额，并收取监管费用。银行开出承兑汇票后，制造商向保兑仓交货，此时转为仓单质押。在这一过程中，制造商承担回购义务。

第三方物流企业应当在实际操作中注意以下事项。物流企业作为承保人，要了解经销商的基本情况，也要对商品的完整和承保比例进行核准。具体的业务操作步骤如下。①要对经销商的资信进行核查，了解经销商的背景情况，经销网点分布、销量基本情况，市场预测及销售分析，财务状况及偿债能力，借款用途及还款资金来源，反担保情况，与银行往来及负债情况，综合分析风险程度，其他需要说明的情况，调查结论。②为保证物流企业自身的利益，经销商需要进行反担保，反担保方式为抵押或质押，应提供的材料包括抵押物、质押物清单；抵押物、质押物权力凭证；抵押物、质押物的评估资料；保险单；抵押物、质押物为共有的，提供全体共有人同意的声明；抵押物、质押物为海关监管的，提供海关同意抵押或质押的证明；抵押人、质押人为国有企业的，提供主管部门及国有资产管理部门同意抵押或质押的证明；董事会同意抵押、质押的决议；其他相关材料。

由此可见，融通仓与银行不断巩固和加强合作关系，依托融通仓设立中小企业信用担保体系，以便于银行、融通仓和企业更加灵活地开展质押贷款业务，充分发挥融通仓对中小企业信用的整合和再造功能，可帮助中小企业更好地解决融资问题。银行拓宽了服务对象范围，扩大了信贷规模，也给第三方物流企业带来新的利润增长点，带来了更多、更稳定的客户。成功的融通仓运作能取得银行、生产经营企业、第三方物流企业三赢的良好结果。

（二）保税仓库

保税仓库是指由海关批准设立的专门存放保税货物及其他未办结海关手续货物的仓库。储存于保税仓库内的进口货物经批准可在仓库内进行改装、分级、抽样、混合和再加工等，这些货物若再出口则免缴关税，若进入国内市场则须缴纳关税。各国对保税仓库货物的堆存期限均有明确规定。设立保税仓库除为贸易商提供便利外，还可促进转口贸易。

保税仓库是一个存放未缴关税货物的仓库，就如境外仓库一样。货物存放在保税仓库可以节省一大笔租金，尤其是储存时间较长时，这项优势更加明显。保税仓库的仓租较便宜，而且可在申报时直接从保税仓库运走报关。保税仓库，顾名思义，重在"保税"，税费一般由进口商预缴，等商品出售时再转嫁给消费者，商品入关后存放在进口商仓库或各零售店。

1. 保税仓库的分类

保税仓库按照使用对象不同分为公用型保税仓库、自用型保税仓库、专用型保税仓库。
1）公用型保税仓库

公用型保税仓库由主营仓储业务的独立企业法人经营，专门向社会提供保税仓储服务。
2）自用型保税仓库

自用型保税仓库由特定的独立企业法人经营，仅存储供本企业自用的保税货物。
3）专用型保税仓库

专用型保税仓库是保税仓库中专门用来存储具有特定用途或特殊种类商品的仓库。专用型保税仓库包括液体危险品保税仓库、备料保税仓库、寄售维修保税仓库和其他专用型保税仓库。

（1）液体危险品保税仓库，是指符合国家关于危险化学品仓储规定的，专门提供石油、成品油或其他散装液体危险化学品保税仓储服务的保税仓库。

（2）备料保税仓库，是指加工贸易企业为加工复出口产品储存所进口的原材料、设备及其零部件的保税仓库，所存保税货物仅限于供应本企业。

（3）寄售维修保税仓库，是指专门储存为维修外国产品进口的寄售零配件的保税仓库。

2. 保税仓库的优势

使用保税仓库主要有两个方面的优势。

（1）成本低。现金流是每个商家的生命线，通常进口商的进口商品量都比较大，那么每件商品的税费乘以总数都是一个不小的数字。10%～30%的进口关税暂缓征收，就意味着成本降低，售价也就可以相应下调，用户就可以买到更便宜的商品。

（2）发货、退货速度快。提前把货物备在国内保税仓库，可以帮用户省去等待商品从国外到国内的这段时间。如果用户发现货物有问题，那么退货退到保税仓库的时间同样较短。

（三）海外仓

海外仓是指建立在海外的仓储服务设施。在跨境电商中，国内企业先将商品通过大宗运输的形式运往目标市场国家，在当地建立仓库储存商品，然后根据当地的销售订单在第一时间做出响应，直接从当地仓库进行分拣、包装和配送，这是海外仓给跨境电商带来的物流价值。

到2023年年底，国家批复的全国跨境电子商务综合试验区共165个城市（区域），跨境电商的发展空间被持续放大，跨境仓储物流的需求也在不断攀升。在物流为王的跨境电商时代，优质、高效的仓储物流服务商已经成为电商企业打开市场、提高用户体验度的重

要条件。在各式各样的物流解决方案中，海外仓服务是跨境物流模式的重要选项。

海外仓不仅仅是在国外设置的仓库，也是仓库所有者在国外实施货物仓储和物流服务的场所。海外仓的出现不仅解决了不同关境物流时效问题，而且极大地提高了货物的处理效率。海外仓作为国际运输的重要节点和国内运输或配送的起点，随着国际贸易进程的深入，其功能已经在原有功能的基础上得到不断丰富，主要体现在代收货款、拆包拼装、保税、运输资源整合等方面。

（1）代收货款功能。跨境交易存在较大的风险，为降低交易风险和解决资金结算不便、不及时的难题，在合同规定的时限和佣金费率下，海外仓在收到货物的同时可以提供代收货款增值服务。

（2）拆包拼装功能。对一般国际 B2C 跨境电商模式而言，其订单数量相对较小、订单金额相对较低，频率较高，具有长距离、小批量、多批次的特点，为实现运输规模经济效应，可对零担货物实行整箱拼装运输。当货物到达海外仓之后，仓库将整箱货物进行拆箱，同时根据订单要求，为地域环境集中的用户提供拼装业务，进行整车运输或配送。

（3）保税功能。当海外仓经海关批准成为保税仓库时，其功能和用途范围更为广泛，可有效简化海关通关流程和相关手续。同时，在保税仓库可以进行转口贸易，以海外仓所在地为第三国，连接卖方国家和买方国家，这种方式能够有效避开贸易制裁。海外仓还可提供简单加工、刷唛等相应增值服务，能有效丰富仓库功能，提升竞争力。

（4）运输资源整合功能。在海外，一般难以实现规模运输的商品通过海外仓服务一方面可以实现集中运输，有效减少运输成本；另一方面在海外通过共同配送，可以更好地搭建逆向物流的运输平台，提高逆向物流的集货能力，降低成本。因为一旦逆向物流产生阻滞，企业将面临高额的返程费用和关税征收，而海外仓的建立可以在提高逆向物流速度的同时，提高用户满意度，提升用户价值。

想一想，议一议

基于海外仓的功能，谈谈海外仓的设立对电商平台有什么好处。

知识链接

仓储经营的具体目标

仓储经营的具体目标是实现仓储经营活动的"多储存、多经营、快进、快出、保管好、费用省"。

1. 多储存

多储存是指在库容合理规划的基础上，最大限度地利用有效的储存空间提高单位面积的储存量和面积利用率。

2. 多经营

多经营是指仓储企业采用多种经营方式提高企业的收益，如商品交易中介、运输中介、配送与配载等。

3. 快进

快进是指货物被运抵港口、车站或仓库专用线时及时进行接运、验收和入库作业活动。

4. 快出

快出是指货物出库时以最快的速度完成备料、复核、出库和交货清理作业活动。

5. 保管好

保管好是指按照货物性质要求和储存条件，合理安排储存场所，采取科学的保管方法，使其在保管期内质量完好、数量准确。

6. 费用省

费用省是指在货物输入、输出及保管的整个过程中，都要努力节省人力、物力和财力消耗，以最低的仓储成本取得最好的经济效益。

同步练习

计算题

某仓库保管 A 货物，存货数量为 1500 箱，存期为 3 个月，费率为每箱 0.1 元/每月。请问这笔货物的保管费总计多少？

思考题

1. 什么是融通仓？融通仓在经营中的主要风险是什么？
2. 什么是海外仓？海外仓有什么优势？

计算题答案 2

引导任务操作提示

（1）根据任务中提供的相关信息，在保管仓储、混藏仓储、消费仓储、仓库租赁、流通加工等仓储经营方法中选择适合该公司的仓储经营方法。

（2）根据该公司的现状，判断该公司是否可以采用多种经营方法，如果可以，就可从书中的仓储增值服务项目中选择适合该公司的多种经营方法。

学习情况自评表

班级：　　　　姓名：　　　　学号：　　　　组别：

序　号	评 价 内 容	分值/分	实际得分/分
1	确定的仓储经营方法符合该公司的实际情况，理由充分、合理	30	
2	确定的多种经营方法正确，实施方案具体、明确，可操作性强	30	
3	工作计划表填写规范，分工明确	5	
4	能在规定的时间内完成任务	5	
5	合作态度好，服从分工和领导	5	
6	不迟到、不早退、不缺课	5	
7	课堂表现好，积极参加讨论	5	
8	PPT 制作精美，汇报展示内容全面、详略得当、语言清晰	5	
9	撰写的学习报告内容正确、完整，有自己的心得体会	10	
	合　　　计	100	

Mission 任务 3 仓储合同

知识要点

- ◆ 仓储合同的形式与格式
- ◆ 仓储合同的主要条款
- ◆ 仓储合同当事人的义务
- ◆ 仓储合同的签订技巧

能力培养

学生能够运用本任务所介绍的知识和方法，根据不同的情况签订合适、有效的仓储合同。

任务背景

上海 K 贸易公司于 2023 年 6 月 28 日向上海 WY 仓储有限公司发去电子邮件，打算将表 6-2 所示的货物储存在上海 WY 仓储有限公司，存期为 2023 年 7 月 10 日—2023 年 9 月 10 日，共 2 个月。经协商，仓储费为 550 元/天，货物损耗标准约定为 0.1%，仓储费提货时结清。请以保管人的名义和存货人签订仓储合同（违约责任及违约金等信息由学生自己设定，但须符合法律规定；验收项目及验收方法、存货人应提供的单证等由学生根据货物性质确定，但须符合实际情况）。

建议以小组合作的方式完成。

表 6-2 上海 K 贸易公司储存货物一览表

序 号	品 名	规格/型号	包 装	数 量
1	洗衣粉	500g/袋	20 袋/箱；体积：47cm×58cm×36cm	500 箱
2	可乐	2.5L/瓶	8 瓶/箱；体积：65cm×55cm×48cm	200 箱
3	洗洁精	500g/瓶	30 瓶/箱；体积：52cm×40cm×30cm	300 箱
4	葡萄酒	750g/瓶	10 瓶/箱；体积：54cm×45cm×35cm	650 箱
5	香皂	125g/盒	60 盒/箱；体积：50cm×41cm×35cm	100 箱
6	洗发露	400mL/瓶	40 瓶/箱；体积：65cm×48cm×42cm	80 箱

续表

序号	品名	规格/型号	包装	数量
7	电压力锅	YBD40/50/60-JW4 4L/台	1台/箱；体积：65cm×50cm×36cm	120箱
8	一次性纸杯	SQ-B023	60个/包，30包/箱；体积：110cm×60cm×45cm	200箱
9	木筷	21cm；6双/盒	30盒/箱；体积：44cm×30cm×45cm	50箱
10	婴儿爽身粉	200g/盒	40盒/箱；体积：40cm×30cm×25cm	100箱

任务分析

仓储合同又称仓储保管合同，是指保管人储存存货人交付的仓储物，存货人支付仓储费的合同。提供仓储保管服务的一方为仓储保管人，简称保管人，将仓储物交由保管人保管的一方为存货人。被保管的货物被称为仓储物，保管人因保管获得的报酬是仓储费。

任务实施

一、仓储合同的形式与格式

（一）仓储合同的形式

据《民法典》合同编的相关规定，合同可以采用书面形式、口头形式或其他形式。电报、电传、传真、电子数据交换、电子邮件可以作为书面形式，因而仓储合同可以采用书面形式、口头形式或其他形式。

由于仓储的货量较大、存期较长，可能进行配送、加工等作业，还会涉及作为仓单持有人的第三人，因此仓储合同使用完整的书面合同较为合适。完整的书面合同有利于合同的保存、履行和发生争议时的处理。

合同的其他形式包括通过行为订立的合同、签发的格式合同等。在订立合同之前，存货人将货物交给保管人，保管人接收货物，则表明事实上合同已成立。在周转极为频繁的公共仓储中，保管人可以采用预先已设定好条件的格式合同。在格式合同中，存货人只有签署或不签署合同的权利，而没有商定格式合同条款的权利。

（二）仓储合同的格式

仓储合同分为单次仓储合同、长期仓储合同、仓库租赁合同、综合仓储合同等。仓储合同是不要式合同，当事人可以协商采用任何合同格式。

1. 合同书

合同书是仓储合同的最常用格式，由合同名称、合同编号、合同条款、当事人签署四个部分构成。合同书具有形式完整、内容全面、程序完备的特性，便于合同订立、履行和留存，以及合同争议的处理。

2. 确认书

在采取口头（电话）、传真等形式商定合同时，为了明确合同条款和表达合同订立，当事人常常采用一方向另一方签发确认书的方式来确定合同。确认书就是合同格式的主要部分。由于确认书仅由发出确认书的一方签署，因此与完整的合同书有所不同，但功能相同。确认书有两种形式：一种是仅列明合同的主要事项，合同的其他条款在其他文件中表达，如"传真：本公司同意接受贵公司 2023 年 4 月 18 日提出的仓储 550 箱方便面的函的要求，请按时送货"；另一种是将完整的合同事项列在确认书上，形式相当于合同书。

3. 计划表

在确定长期仓储合同关系中，计划表是针对具体仓储的安排较多而采用的合同格式，由存货人定期制订仓储计划交保管人执行。计划表就是长期仓储合同的补充合同或执行合同。

4. 格式合同

对于仓储周转量极大、每单位仓储物量较小，也就是次数多、批量少的公共仓储，如车站仓储等，保管人可以采用格式合同。格式合同是由一方事先拟定，并在市场监督管理部门备案的单方确定合同。在订立合同时，保管人在填写仓储物、存期、仓储费等变动事项后直接签发并让存货人签认，双方不进行条款协商。

二、仓储合同的种类

1. 一般保管仓储合同

一般保管仓储合同是指仓库经营人为存货人提供完善的仓储条件，接受、保管存货人的仓储物，并在存期满时，将收保的仓储物原样（包括仓储物在存期内自然增加的孳息）交还存货人而订立的仓储合同。这种合同的仓储物为确定种类物，保管人严格承担归还原物的责任。

2. 混藏仓储合同

混藏仓储合同的标的物为确定种类物，保管人严格按照合同中所描述的仓储物的数量、质量承担责任，没有合理耗损的权利，当保管人向存货人所交还的仓储物与合同描述的不符时，需补偿存货人的损失。混藏仓储合同具有保持仓储物价值的功能。

3. 消费仓储合同

根据消费仓储合同，仓库经营人提供的服务不仅仅是简单的存放，而是将存放的货物进行加工、处理或消耗，以达到特定的目的或要求。这种仓储合同通常适用于特殊的行业或情况，比如食品加工业、化工业、制药业等，对存放的食品或药品等进行加工和包装等。

与其他仓储合同相比，消费仓储合同更多地涉及对货物的加工、处理或消耗，因此在合同约定中会有更多的细节和特定要求。例如，合同明确规定加工或处理的方式、时间、费用等方面的内容，以确保服务的质量和效率。

4. 仓库租赁合同

仓库所有人将所拥有的仓库出租给存货人，只提供基本的仓储条件，进行环境管理、安全管理等一般性的仓储管理，由存货人自行保管其仓储物。仓库租赁合同从严格意义上来说只是财产租赁合同，但是由于仓库所有人具有部分仓储保管的责任，因此具有仓储合同的一些特性。

想一想，议一议

仓储合同有哪些特点？

三、仓储合同的主要条款

仓储合同的条款有当事人条款、仓储物条款、仓储条款、价款、当事人的权利和义务、违约责任和争议处理条款等。具体条款如下。

1. 存货人、保管人的名称和地址

合同当事人是履行合同的主体，承担合同责任，需要采用完整的企业注册名称和登记地址，或者主办单位地址。主体为个人的，须明示个人的姓名和户籍地或常住地。有必要的可在合同中增加通知人，但通知人不是合同当事人，仅仅履行通知当事人的义务。

2. 货物的品名和品种

仓储合同中的仓储物是特定物或特定化的种类物，是保管人接受存货人的委托而代为保管的物品，其所有权属于存货人。在合同有效期届满时，保管人必须将原货物完好无损地归还存货人，因此合同中对货物的品名和品种应做出明确的规定。同时，仓储合同的标的物以动产为限。

3. 货物的数量、质量、包装

货物的包装由存货人负责。其标准，有国家或专业标准的，按国家和专业标准执行；没有国家或专业标准的，在保证运输和储存安全的前提下，由合同当事人议定。

4. 货物验收的内容、标准、方法、期限

保管人的正常验收项目为货物的品名、规格、数量、外包装状况，以及无须开箱拆捆直观可见、可辨的质量情况；技术性强、感官不易识别和分等论价的货物要由有关业务部门专门验收货物质量，入库时仓库只验收数量和包装；对于验收中发现的问题要及时交付入库的有关人员详细记录，分清责任，并通知存货人及时处理。包装内货物的品名、规格、数量以外包装或货物上的标记为准；外包装或货物上无标记的，以供货人提供的验收资料为准。散装货物按国家有关规定或合同规定验收。验收期限，国内货物不超过10天，国外到货不超过30天，法律或合同另有规定的除外。货物验收期限是指自货物和验收资料全部送达保管人之日起，至验收报告送出之日止。

5. 货物保管条件和保管要求

仓储合同中的货物种类繁多，不少货物由于本身的性质需要特殊的保管条件或保管方法，因此合同中必须明确规定保管条件和保管要求。

6. 货物入库手续、出库时间、运输方式等

入库是指货物进入仓库时所进行的清点检验和接收工作，它是仓储合同业务的第一个环节，是履行仓储合同的基础。入库储存业务，要根据合同规定的数量、质量、品种、规格等进行安排。对大宗物资和危险物品的新品种入库，存货人应当将其数量和特性提前告知保管人，以便做好接收准备。货物入库的基本要求：必须有业务部门的正式入库凭证或合同副本；凡是入库货物都要经认真验收，一般货物要验收品种、规格、数量、质量、包装等，经检验无误后再入库。

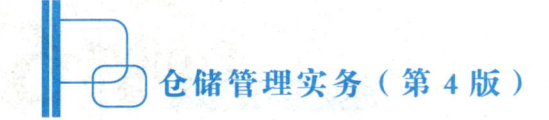

货物出库须按照先进先出或易坏先出（易坏只限合同中申明的或货物外部显露出来的）原则，否则由此造成的损失由保管人承担。

货物出库有存货人自提、用户自提、保管人送货上门三种方式，都须当面办理交接手续。保管人没有按合同规定的时间、数量交货的，应承担违约责任；存货人已通知保管人货物出库或合同期已到，由于存货人（含用户）的原因不能如期出库的，存货人应承担违约责任；由于存货人调拨凭证上的差错所造成的实际损失，由存货人承担。

运输方式：由保管人代办运输的，由保管人负责向运输部门申报运输计划，办理托运和发运手续。

7. 货物损耗标准和货物损耗的处理

货物在储存、运输过程中，由于自然因素（如干燥、风化、散失、挥发、黏结等）、货物本身的性质和度量衡的误差等原因，不可避免地要发生一定数量的减少、破损或计量误差，有关主管部门对此做出规定或由合同当事人商定货物自然减量标准和合理磅差（一般以百分比或千分比表示），统称货物损耗标准。

货物损耗的处理是指实际发生的损耗超过标准或没有超过标准规定时，如何划分经济责任，以及对实物如何进行处理。例如，在货物验收过程中，在途损耗不超过货物自然减量标准和损耗在规定磅差范围内的，仓库可按实际验收数验收入库；超过规定的，应核实做出验收记录，按照规定处理。

8. 储存期限

双方约定的仓储物的储存期限有三种表示方式：用期限表示，如储存3个月，自货物入库起算；用日期的方式表示，如9月10日至12月10日；不约定具体的存放期限，但约定到期方式的确定方法，如提前一个月通知等。保管人根据储存期限计收仓储费，安排库容使用计划，并承担责任。对不能遵守储存期限条款的存货人，保管人有权要求其承担违约责任。

9. 仓储费

仓储费：确定仓储费的费率、计算方法、支付方法和支付时间的条款。仓储费有预付、定期支付、结算等支付方式。《民法典》合同编规定当事人对支付期限没有约定或者约定不明确的，应当在领取保管物的同时支付。当事人未约定仓储费的，保管人仍可向存货人要求支付报酬。

10. 仓储物的保险约定

存货人必须对仓储物进行投保。若存货人已对仓储物进行投保，必须告知保管人所投保的保险人、保险金额、保险期限。存货人未对仓储物进行投保的，可以委托保管人进行投保，但仍然由存货人承担保险费。

11. 合同的有效期限

合同的有效期限即货物的保管期限，存货人过期不取走货物，应承担违约责任。但有的仓储合同也可以不规定期限，双方约定只要存货人按日或按月支付仓储费，即可继续存放。

12. 变更和解除合同的期限

保管人或存货人如需要对合同进行变更或解除，必须事先通知对方，以便做好相应的准备工作。因此，仓储合同中应当明确规定提出变更或解除合同的期限。

13. 违约责任

保管人不能全部或部分按合同议定的品名、时间、数量接货的，存货人不能全部或部分按合同议定的品名、时间、数量入库（含超议定储存量储存）的，保管人没有按合同规定的时间、数量交货的，以及存货人已通知保管人货物出库或合同期限已到，但由于存货人（含用户）的原因不能如期出库的，均应承担违约责任，违约方必须向对方支付违约金，合同另有规定的除外。违约金的数额为违约所涉及的那一部分货物的 3 个月仓储费（或租金）或 3 倍的劳务费，合同另有规定的除外。因违约使对方遭受经济损失的，如违约金不足以抵偿实际损失，违约方还应以赔偿金的形式补偿其差额部分。

因其他违约行为给对方造成经济损失的，违约方一律赔偿实际损失。

赔偿货物的损失，一律按进货价或国家批准调整后的价格计算；有残值的，应扣除残值部分或残件归违约方，不负责赔偿实物。

14. 争议处理

争议处理是指有关合同争议的诉讼或仲裁的约定，包括仲裁地点、仲裁机构，或者合同中选择的诉讼地点。

15. 合同签署

合同签署是合同当事人对合同协商一致的表示，是合同成立的表征，一经签署，就意味着合同开始生效。合同由企业法人代表或法定代表人签名，注明签署时间，同时盖合同专用章。个人签署合同时只需签署个人的完整姓名。

【例 6-1】　　　　　　　　　仓储合同（样本）

保管人：_____

存货人：_____

保管人和存货人根据《中华人民共和国民法典》合同编，经双方友好协商，签订本合同，共同信守。

第一条　仓储物的名称、品种、规格、数量、质量。

1. 名　　称：_____
2. 品种、规格：_____
3. 数　　量：_____
4. 质　　量：_____

第二条　货物包装。

1. 存货人负责货物的包装，包装标准按国家或专业标准规定执行，没有以上标准的，在保证运输和储存安全的前提下，由合同当事人议定。

2. 包装不符合国家或合同规定，造成货物损坏、变质的，由存货人负责。

第三条　保管方法：根据有关规定进行保管，或者根据双方协商的方法进行保管。

第四条　保管期限：____年____月____日至____年____月____日。

第五条　验收项目和验收方法。

1. 存货人应当向保管人提供必要的货物验收资料，如未提供必要的货物验收资料或提供的资料不齐全、不及时，所造成的验收差错贻误索赔期，或者货物品种、数量、质量不符合合同规定，保管人不承担赔偿责任。

2. 保管人应按照合同规定的包装外观及货物品种、数量和质量，对入库货物进行验收，如果发现入库货物与合同规定不符，应及时通知存货人。保管人未按规定的项目、方法和期限验收或验收不准确而造成的实际经济损失，由保管人承担。

3. 验收期限：国内货物不超过10天，国外到货不超过30天。超过验收期限所造成的损失由保管人承担。货物验收期限是指货物和验收资料全部送达保管人之日起至验收报告送出之日止。日期均以运输或邮电部门的戳记或直接送达的签收日期为准。

第六条　入库和出库的手续：按照有关入库、出库的规定办理，如无规定，按双方的协议办理。入库和出库时，双方代表或经办人都应在场，检验后的记录要由双方代表或经办人签字。该记录应视为合同的有效组成部分，当事人双方各保存一份。

第七条　损耗标准和损耗处理：按照有关损耗标准和损耗处理的规定办理，如无规定，按双方协议办理。

第八条　费用负担、结算办法：_____。

第九条　违约责任。

一、保管人的责任

1. 由于保管人的责任，造成退仓或不能入库时，应按合同规定赔偿存货人运费，并支付违约金。

2. 对危险品和易腐品，因不按规程操作或妥善保管而造成损毁的，保管人应负责赔偿损失。

3. 货物在储存期间，由于保管不善而发生货物灭失、短少、变质、污染、损坏的，保管人应负责赔偿损失。如属包装不符合合同规定或超过有效保管期限而造成货物损坏、变质的，保管人不负赔偿责任。

4. 由保管人负责发运的货物，不能按期发货的，保管人应赔偿存货人逾期交货的损失；错发到货地点的，除按合同规定无偿运到规定的到货地点外，保管人还应赔偿存货人因此而造成的实际损失。

二、存货人的责任

1. 对于易燃、易爆、有毒等危险品和易腐品，存货人必须在合同中注明，并提供必要的资料，否则，因此造成货物损毁或人员伤亡的，由存货人承担赔偿责任，由司法机关追究刑事责任。

2. 存货人不能按期存货的，应偿付保管人的损失。

3. 超议定储存量储存或逾期不提时，除付保管费外，存货人还应偿付违约金。

三、违约金和赔偿方法

1. 当违反货物入库计划的执行和货物出库的规定时，当事人必须向对方交付违约金。违约金的数额，为违约所涉及的那一部分货物的3个月保管费（或租金）或3倍的劳务费。

2. 因违约使对方遭受经济损失时，如违约金不足以抵偿实际损失，当事人还应以赔偿金的形式补偿其差额部分。

3. 违约行为给对方造成损失的，一律赔偿实际损失。

4. 赔偿货物的损失，一律按照进货价或国家批准调整后的价格计算。

第十条　由于不能预见并且对其发生不能防止或避免的不可抗力事故，直接影响合同的履行或不能按约定的条件履行时，遇有不可抗力事故的一方应立即将事故情况通知对方，并应在数天内提供事故详情及合同不能履行，或者部分不能履行，或者需要延期履行的理由的有效证明文件。此项证明文件应由事故发生地区的公证机构出具。按照事故对履行合同影响的程度，双方协商决定是否解除合同，或者部分免除履行合同的责任，或者延期履行合同。

第十一条 其他。

保管人：_____（盖章）　　　存货人：_____（盖章）
法定代表人：_____　　　　　法定代表人：_____
地址：_____　　　　　　　　地址：_____
开户行及账号：_____　　　　开户行及账号：_____
电话：_____　　　　　　　　电话：_____
____年____月____日　　　　　　　____年____月____日

知识拓展

仓储合同的标的和标的物

一、仓储合同的标的

仓储合同的标的是指合同关系指向的对象，也就是仓储合同的当事人权利和义务共同指向的对象。仓储合同虽说约定的是仓储物的保管事项，但合同的标的却是仓储保管行为，包括仓储空间和仓储时间。保管人提供保管的空间和时间，存货人支付仓储费。因此仓储合同是一种行为合同，是一种当事人双方互相承担义务和享有权利的合同，即双务合同。

二、仓储合同的标的物

仓储合同的标的物是标的的载体和表现，仓储合同的标的物就是存货人交存的仓储物。仓储物可以是生产资料（如生产原料、配件、组件、生产工具、运输工具等），也可以是生活资料（如一般商品，包括特定物、种类物）。仓储物必须是动产，能够移动到仓储地进行保管，且是有形的实物动产，有具体的物理形状。不动产不能成为仓储物，知识产权、数据、文化等无形资产和精神产品不能作为仓储物（如图书可以作为仓储物，但图书的著作权、书内的专利权不能成为仓储物）。

四、仓储合同当事人的义务

仓储合同以当事人的权利和义务为内容，一方的义务即另一方的权利，只有义务人履行义务，权利人才能享有权利。

（一）保管人的主要义务

1. 给付仓单的义务

《民法典》合同编规定：存货人交付仓储物的，保管人应当出具仓单、入库单等凭证。向存货人给付仓单，这是保管人的一项合同义务，该义务于存货人交付货物后即产生。保管人签发仓单时，应当根据法律规定的仓单格式和内容，以及当事人达成的仓储合同的内容填写。

2. 验收和接收仓储物的义务

根据《民法典》合同编相关规定，保管人应当按照合同的约定对入库仓储物进行验收，如验收发现入库仓储物与约定不符的，应当及时通知存货人。验收包括实物检查和样本检查。仓储物有包装的，验收时应以外包装或仓储物标记为准；无标记的，以存货人提供的验收资料为准。仓储物的入库验收将直接影响到事后履行合同、承担责任等问题，保管人应当给予重视。保管人未按规定的项目、方法、期限验收或验收不准确的，应承担由此造成的实际损失。验收仓储物时保管人未提出异议的，视为存货人交付的仓储物符合合同约定的条件。保管人验收后，发生仓储物的品种、数量、质量不符合约定的，保管人应当承担赔偿责任。

验收合格的，保管人应当对存货人交付的仓储物予以接收。保管人不能按合同约定的时间、品种、数量、质量接收仓储物入库的，应承担违约责任。

3. 妥善保管义务

保管人应当按照合同约定的储存条件和保管要求，妥善保管货物。对易燃、易爆、有毒、有腐蚀性、有放射性等危险物品的保管，保管人应当具备相应的资格和保管条件，并应依照法定或约定进行储存操作，在保管过程中不得损坏货物的包装物。因保管或操作不当使包装发生损毁的，保管人应当负责修复或按价赔偿。

仓储合同的保管人对仓储物负有比一般保管合同的保管人更重的保管责任。因为仓储合同的保管人以盈利为目的，具有专门的保管知识，其注意标准应遵循专业人士的标准。所以，凡因保管人保管不善而非因不可抗力、自然因素或货物（包括包装）本身的性质而发生仓储物灭失、短少、变质、损坏、污染的，保管人均应承担赔偿责任。货物在储存期间，保管人履行了合同规定的保管义务，由于不可抗力、自然因素或货物（包括包装）本身的性质发生的损失，由存货人负责。

4. 危险通知和及时处置的义务

保管人发现仓储物出现危险时，应当及时通知存货人或仓单持有人，如果因保管人没有及时告知，造成了货物不必要的损失，保管人应对此承担相应的责任。所谓仓储物出现危险，主要是指仓储物有变质或有其他损坏，如发现仓储物出现异状、仓储物发生数量减少或价值减少的变化。对于外包装或仓储物标记上标明或合同申明了有效期的仓储物，保管人应当提前通知失效期。遇有第三人对保管人提起诉讼或对仓储物申请扣押时，保管人应及时通知存货人或仓单持有人。

保管人在保管期间发现入库的仓储物有变质或其他损坏，危及其他仓储物安全和正常保管的，应当催告存货人或仓单持有人做出必要的处置。若情况紧急，保管人可以做出必要的处置，以减少损失的发生或危险的扩大，但事后应当将该情况及时通知存货人或仓单持有人。

5. 容忍义务

根据《民法典》合同编相关规定，保管人根据存货人或者仓单持有人的要求，应当同意其检查仓储物或者提取样品。这就是保管人的容忍义务。所谓检查仓储物，实际上就是对仓储物进行检点。存货人或仓单持有人可以进行何种程度的检查，应根据仓库的状况及习惯确定。存货人或仓单持有人请求提取样品时，保管人可以请求交付证明书或请求相应的担保。

6. 返还仓储物的义务

储存期限届满，保管人应当将仓储物返还给存货人或交付给仓单持有人。保管人除依法行使留置权外，不得扣留仓储物。如仓储合同未约定储存期限，则存货人或仓单持有人有权随时要求提取货物，保管人也有权随时要求存货人或仓单持有人提取货物，但应给予必要的准备时间。存货人或仓单持有人提前提取的，保管人不得拒绝返还，但不减收仓储费，因为提前提取会干扰保管人的正常业务，而造成保管人的损失。

（二）存货人的主要义务

1. 交付仓储物的义务

存货人应当按照合同约定的货物品种、数量、时间等交付仓储物。如果存货人没有按时将仓储物交付给保管人，仍然应当支付合同中约定的仓储费。如果存货人交付的货物不符合合同约定，保管人有权拒绝接收。

2. 说明义务

储存易燃、易爆、有毒、有腐蚀性、有放射性等危险品或易腐品等特殊货物的，存货人应当向保管人说明货物的性质和预防危险、腐烂的方法，提供相关的保管、运输等技术资料，并采取相应的防范措施。存货人违反该义务的，保管人有权拒收，也可采取相应措施避免损失发生，如转移仓位、增加保管手段等，由此产生的费用由存货人承担。保管人因接收该货物造成损失的，存货人应当承担赔偿责任。

3. 支付仓储费的义务

存货人应当按照合同约定的数额、时间和方式等支付仓储费。逾期提货的，应加付仓储费；提前提取的，不减收仓储费。仓储费的支付与合同约定不一致的，属于违约行为，存货人应承担违约责任。

4. 提取仓储物的义务

仓储物的提取，有的可能发生在储存期间，有的可能发生在储存期限届满后。通常，合同双方在订立合同时对仓储物的储存期限都有约定，仓单记载的事项中一般也有这项内容。如果合同对储存期限有约定，那么，前者属于提前提取，后者属于正常提取。但是合同也可以不约定储存期限，如果合同没有约定或约定不明确，那么，存货人或仓单持有人可随时提取仓储物。

存货人或仓单持有人提取货物时须提交仓单。储存期限届满，存货人或仓单持有人不提取仓储物的，保管人可以通过一定方式告知并催促其在合理期限内提取仓储物。逾期不提取的，保管人可以提存仓储物。保管人将仓储物提存后合同义务消灭，存货人或仓单持有人无权再向保管人提出提取仓储物的请求，而只能向提存机关请求领取提存物。因提存所支出的费用应由存货人或仓单持有人承担，提存期间的仓储物的风险责任也由其承担。由于存货人或仓单持有人的原因不能使仓储物如期出库造成压库的，存货人或仓单持有人应承担违约责任。

五、仓储合同的变更及解除

（一）仓储合同的变更

仓储合同的变更是指对已生效的仓储合同的内容进行修改或补充，不改变原合同的关系和本质事项。

仓储合同当事人一方因利益需要，向另一方提出变更合同的要求，并要求另一方限期答复，若另一方在限期内答复同意变更，或者在限期内未做答复，则合同变更成立，双方须按变更后的条件履行。若另一方在限期内明确拒绝变更，则合同变更不能成立。合同变更后双方按变更后的合同履行，对变更前已履行的部分没有追溯力，但由于不完全履行发生利益损害，可以作为请求赔偿的原因或者变更合同的条件。

（二）仓储合同的解除

仓储合同的解除是指未履行的合同或合同还未履行部分不再履行，权利义务关系消亡，合同履行终止。

1. 仓储合同解除的方式

（1）存货人与保管人协议解除合同。协议解除合同和协议订立合同一样，是双方意见一致的结果，具有至高的效力。在合同生效后、履行完毕前，双方可以协商达成解除合同的协议；也可以在订立合同的同时订立解除合同的条款，当约定的解除合同的条件出现时，一方通知另一方解除合同。

（2）因出现法律规定的仓储合同解除条件而解除合同。这是指当事人一方依照《民法典》合同编相关的规定有权采取解除合同的法律规定的行为。根据《民法典》合同编相关规定，有下列情形之一的当事人可以解除合同：因不可抗力致使不能实现合同目的；在履行期限届满前，当事人一方明确表示或者以自己的行为表明不履行主要债务；当事人一方延迟履行主要债务，经催告后在合理期限内仍未履行；当事人一方延迟履行债务或有其他违约行为致使不能实现合同目的；法律规定的其他情形。

2. 仓储合同解除的后果

仓储合同解除后，因合同所产生的存货人和保管人的权利义务关系消亡，未履行的合同部分终止履行。合同解除并不影响合同的清算条款的效力，双方仍需按照清算条款的约定承担责任和赔偿损失，需承担违约责任的一方仍要依据合同约定承担违约责任、采取补救措施和赔偿损失的责任，如违约的存货人需要对仓库空置给予补偿，造成合同解除的保管人要承担运输费、转仓费、仓储费差额等损失赔偿。

六、仓储合同的违约责任和免责

（一）违约责任

1. 支付违约金

违约金是指按合同约定，当发生一方违反合同约定时，违约方需向对方支付违约的金额。违约金本身是一种对违约行为的惩罚，违约金产生的前提是合同约定和违约行为的发生，包括发生预期违约，而不论是否产生损失。根据《民法典》合同编的相关规定，当事人可以约定一方违约时应当根据违约情况向对方支付一定数额的违约金，也可以约定因违约产生的损失赔偿额的计算方法，同时规定，当违约金过高或过低时，可以要求法院或仲裁机构予以调整，因而违约金又是一种赔偿处理的方式，具有赔偿性。合同违约金的约定可以按照违约的行为进行约定，如未履行合同的违约金、不完全履行的违约金、迟延履行的违约金等，也可以确定一种违约金的计算方法，当发生违约时通过计算确定具体的违约金。

违约金以约定支付的方式进行，对于合同履行中因一方责任造成对方损失的赔偿，采取违约金支付的方式有利于简化索赔过程。实践中违约金的约定也成为简化纠纷处理的手段。

2. 赔偿损失

赔偿损失指当事人一方由于违反仓储合同的约定，不履行合同义务或履行合同义务不符合约定，使对方发生损失的，应承担赔偿责任。赔偿损失的条件为违约和使对方产生损失，这种损失包括违约直接造成的损失和违约方在订立合同时所能预见的执行合同后对方可以获得的利益。

违约的赔偿责任既是法定的责任也是约定的责任，是由于合同约定的权利和义务未得到履行，出现了损失，而导致赔偿的法律责任。

合同中约定违约金时，违约方造成对方超过其所支付的违约金的损失时，对方有权要求违约方赔偿超额的损失。

赔偿损失可以采用支付赔偿金的方式，也可以采取其他方式，如实物补偿等。

3. 继续履行

继续履行指违约方发生违约行为后，对方有权要求违约方或请求法院强制违约方继续履行合同义务的违约责任承担制度。继续履行合同是一种违约责任的承担方式，而无论违约方是否支付了违约金和承担了对方损失的赔偿。继续履行合同的条件是合同还可以继续履行、违约方还具有履行合同的能力，且继续履行合同不违背原合同的性质和法律关系，即还是原来的合同标的、仓储标的物、仓储地点和仓储条件等。若法律上或事实上不能履行、继续履行费用过高、对方未在合理期限内提出继续履行，违约方可免除继续履行。

4. 采取补救措施

当违约方发生违约后，对方有权要求违约方采取合理的补救措施，弥补违约的损失，并减少损失的进一步发生。例如，对损坏的仓储物进行修理、将仓储物转移到条件良好的仓库存放、修复仓储设备等行为，或者采取支付保养费、维修费、运杂费等方式。

5. 定金惩罚

定金是法律规定的一种担保方式。在订立合同时，当事人可以约定采用定金来担保合同的履行，即在履行合同前，由一方向另一方先行支付定金，在合同履行完毕后退还定金或抵作价款。当合同未履行时，支付定金一方违约的，定金不退还；收取定金一方违约的，双倍退还定金。

定金不得超过合同标的额的 20%。合同同时有约定定金和违约金的，当事人只能选择其中一种履行。

（二）免责

免责又称免除民事责任，指不履行合同或法律规定的义务，致使他人财产受到损失，由于有不可归责于违约方的事由，违约方可以不承担民事责任。免责原因包括法律规定的免责事项和合同约定的免责事项。但是造成对方人身伤害的，或因故意或重大过失造成对方财产损失的不能免责。免责的情形主要有下列几种。

1. 不可抗力

不可抗力是指当事人不能预见、不能避免并且不能克服的客观情况，包括自然灾害和某些社会现象，如火山爆发、地震、台风、冰雹、洪涝等自然灾害，战争、罢工、国家行为等社会现象。

不可抗力的免责必须是实际发生的不可抗力，且直接由于不可抗力造成的损失和不可抗力致使当事人不能履行合同或不能完全履行合同的损失赔偿责任和违约责任。

不可抗力的免责范围仅限于不可抗力的直接影响，对于当事人未采取有效措施防范、

救急所造成的损失扩大部分不能免责，对于延迟履行合同中所遇到的不可抗力不能免责。在发生不可抗力事件后所订立的合同不得引用不可抗力免责。

2. 仓储物的自然特性

因仓储物的性质及超过有效储存期造成仓储物变质、损坏的损失，保管人不承担赔偿责任。

3. 存货人的过失

由于存货人的原因造成仓储物损毁的，如包装不符合约定、未提供准确的验收资料、隐瞒和夹带、存货人的错误指示和说明等，保管人不承担赔偿责任。

4. 合同约定的免责

基于当事人的利益，双方在合同中约定免责事项，对免责事项所造成的损失，不承担互相赔偿责任。例如，约定货物入库时不验收重量的，保管人不承担重量短少的赔偿责任；约定不检验货物内容质量的，保管人不承担非作业保管不当的内容损毁责任。

小提示

仓储合同中常见的欺诈形式

（1）利用合同骗取货物。
（2）利用货物检查进行欺诈。
（3）第三人伪造、变更合同来欺骗保管人。
（4）利用合同条款进行欺诈。
（5）骗取违约金。
（6）骗取定金或担保物。

仓储经营中的纠纷

同步练习

简答题

1．请简述保管人的主要义务。
2．请简述存货人的主要义务。
3．请简述仓储合同的主要条款。
4．请简述仓储合同中的免责。

讨论题

请思考如何应对仓储合同中的欺诈。

引导任务操作提示

该任务主要是根据任务信息中的储存货物情况签订一份仓储合同。该合同的主要内容应包括以下几点。

第一，存货人、保管人的名称和地址。

第二，根据储存货物一览表写明储存货物的品名、品种、数量、质量、包装情况。

第三，根据储存货物的性质、特点确定验收内容、标准、方法、期限，以及货物保管条件和保管要求。

项目 6 仓储经营管理

第四，写明货物的入库手续、出库时间、运输方式等。

第五，约定货物损耗标准（任务中已明确了）。

第六，写明储存期限（任务中已明确了）。

第七，仓储费（任务中已明确了）。

第八，仓储物的保险约定（任务中没有约定，学生可自由假设约定）。

第九，合同的有效期限（可认定为储存期限就是合同的有效期）。

第十，变更和解除合同的期限（任务中没有提供，学生可自由假设）。

第十一，违约责任（任务中没有约定，学生可自由假设）。

第十二，争议处理（任务中没有约定，学生可自由确定）。

第十三，合同签署（双方当事人在合同上签字、盖章及写明合同签订时间）。

学习情况自评表

班级：　　　　姓名：　　　　学号：　　　　组别：

序号	评价内容	分值/分	实际得分/分
1	签订的合同包含了仓储合同应包含的条款	10	
2	货物验收的内容、标准、方法、期限符合实际	10	
3	保管条件、保管要求、损耗标准及其处理、违约责任的约定具体、明确，符合实际	10	
4	货物的入库手续、时间、运输方式的约定具体、明确，符合实际	10	
5	工作计划表填写规范，分工明确	5	
6	能在规定的时间内完成任务	5	
7	合作态度好，服从分工和领导	5	
8	不迟到、不早退、不缺课	5	
9	课堂表现好，积极参加讨论	20	
10	PPT制作精美，汇报展示内容全面、详略得当、语言清晰	10	
11	撰写的学习报告内容正确、完整，有自己的心得体会	10	
	合　　计	100	

思政指导

仓储经营管理包括仓储经营计划、仓储经营方法、仓储合同等内容。"计划"是经营管理工作的导向标，"诚信"是仓储经营管理工作成败的基石。在这一部分的授课中，教师可以通过视频和案例的展示、同步任务的实践等来突出计划工作的重要性，培养学生的职业道德与法律意识，让学生学会依法经营，发生纠纷时通过法律途径解决问题。

职业考证要点

★ 编制仓储经营计划的依据

★ 仓储经营计划指标体系的主要内容

★ 现代仓储经营方法

★ 融通仓

★ 现代仓储增值服务项目
★ 仓储合同的主要内容
★ 仓储合同当事人的权利与义务
★ 仓储合同变更、解除的条件

Exercise 6 实践与思考 6

技能训练题

A、B、C、D 四家公司准备将一批货物储存在上海 ZK 仓储有限公司（储存货物一览表见表 3-17～表 3-20），存期分别为 2023 年 7 月 10 日—2023 年 8 月 30 日、2023 年 7 月 12 日—2023 年 8 月 12 日、2023 年 7 月 20 日—2023 年 9 月 20 日、2023 年 7 月 15 日—2023 年 9 月 25 日。经协商，保管费分别为 50 元/（吨·天）、40 元/（吨·天）、60 元/（吨·天）、30 元/（吨·天）。请以上海 ZK 仓储有限公司的名义和这四家公司分别签订一份仓储合同（验收项目、验收方法、包装、违约责任等相关信息由学生自己根据货物性质、法律规定自由设定，但需符合实际）。

案例分析题

汽车装配厂从国外进口一批汽车零件，准备在国内组装后销售。2023 年 7 月 15 日，其与本地一家仓储公司签订了一份仓储合同。该合同约定，仓储公司提供仓库保管汽车零件，期限为 12 个月，从 2023 年 8 月 25 日—2024 年 8 月 25 日，仓储费为 10 万元。双方对储存货物的数量、种类、验收方式、入库、出库的时间和具体方式、手续等做了约定，同时约定若任何一方有违约行为，要承担违约责任，违约金为标的额的 20%。

合同签订后，仓储公司开始为履行合同做准备，清理了合同约定的仓库，并且从此拒绝了其他人的仓储要求。2023 年 8 月 7 日，仓储公司通知汽车装配厂已经清理好仓库，可开始送货入库，但汽车装配厂表示已找到更便宜的仓库，如果仓储公司能降低仓储费，就送货入库。仓储公司不同意。汽车装配厂明确表示不需要对方的仓库。8 月 12 日，仓储公司再次要求汽车装配厂履行合同，但汽车装配厂再次拒绝。

8 月 15 日，仓储公司向法院起诉，要求汽车装配厂承担违约责任，支付违约金，并且支付仓储费。

试分析

1．该仓储合同是否生效？
2．仓储公司的要求是否合理？
3．仓储公司能否在 8 月 15 日起诉？法院能否受理？如果受理，可能会有怎样的判决？

知识巩固题

1．现代仓储经营计划体系包括哪些具体内容？
2．如何制订现代仓储经营计划？
3．什么叫保管仓储经营、混藏仓储经营、消费仓储经营、仓库租赁经营、流通加工经营？它们分别有什么特点？
4．融通仓的含义与目的是什么？
5．保税仓库的含义与优势是什么？
6．海外仓的含义与功能是什么？
7．仓储经营计划的编制依据有哪些？
8．如何平衡客户需求与自身储存能力？
9．仓储合同的格式和种类分别有哪些？
10．仓储合同的主要条款有哪些？
11．保管人和存货人分别有哪些权利和义务？
12．仓储合同如何变更与解除？会产生什么后果？
13．保管人具有哪些免责事项？
14．保管人和存货人如何增强法律意识和职业道德？

Project 7 项目 仓储成本核算与绩效评估

Mission 任务 1 仓储成本核算

知识要点

- 仓储成本核算的目的
- 仓储成本的构成
- 降低仓储成本的措施

能力培养

学生能够运用本任务所介绍的知识和方法,根据不同的储存货物,按支付形态、仓储成本项目、适用对象等计算仓储成本。

任务背景

上海 PT 仓储有限公司 2023 年成本构成如表 7-1 所示。公司面积为 23865m^2,其中仓库面积为 120100m^2;员工 84 名,其中仓储工作人员 35 名。请计算该公司 2023 年的总仓储成本。

建议学生独立完成。

表 7-1 上海 PT 仓储有限公司 2023 年仓储成本构成一览表

仓储成本构成	管理费用/万元	计算基准	备注
(1) 仓库租赁费	1.230		金额
(2) 材料消耗费	3.682		金额
(3) 工资津贴	6.524		人数比率
(4) 燃料动力费	2.193		面积比率
(5) 保险费	1.054		面积比率

续表

仓储成本构成	管理费用/万元	计算基准	备注
（6）修缮维护费	1.814		面积比率
（7）仓储搬运费	3.254		面积比率
（8）仓储保管费	1.962		面积比率
（9）仓储管理费	3.415		仓储费比率
（10）易耗品费	1.913		仓储费比率
（11）资金占用利息	3.054		仓储费比率
（12）税费等	4.017		仓储费比率
仓储成本合计			仓储费比率占费用总额比率

任务分析

仓储成本是指一段时期内储存或持有货物而导致的成本，它是伴随着对货物的储存、管理、保养、维护等仓储活动而产生的各种费用。通过对仓储成本进行核算分析，以最大限度地利用仓储设施设备，用尽量少的人力、物力、财力把库存管理好，把库存控制到最佳数量，为仓储企业获取最大的供给保障，准确地确定仓储成本和仓储服务产品价格，这是仓储企业生存竞争的重要环节。

任务实施

一、仓储成本的要素及构成

（一）仓储成本的要素

仓储成本是由投入仓储生产中的各种要素的成本和费用构成的，主要包括以下几项。

（1）固定资产折旧。固定资产主要指对库房、堆场、道路等基础设施建设及仓储机械设备的投资。这些投资在建设仓库时一次性投入，通过逐年折旧的方式回收。不同项目和企业的经营策略不同，因此固定资产折旧年限不完全相同，一般为5~30年。企业现今大都采取加速折旧法，在较短的时间内将成本回收。

（2）工资和福利费。仓储企业各类人员的工资、奖金和各种补贴，以及由企业缴纳的住房公积金、医疗保险等。

（3）能源费、耗损材料费。这主要包括电费、燃料费、水费，以及装卸搬运工具和绑扎、衬垫、苫盖材料的耗损费用。

（4）设备维修费。这是指每年从经营收入中提取一定额度的大型设备修理基金，用于大型设备的维修。提取额度一般为设备投资额的3%~5%，专项用于设备大修。

（5）管理费。管理费为仓储企业组织和管理仓储生产经营所产生的费用，包括行政办公费用、职工培训费、排污费、绿化费、咨询审计费、土地使用费、业务费、劳动保护安全费等。

（6）资金利息。资金利息是仓储企业使用投资资金所要承担的利息，即资本成本。无

论资金是借款还是自有资金，都应当支付利息。

（7）保险费。保险费是仓储企业对于意外事故或自然灾害造成的仓储物损坏所要承担的赔偿责任进行投保所支付的费用。一般来说，如果没有约定，仓储物的财产险费用由存货人承担，保管人仅承担责任险的费用。

（8）外部协作费。这是指仓储企业在提供仓储服务时使用外部服务所支付的费用，包括业务外包。

（9）税费。这是指由仓储企业承担的税费。

（10）营销费用。营销费用包括企业宣传、业务广告、仓储促销、交易费用等经营活动的费用支出。

（二）仓储成本的构成

仓储成本主要由以下几部分构成。

1. 资金占用成本

资金占用成本也称利息费用或机会成本，是仓储成本的隐含费用。资金占用成本反映了企业失去的获取收益的能力。换句话说，如果企业将资金投入其他方面，就会取得投资回报。资金占用成本就是这种未获得的回报。资金占用成本通常用库存货物的货币价值的百分比表示，也可用企业新投资的最低回报率来计算。

2. 仓储服务成本

仓储服务成本是指为库存货物提供各项服务的成本，包括信息服务费、保险费和税费等，它们的水平取决于持有的库存量。保险作为一种保护措施，可以帮助企业预防火灾、风暴或偷窃等所带来的损失，依据货物的价值、类型、丢失和破损的风险来确定；仓储的税费包括仓储营业税或企业所得税在仓储中的分摊。一般来说，税费只占仓储成本的一小部分，税率很容易从会计报表或公共记录中获得。保险费和税费因货物的不同而有所不同。仓储服务成本与服务水平成正相关关系。

3. 储存空间成本

储存空间成本是指占用储存建筑内立体空间所支付的费用。如果是租借的仓库，储存空间成本一般根据一定时间内储存货物的重量或占据的空间来计算；如果是自有仓库或合同仓库，那么储存空间成本取决于分担的固定成本（与仓储量相关的固定成本，如建筑和储存设施成本）或运营成本（与储存空间有关的运营成本，如供暖和照明成本）。在计算在途库存的持有成本时不必考虑储存空间成本。

4. 仓储风险成本

仓储风险成本是指与货物变质、缺少（被偷窃）、损坏或报废相关的费用。在保管过程中，货物会被污染、被损坏、腐烂、被盗，或者由于其他原因不适于或不能使用而直接造成货物损失。仓库未履行合同的违约金、赔偿金也构成仓储风险成本。

（三）储存成本

1. 储存成本的含义与构成

储存成本指货物在储存保管过程中所产生成本的总和，它是仓储成本在货物仓储过程中所表现出来的具体费用，由一定时期内储存活动的资本利息、保管费、搬运费、耗损费、保险费、税费等构成。

$$储存成本=资本利息+保管费+搬运费+耗损费+保险费+税费$$

储存成本直接反映了仓储的成本，是仓储成本核算及成本管理、仓储服务产品定价的依据。

2. 储存成本的核算指标

（1）库存费用，将储存成本分摊到同期的仓储量中，就可以确定每单位仓储量的储存成本，其计算公式为

$$库存费用=储存成本/库存额$$

（2）单位资金库存费率，将储存成本分摊到库存货物的资产上就形成了单位资金库存费率，其计算公式为

$$单位资金库存费率=（储存成本/库存金额）\times 100\%$$

（3）进出库费，是指货物进出库过程中所产生的费用，主要包括进出库过程中装卸搬运和验收等所支出的工人工资、劳动保护费、固定资产折旧费、大修理费、照明费、材料费、燃料费、管理费等。

（4）服务费用，是指仓库在对外保管服务过程中所消耗的物化劳动和活劳动的货币表现。

知识链接

保管费的价格单位

保管费的价格以吨·天为基本单位，吨以下的尾数保留 3 位小数，从第 4 位小数起四舍五入，起点为 1 吨·天，不足 1 吨·天的按 1 吨·天计算。

计费吨分为重量吨和体积吨，1 重量吨为 1000kg。体积吨是指用体积折算的吨位，1m^3 为 1 体积吨。计费时，重量吨和体积吨择大计费，即 1000kg 货物的体积小于 1m^3 的，按重量吨计费；反之，1000kg 货物的体积大于 1m^3 的，按体积吨计费。

不可叠堆的货物还可以占用的仓库面积计费。面积计费一般将仓库的地面负荷折算成吨位计费。

二、仓储成本的计算方法

一般来讲，仓储成本的计算有以下几种方法。

（一）按支付形态计算仓储成本

仓储成本按支付形态可分为人工费、搬运费、保管费、材料消耗费、仓储管理费、仓储占用资金利息和税费等，依此可以计算出仓储成本。这样可以分析出耗费最多的项目，即成本最大的项目，从而确定仓储成本管理的重点。

这种计算方法是从月末利润表各个项目中取出一定数值，乘以一定的比率（物流部门比率，分别按人数平均、台数平均、面积平均、时间平均等计算出来）计算出仓储部门的费用，再将仓储成本与上一年度的数值进行比较，弄清楚增减的原因并制定整改方案。下面举例来讲，如表 7-2 所示。

表 7-2　HN 物流公司仓储成本计算

项　　目	管理等费用/元	仓储成本/元	计算基准	备　　注
（1）仓库租赁费	60 000	60 000	100%	金额
（2）材料消耗费	20 000	20 000	100%	金额
（3）工资津贴	250 000	75 000	30%	人数比率
（4）燃料动力费	6570	3942	60%	面积比率
（5）保险费	5000	2750	55%	面积比率
（6）修缮维护费	10 000	5500	55%	面积比率
（7）仓储搬运费	14 000	7700	55%	面积比率
（8）仓储保管费	23 000	12 650	55%	面积比率
（9）仓储管理费	9638	53 00.9	55%	仓储费比率
（10）易耗品费	13 850	6232.5	45%	仓储费比率
（11）资金占用利息	22 000	9900	45%	仓储费比率
（12）税费等	18 650	8392.5	45%	仓储费比率
仓储成本合计	452 708	217 367.9	48%	仓储费占费用总额比率

计算基准的计算公式如下：

人数比率=（物流工作人员数/全公司人数）×100%

面积比率=（物流设施面积/全公司面积）×100%

仓储费占费用总额比率=[（1）～（12）项的仓储成本合计÷

（1）～（12）项的含管理等的费用之和]×100%

=217 367.9÷452 708×100%

≈48%

（二）按仓储项目计算仓储成本

企业按支付形态进行仓储成本分析，虽然可以得出总额，但还不能充分说明仓储成本各组成费用的分布情况。企业如果真正想降低仓储成本，就应该把这个总额按照项目详细区分开来，以便掌握仓储的实际状态，找出企业在哪些费用上没有控制好，以达到控制成本的目的。这就是按仓储项目计算仓储成本的方法。

与按支付形态计算仓储成本的方法相比，按仓储项目计算仓储成本的方法可以计算出标准仓储成本（单位个数、重量、容器的成本），也可以进一步找出妨碍现实仓储合理化的情况，其事例如表 7-3 所示。

表 7-3　HC 物流公司按仓储项目核算仓储成本核算表

单位：元

项　　目	管理等费用	细 分 项 目				
^	^	仓储租赁费	仓储保管费	仓储管理费	材料消耗费	搬运费等
（1）仓储租赁费	50 040	50 040				
（2）材料消耗费	15 362	4307	6202	2445	2408	

续表

项　　目	管理等费用	细 分 项 目			
^	^	仓储租赁费	仓储保管费	仓储管理费	材料消耗费	搬运费等
（3）工资津贴	315 667	1652	219 015	45 000		50 000
（4）燃料动力费	6322	1350		3622	1350	
（5）保险费	5174	2567	2582	25		
（6）修缮维护费	9798	3704		2390	3704	
（7）仓储搬运费	14 056				3558	10 498
（8）仓储保管费	19 902		19 902			
（9）仓储管理费	9640	1496	1496	1496	5152	
（10）易耗品费	10 658				10 658	
（11）资金占用利息	11 930	5022	6908			
（12）税费等	8574	1666	6908			
合计	477123	71 804	263 013	54 978	26 830	60 498
仓储成本项目构成比率	100%	15.05%	55.12%	11.52%	5.62%	12.68%

注：部分数据涉及四舍五入。

（三）按适用对象计算仓储成本

按不同功能的仓储成本来计算，不仅能降低成本，而且能分别掌握因产品、地区、客户的不同而产生的仓储成本，这就是一般所说的按适用对象计算仓储成本，由此可以分析出产生仓储成本的不同对象。

按适用对象计算仓储成本是指把项目计算出来的仓储费以各自不同的基准分配给各类货物，以此核算出仓储成本。这种方法可以用来分析各类货物的盈亏。

想一想，议一议

计算仓储成本的目的是什么？

三、降低仓储成本的措施

为达到管理仓储成本的目标，企业要努力控制各项仓储成本，以减少不必要的费用开支，从而获取最大的经济效益。其措施主要有下列几项。

1. 运用 ABC 库存管理法分类管理

企业库存货物的种类很多，特点不一。如果对所有库存货物都进行千篇一律的管理，不仅会浪费时间、人力和物力，而且会造成仓储成本的增加。ABC 库存管理法根据库存种类、数量及所占资金比例之间的关系，将库存货物分为 A、B、C 三类，对占资金主要部分的 A 类货物进行重点控制管理，这样有利于节约库存积压资金；对 B 类货物和 C 类货物采用常规库存管理法。这样管理库存货物，便于分门别类地进行仓储成本控制，在节约成本的同时既保证了各项库存的供应，也保证了生产经营活动的正常进行。

2. 加速周转，提高单位仓容产出

加快周转速度可以加快资金周转、提高资本效益，也可以减少货损、货差，增加仓库入库出库的能力，降低仓储成本等。

3. 追求经济规模

在形成一定社会总规模的前提下，企业追求经济规模。以合理集中的储存代替分散的小规模储存，可以实现库存合理化。企业集中规模不仅有利于企业采用机械化的自动化方式，而且有利于形成一定批量的干线运输，成为支线运输的起始点，使仓储以外的运输费用降低，从而降低总仓储成本。

4. 提高储存密度，提高仓容利用率

其主要目的是减少堆存的高度。具体方法有采用高层货架仓库、使用集装箱等。

5. 采用"先进先出"法，缩短货物的储存期，减少货物的保管风险

库存货物"先进先出"是仓储管理的重要原则之一。企业实行"先进先出"的有效方法有以下几种。

（1）使用贯通式货架：利用货架每层的通道，从一端存入货物，从另一端取出货物，货物按先后顺序排队。这样不会出现越位等现象。

（2）采用"双仓法"储存：给每种货物都准备两个货位，轮换进行存取，必须在一个货位中的货物被取光后才可以补充。这样可以保证顺利实现"先进先出"。

（3）使用计算机储存系统：采用计算机管理，存货时在计算机中输入信息，取货时根据计算机的提示提取货物。计算机储存系统的采用不仅可以保证"先进先出"，而且可以保证在采用随机利用货位的情况下准确提取货物。

6. 采用有效的储存定位系统

储存定位是指确定被储存货物的位置。如果采用有效的定位系统，就能在很大程度上节约寻找、存放、取出的时间，这样不仅可以节约大量的劳动，而且能防止出现差错、便于清点。

7. 采用有效的监测清点方式

对存货的数量和质量的监测不仅是库存管理的基本工作，也是科学控制库存的有效措施，在经营中进行有效的监测是掌握库存货物质量的一个重要环节。

8. 充分利用仓储技术和设备

现代仓储技术和设备（如采用计算机管理技术、仓储条形码技术、现代化货架、专业作业设备、叉车、新型托盘等）在减少差错、提高仓库利用率、减少残损、降低人员劳动强度、防止人身伤害等方面会为仓储企业带来直接的收益。

9. 盘活资产，合理使用外协

仓储设施设备只有在被充分利用的情况下才能获得收益，如果不能投入使用或只是低效率使用，只会造成成本的增加。对此，仓储企业应及时做出决策，采取出租、借用、出售等方式将这些资产盘活。

面对自身不擅长运作的仓储活动，仓储企业可以充分利用社会服务，通过外协的方式向更具有优势的其他企业提供服务，如运输、重型起吊的信息服务等，从而充分获得市场竞争力。

10. 采用虚拟仓库

虚拟仓库可以将货物以信息的形式储存在自动化指挥系统中。一个企业可以根据货物

要求、进货与配送地点，在市区其他地方以契约的方式临时租用仓库。这些仓库有的长期用，有的定期定时用。在传统观念中，这些企业没有仓库，但从现代物流管理来看，这些企业有一个仓库群。进得来，放得好，管得住，出得去。这样企业可以避免建设仓库而带来的成本增加，同时为货物的快速合理调拨提供条件。

11. 加强劳动力管理

工资是仓储成本的重要组成部分，合理使用劳动力是控制工作人员工资的基本原则。因此，对劳动力进行有效管理，避免人浮于事、出工不出力或效率低下，是仓储成本管理的重要内容。

12. 降低经营管理成本

经营管理成本是企业经营活动和管理活动的费用和成本支出，包括管理费、业务费、交易成本等。企业加强这类成本管理，减少不必要的支出，也能降低仓储成本。虽然经营管理成本的费用支出时常不能产生直接的收益和回报，但是不能完全取消，加强管理是很有必要的。

13. 从物流管理层面考虑降低仓储成本

物流管理最重要的目标就是降低成本。独立的仓储经营活动是构成物流体系的重要环节，仓库经营人员应该站在全程物流的层面，通过努力协调其他物流环节和改变仓储运作来降低企业的仓储成本。

小提示

仓储不合理的主要表现

（1）仓储时间过长：储存时间过长，有形消耗及无形消耗加大，仓储成本增加。

（2）仓储条件不足或过剩：仓储条件不足主要指仓储条件不能满足仓储物所要求的良好的仓储环境和必要的管理措施，如仓储设施简陋、仓储设施不足、维护保养手段及措施不力等，因而造成仓储物的损失；仓储条件过剩主要是指仓储条件大大超过需要，从而使仓储物过多地负担仓储成本，产生不必要的费用。

（3）仓储结构失衡：主要包括仓储物的品种、规格等失调，仓储物各个品种的储存期限、数量失调，储存地点选择不合理。

知识拓展

仓储业务定额管理制度

仓储成本管理中容易忽视的三大问题及解决对策如下。

一、仓储材料成本的管理方面

货物在储存过程中所消耗的衬垫与苫盖材料在仓储成本中占很大比例。降低仓储成本的最大潜力在于节约衬垫与苫盖材料，以及有关人工费用的支出，寻找既能节省部分费用又能保证库存货物管理质量的管理方法，开展技术革新和技术改造，充分挖掘设备的潜力。此外，在仓储成本的管理上，企业也要实行分口、分类管理，加强经济核算，使仓储成本不断降低。

二、仓库内装卸搬运成本的管理方面

货物进出仓库主要依靠装卸搬运作业来完成。装卸搬运设备的折旧费是仓库内搬运装

卸成本中比例最大的费用。因此，仓储部门应注意在选择适用机械设备时的经济性和实用性，防止不顾实际需要，为贪求规模和档次而盲目选用仓储设备的做法。

三、仓储人工费用的管理方面

仓储人工费用的支出主要有两个方面：一是仓储管理人员的工资、奖金、福利费、津贴等；二是仓储生产工人的工资、奖金、福利费、津贴等。仓储人工费用的管理，应着眼于尽量减少非生产工人的工资支出（因这部分费用支出与仓储作业量没有直接关系）；不断提高劳动生产率，不断降低仓储成本中活劳动的消耗成本。此外，选择合理的劳动组织形式、工资形式，对于降低人工费用也有重要影响。

引导任务操作提示

第一步，根据任务中提供的信息，利用公式"人数比率=（物流工作人员数/全公司人数）×100%"计算出该公司的人数比率。

第二步，根据任务中提供的信息，利用公式"面积比率=（物流设施面积/全公司面积）×100%"计算出该公司的面积比率。

第三步，根据任务中提供的信息，利用公式"仓储费占费用总额比率=[（1）～（12）项的仓储成本合计÷（1）～（12）项的含管理等的费用之和]×100%"计算出总体仓储费比率。

第四步，利用上述计算结果分别计算出工资津贴、燃料动力费等计算基准。

第五步，利用计算出来的计算基准计算出各类仓储成本，求和即得到总仓储成本。

学习情况自评表

班级：　　　姓名：　　　学号：　　　组别：　　　时间：

序 号	评价内容	分值/分	实际得分/分
1	总仓储成本计算过程清楚、结果正确	65	
2	不迟到、不早退、不缺课	5	
3	课堂表现好，积极参加讨论	5	
4	课后作业正确且按时完成、书写工整	5	
5	PPT制作精美，汇报展示内容全面、详略得当、语言清晰	10	
6	撰写的学习报告内容正确、完整，有自己的心得体会	10	
	合　　计	100	

Mission 任务 2　仓储绩效评估

知识要点

◆ 仓储绩效评估的作用

Project 7 项目
仓储成本核算与绩效评估

- 仓储绩效评估的指标体系
- 仓储绩效评估的方法

能力培养

学生能够运用本任务所介绍的知识和方法，根据仓储公司的具体运营情况，对该公司的经营绩效进行正确的评价。

任务背景

上海 LX 仓储有限公司总占地面积为 38 271m²，库房、货棚、货场占地面积为 24 596m²；有员工 52 人；2023 年总共完成了 $8.41×10^6$t 的进出库业务（其中入库量为 $4.22×10^6$t，出库量为 $4.19×10^6$t），业务总收入为 506 万元；收发货总笔数为 1104 笔（收 412 笔，发 692 笔），其中收发差错累计 8 笔，赔偿客户 4.35 万元；平均货物损耗率为 1%；储存货物总笔数为 432 笔，账实相符笔数为 424 笔；客户投诉 12 次；全年燃料、动力、库用材料等消耗为 53 万元，进出库总费用为 135 万元，总仓储成本为 306 万元；平均每笔业务验收时间为 0.5 天；年发运整车数为 658 车，零担车数为 349 车；平均整车发运时间为 0.8 天，平均零担发运时间为 0.67 天；装卸搬运作业总量为 $8.39×10^6$t；设备作业总台时为 34 215 小时，设备应作业总台时为 35 632 小时；工作时间为每天三班制，每班 8 小时；该公司 2023 年月库存量如表 7-4 所示。请对该公司 2023 年的仓储绩效进行分析，写出分析报告，提出优化措施。

建议以小组合作的方式完成。

表 7-4　上海 LX 仓储有限公司 2023 年月库存量一览表

单位：t

月　份	月初库存量	月末库存量
1 月	$2.8×10^5$	$3.4×10^5$
2 月	$3.4×10^5$	$1.8×10^5$
3 月	$1.8×10^5$	$4.0×10^5$
4 月	$4.0×10^5$	$7.4×10^5$
5 月	$7.4×10^5$	$3.6×10^5$
6 月	$3.6×10^5$	$2.6×10^5$
7 月	$2.6×10^5$	$5.8×10^5$
8 月	$5.8×10^5$	$4.6×10^5$
9 月	$4.6×10^5$	$6.2×10^5$
10 月	$6.2×10^5$	$5.8×10^5$
11 月	$5.8×10^5$	$4.2×10^5$
12 月	$4.2×10^5$	$2.8×10^5$

任务分析

仓储绩效评估是指运用统计学、计量学等方法，采用特定的指标体系，对照统一的评

价标准，按照一定的程序，通过定量分析与定性分析相结合的方法，对仓储企业在一定的经营期间的经营效益和经营者的业绩，做出客观、公正和准确的综合评判，从而真实反映企业的现实状况，预测未来发展前景的管理活动。

任务实施

一、仓储绩效评估的作用

（一）对内加强管理，降低仓储成本

仓储企业可以利用仓储绩效评估指标对内考核仓库各个环节的计划执行情况，纠正运作过程中出现的偏差。具体表现如下。

（1）有利于提高仓储管理水平。仓储绩效评估指标体系中的每项指标都反映了某部分工作或全部工作的一个侧面。仓储企业通过对指标进行分析能发现工作中存在的问题，特别是通过对几项指标的综合分析，能找到彼此之间的联系和关键问题所在，从而为计划的制订、修改，以及对仓储生产过程的控制提供依据。

（2）有利于落实岗位责任制。仓储绩效评估指标是衡量每个工作环节作业量、作业质量，以及作业效率和效益的尺度，是仓储企业掌握各岗位计划执行情况，实行按劳分配和进行各种奖励的依据。

（3）有利于仓库设施设备的现代化改造。一定数量和水平的设施设备是保证仓储生产活动高效运行的必要条件。仓储企业通过对比作业量系数、设备利用等指标，可以及时发现作业流程中的薄弱环节，以便有计划、有步骤地进行技术改造和设备更新。

（4）有利于提高经济效益。经济效益是衡量仓库工作的重要标志。仓储企业通过指标评估与分析，可以对仓库的各项活动进行全面的检查、比较、分析，确定合理的仓储作业定额指标，制定优化的仓储作业方案，从而提高仓库利用率和客户服务水平、降低仓储成本，以合理的劳动消耗获得理想的经济效益。

（二）进行市场开发，稳定客户关系

仓储企业还可以充分利用仓储绩效评估指标对外进行市场开发和客户关系维护，给货主提供相对应的质量评价指标和参考数据。具体表现如下。

（1）有利于说服客户和扩大市场占有率。货主在仓储市场中寻找供应商的时候，在同等价格的基础上，服务水平通常是最重要的参考因素。这时如果仓储企业能提供令货主信服的服务指标体系和数据，就会在竞争中获得有利地位。

（2）有利于稳定客户关系。在我国目前的物流市场中，以供应链方式确定下来的供需关系并不太多，供需双方的合作通常以 1 年为期，到期后客户将对物流服务商进行评价，以决定今后是否继续合作。这时如果客户评价指标反映良好，那么仓储企业将继续拥有这一合作伙伴。

二、仓储绩效评估的指标体系

（一）反映仓储生产成果数量的指标

反映仓储生产成果数量的指标主要是吞吐量、库存量、存货周转率等。

1. 吞吐量

吞吐量是指计划期内仓库中转供应货物的总量。其计量单位通常为"t",计算公式为

$$吞吐量=入库量+出库量+直拨量$$

入库量是指经仓库验收入库的货物数量,不包括到货未验收、不具备验收条件、验收发现问题的货物数量;出库量是指按出库手续已经点交给客户或承运单位的货物数量,不包括备货待发运的数量;直拨量是指在车站、码头、机场、供货单位等提货点办理完提货手续后,直接将货物从提货点分拨转运给用户的货物数量。

2. 库存量

库存量通常是指计划期内的月平均库存量。该指标也是反映仓库平均库存水平和库容利用状况的指标。其计量单位为"t",计算公式为

$$平均库存量=(月初库存量+月末库存量)/2$$

库存量指仓库内所有纳入仓库经济技术管理范围的全部本单位和代存单位的货物数量,不包括待处理、待验收的货物数量。月初库存量等于上月月末库存量,月末库存量等于月初库存量加上本月入库量再减去本月出库量。

3. 存货周转率

库存量指标反映的是一组相对静止的库存状态,存货周转率更能体现仓库空间的利用程度和流动资金的周转速度。从现代仓储经营角度来看,仓库中货物的停留时间越短越好。月存货周转率的计算公式为

$$月存货周转率=(存货销售成本/存货平均余额)\times 100\%$$

其中,存货平均余额=(年初数+年末数)/2。

(二)反映仓储生产作业质量的指标

仓储生产作业质量是指货物经过仓库储存阶段,其使用价值满足社会生产的程度,以及仓储服务工作满足货主和客户需要的程度。由于库存货物的性质差别较大,货主所要求的物流服务内容也不尽相同,因此,各仓库反映生产作业质量的指标体系的繁简程度会有所不同。在通常情况下,反映质量的指标主要是收发差错率(收发正确率)、业务赔偿费率、货物损耗率、账实相符率等。

1. 收发差错率(收发正确率)

收发差错率是以收发货所发生差错的累计笔数占收发货总笔数的百分比来计算的。这项指标反映仓库收、发货的准确程度,计算公式为

$$收发差错率=(收发差错累计笔数/收发货总笔数)\times 100\%$$

$$收发正确率=1-收发差错率$$

收发差错包括因验收不严、责任心不强而造成的错收、错发,不包括丢失、被盗等原因造成的差错。这是仓库管理的重要质量指标。在通常情况下,收发货差错率应控制在0.5%以内。而对于一些单位价值高的货物或具有特别意义的货物,客户会要求仓库的收发正确率是100%,否则将根据合同索赔。

2. 业务赔偿费率

业务赔偿费率是以仓库在计划期内发生的业务赔罚款占同期业务总收入的百分比来计算的。这项指标反映了仓库履行仓储合同的质量,计算公式为

业务赔偿费率=（业务赔罚款总额/同期业务总收入）×100%

业务赔罚款是指在入库、保管、出库阶段，由于管理不严、措施不当而造成货物损坏或丢失所支付的赔款和罚款，以及因延误时间等支付的罚款，意外灾害造成的损失不计；业务总收入指计划期内仓库在入库、保管、出库阶段提供服务所收取的费用之和。

3. 货物损耗率

货物损耗率是指在特定保管期间，某种货物自然减量的数量占这种货物入库总量的百分比。这项指标反映了仓库货物保管和维护的质量和水平，计算公式为

货物损耗率=（货物损耗量/货物入库总量）×100%

或者

货物损耗率=（货物损耗额/货物保管总额）×100%

货物损耗率指标主要用于易挥发、易流失、易破碎的货物，仓库与货主根据货物的性质在仓储合同中规定一个相应的损耗上限。若实际的货物损耗率高于合同中规定的货物损耗率，说明仓库管理不善，对于超限损失部分，仓库要给予赔付；反之，说明仓库管理有成效。

4. 账实相符率

账实相符率是指在进行货物盘点时，账面上的结存数与库存实有数量的相互符合程度。仓库在对库存货物进行盘点时要根据账目逐笔与实物进行核对。计算公式为

账实相符率=（账实相符笔数/储存货物总笔数）×100%

对于账实相符率，整进整出的仓库应不低于99.5%，整进零出的仓库应不低于98.5%。评估这项指标可以衡量仓库账面货物结存数的真实程度，同时可以反映保管工作的完成质量和管理水平，是避免货物损失的重要手段。

（三）反映仓储生产物化劳动和活劳动消耗的指标

反映仓储生产物化劳动和活劳动消耗的指标包括材料、燃料和动力等库用物资消耗指标，以及平均验收时间、平均发运天数、作业量系数等工作时间的劳动消耗指标，单位进出库成本、单位仓储成本等综合反映人力、物力、财力消耗水平的成本指标等。

1. 库用物资消耗指标

这是指仓储生产作业的物资消耗指标，包括库用材料（如防锈油等）、燃料（如汽油和机油等）、动力（如耗电量）的消耗定额。

2. 平均验收时间

平均验收时间即每批货物的平均验收时间。计算公式为

平均验收时间=各批货物验收天数之和/入库验收总批数

各批货物验收天数是指从货物具备验收条件的第二天起，至验收完毕单据返回财务部门止的累计天数。当日验收完毕并返回单据的按半天计算。入库验收批数以一份入库单为一批计算。

3. 平均发运天数

仓库发运的形式主要分为整车、集装箱整箱发运和零担发运，所以发运天数的计算公式也不统一。

整车（箱）平均发运天数=［各车（箱）发运天数之和］/总发运车（箱）数

整车（箱）发运天数是从出库调单到库第二日起至向承运单位点交完毕止的累计天数；用库内专用线发运的货物，整车（箱）发运天数是从出库调单到库第二日起至车皮挂走止的累计天数。

零担平均发运天数=（各批货物零担发运天数之和/零担发运总批数）

平均发运天数指标不仅可以反映仓库在组织出库作业时的管理水平，而且可以反映当期的交通运输状况。

4. 作业量系数

作业量系数反映仓库实际发生作业与任务之间的关系。计算公式为

作业量系数=装卸作业总量/进出库货物数量

作业量系数为"1"是最理想的，表明仓库装卸作业组织合理。

5. 单位进出库成本和单位仓储成本

单位进出库成本和单位仓储成本综合反映了一定时期内仓库物化劳动和活劳动的消耗。计算公式分别为

单位进出库成本=进出库总费用/进出库货物数量

单位仓储成本=仓储总费用/各月平均库存量之和

（四）反映仓储生产作业物化劳动占用的指标

反映仓储生产作业物化劳动占用的指标主要有仓库面积利用率、仓容利用率、设备利用率等。

1. 仓库面积利用率

仓库面积利用率的计算公式为

仓库面积利用率=（库房、货棚、货场占地面积之和/仓库总占地面积）×100%

2. 仓容利用率

仓容利用率的计算公式为

仓容利用率=（仓库平均库存量/仓库最大库容量）×100%

3. 设备利用率

设备利用率的计算公式为

设备利用率=（设备作业总台时/设备应作业总台时）×100%

设备作业总台时指各台设备每次作业时数的总和，设备应作业总台时指各台设备应作业时数的总和。用于计算设备利用率的设备必须是在用的完好设备。

（五）反映仓储生产劳动效率的指标

反映仓储生产劳动效率的指标主要是全员劳动生产率。全员劳动生产率可以用平均每人每天完成的出入库货物量来表示，计算公式为

全员劳动生产率=全年货物出入库总量/全年年工作日总数

（六）反映仓储生产经济效益的指标

反映仓储生产经济效益的指标主要有人均利税率等。

反映仓储生产经济效益指标的运用会由于各仓库服务对象的不同而使管理的重点存在较大的差异。

（七）反映客户服务水平的指标

1. 订单准确率

订单准确率的计算公式为

$$订单准确率=1-（差错次数/客户委托订单总数）$$

2. 客户投诉率

客户投诉率的计算公式为

$$客户投诉率=（客户投诉次数/客户业务委托次数）\times 100\%$$

3. 准时交货率

准时交货率的计算公式为

$$准时交货率=（准时交货次数/客户业务委托次数）\times 100\%$$

4. 缺货率

缺货率反映仓库保证供应、满足客户需求的程度。计算公式为

$$缺货率=（缺货次数/客户需求次数）\times 100\%$$

通过对这项指标的考核，企业可以衡量仓库进行库存分析能力和及时组织补货的能力。

知识链接

制定仓储绩效评估指标的原则

（1）科学性：要求所设计的指标体系能够客观地反映仓储生产的所有环节和活动要素。

（2）可行性：要求所设计的指标便于工作人员掌握，所运用的数据容易获得，同时便于统计计算和分析比较。

（3）协调性：要求各项指标之间相互联系、相互制约，但是不能相互矛盾和重复。

（4）可比性：要求指标在时间、内容等方面一致。

（5）稳定性：要求指标一旦确定，就应在一定时期内使其保持相对稳定，即不宜频繁修改。

三、仓储绩效评估的方法

（一）指标分析法

1. 对比分析法

对比分析法是将两个或两个以上有内在联系的、可比的指标（或数量）进行对比，通过对比寻差距、找原因。对比分析法是指标分析法中使用最普遍、最简单和最有效的方法。某仓储企业仓储绩效对比分析一览表如表7-5所示。

表7-5 某仓储企业仓储绩效对比分析一览表

指标	本期实际	本期计划	上年实际	同行先进	差距（增+、减-）比上年	差距（增+、减-）比先进
总仓储成本						
单位仓储成本						
吞吐量						

续表

指标	本期 实际	本期 计划	上年实际	同行先进	差距（增+、减-）比上年	差距（增+、减-）比先进
收发差错率						
业务赔偿费率						
仓库面积利用率						
仓容利用率						
周转次数						
……						

根据分析问题的需要，对比分析法主要有以下几种。

（1）计划完成情况的对比分析，是将同类指标的实际完成数与计划完成数进行对比分析，从而反映计划完成的程度，之后通过帕累托图法、工序图法等进一步分析计划完成而未完成的具体原因。

（2）纵向动态对比分析，是将不同时期同类指标进行对比分析，如本期与基期或上期比、与历史平均水平比、与历史最高水平比等。纵向动态对比反映了事物发展的方向和速度，表明了发展的结果，通过进一步分析可得出产生这种结果的原因，并提出改进措施。

（3）横向类比分析，是对同类指标在同一时期不同空间条件下的对比分析。类比企业一般是同类企业中的先进企业，可以是国内的，也可以是国外的。企业通过横向类比分析可找出差距，并采取措施，赶超先进。

（4）结构对比分析，是将总体分为不同性质的部分，以部分数值与总体数值之比来反映事物内部构成的情况，一般用百分数来表示。例如，可以计算因保管不善而造成的霉变残损、丢失短少、错收错发、违规作业的损失等各占的比例，如表7-6所示。

表7-6 货物保管损失结构对比分析一览表

货物保管损失分类	计量单位	数量	金额/元	所占比例 数量	所占比例 金额
霉变残损					
丢失短少					
错收错发					
违规作业					
……					

应用对比分析法进行对比分析时要注意以下几点。

第一，要注意所对比的指标之间的可比性。在进行纵向动态对比分析时，主要考虑指标所包括的范围、内容、计算方法、计量单位、所属时间等的相互适应，彼此协调；在进行横向类比分析时，要考虑用于对比的仓储企业之间必须在经济职能或经济活动性质、经营规模上基本相同，否则就缺乏可比性。

第二，要结合使用各种对比分析法。因为每个对比指标只能从一个侧面来反映情况，

所以只做单项指标的对比会比较片面，甚至会得出误导性的分析结果。把有联系的对比指标结合运用，有利于全面、深入地分析问题。

第三，要正确选择对比的基数。对比基数的选择，应根据不同的分析和目的进行，一般应选择具有代表性的。例如，在进行纵向动态对比分析时，应选择企业发展比较稳定的年份作为基数，这样才更具有现实意义，选择过高或过低的年份进行对比分析达不到预期的目的。

2. 因素分析法

因素分析法用来分析影响指标变化的各个因素及其对指标的影响程度。在分析某个因素变动对总指标变动的影响时，要先假定只有这一个因素变动，其余因素都是同度量因素（固定因素）；然后逐个进行替代，使某个因素单独变化，得出它对该指标的影响程度。

在采用因素分析法时，应注意将各因素按合理的顺序排列，并注意按合乎逻辑的衔接原则处理。改变因素分析的顺序不影响总指标的变动数，但会影响各因素的影响值。如果改变因素分析的顺序，就会导致各因素对指标的影响值发生变化，可能得出不同的结论。

3. 平衡分析法

平衡分析法是利用各项具有平衡关系的经济指标之间的依存情况来测定各项指标对经济指标变动的影响程度的一种分析方法。表 7-7 为一种平衡分析表。

表 7-7 某企业仓储部 2023 年货物进、出、存情况分析一览表

指　标	计　划	实　际	差　额	备　注
年初库存				
全年入库				
全年出库				
年末库存				

在平衡分析表的基础上，可进一步分析各项指标的计划与实际之间的差额产生的原因和在该年度产生的影响。

（二）程序分析法

仓储生产就是一个比较典型的流程控制过程，进行程序分析可使人们懂得如何开展工作，并找出改进的方法。所以，程序分析法非常适合在仓库绩效管理中使用。

1. 工序图法

工序图法是一种通过一件产品或服务的形成过程来帮助理解工序的分析方法（在工序图上标示出各步骤及各步骤间的关系）。

仓库可以在进行指标对比分析的基础上，运用这种方法对整个仓储流程或某个作业环节进行分析，将其中的主要问题分离出来，并进行进一步分析。假如经过对比分析发现验收时间出现增加的情况，仓库就可以运用工序图法，对验收流程进行分析，以确定导致验收时间增加的主要问题出现在哪个环节，进而采取相应的措施。

工序图分析可以应用标准的符号来进行，如美国机械工程师学会，其标准工序符号是○——操作、□——检验、▽——储存等。

2. 因果分析法

因果分析法也叫石川图分析法或鱼刺图分析法，每根鱼刺代表一个可能的差错原因，

一张鱼刺图可以反映企业或仓储部门质量管理中的所有问题。因果分析可从物料（Material）、机器设备（Machinery）、人员（Manpower）和方法（Method）4个方面进行，这4个M即原因。4M提供了一个好的框架，只要据此系统地进行深入分析，就会很容易找出可能的质量问题并设立相应的检验点进行重点管理。例如，一些客户对仓库服务的满意度下降，那么相关管理部门可以从以上4个方面分析原因，以便改进服务体系，如图7-1所示。

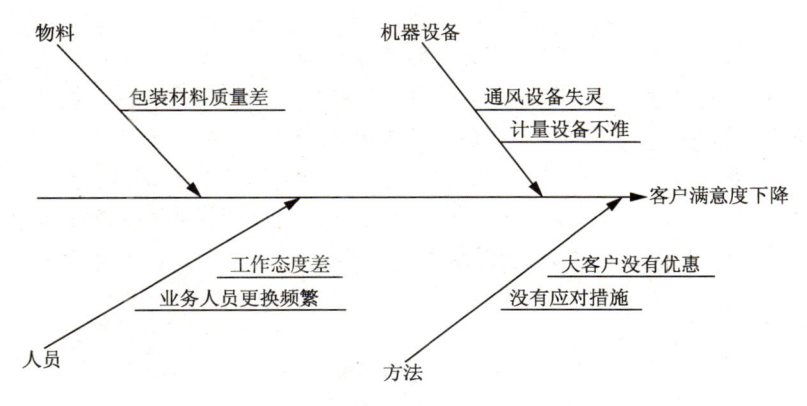

图 7-1　客户满意度因果分析

（三）成本分析法

1. 传统的成本分析法

在传统的仓库成本分析中，企业经常采用的方法是把成本总金额分摊到客户或渠道的重量数上，但是，实际上客户或渠道的库存货物通常并不按金额或重量的比例消耗仓储资源。例如，仓库中经常有低价值货物和高价值货物混存的情况，仓库接收、储存和发送货物时不仅有价值方面的差别，还有单个货物、托盘货物、大宗货物的差别，那么，如果用传统的成本计算系统就会扭曲真实的成本。

2. 以仓储作业活动为基准的成本分析法

以仓储作业活动为基准的成本分析法是一种较新的方法。这种方法是将正常成本之外的成本直接分摊在储存货物或服务项目上，将资源分摊到活动中，又将活动分摊到成本对象上。这种分摊分两步进行：第一步是确定仓库等组织内的成本活动，第二步是将仓储作业活动的成本追溯到对服务所做的工作上，如图7-2所示。

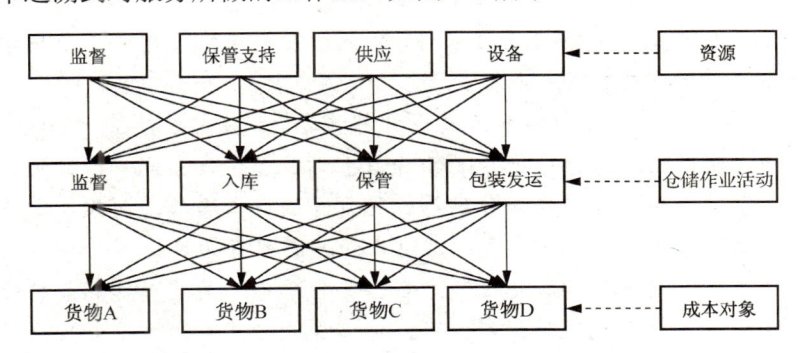

图 7-2　基于仓储作业活动的成本分摊

以成本活动为基准的成本分析能够增强对间接费用的管理和控制。但是，成本分摊中依然存在许多问题，因为客户需求和市场竞争会使物流资源的供求矛盾不断发生变化，所以使用任何成本分析法都要注意那些成本分摊中的潜在问题。

小提示

仓储绩效评估的标准

（1）历史标准：以企业以前的年度绩效状况作为评估标准。

（2）预算（计划）标准：以事先制定的年度预算和预期达到的目标为评估标准。也就是说，以预算为基础，通过比较实际绩效和预估绩效，反映企业经营者的努力情况，并产生企业经营激励效应。

仓储工作岗位设计与绩效考核

（3）行业标准：以一定时期、一定范围内的同类企业为样本——作为对照的企业在仓储组织结构、仓储目标等方面与本企业相似，而且往往是本企业的竞争对手。

知识拓展

仓储绩效管理的突破点

一、服务质量

服务质量的测定考核可以通过识别、追踪、消除仓储作业影响中不稳定、不合理的问题和环节，整合流程以降低这些因素和环节的干扰和影响来实现。

要测定考核仓库服务质量，提高服务水平，可以采用以下方式来实现：首先，通过结果了解仓库现有服务质量，回答"目前做得怎样"等问题；其次，通过诊断进一步了解服务低于或高于目标的原因；最后，通过产生的影响追溯服务质量直接成本和间接成本。

二、仓库生产率

仓库生产率是仓库实际产出与实际投入的比率，依此可以测定生产过程满足需求的效率。仓库运作中可以运用的生产率的计算方法如下。

仓库生产率=同时期装运的订单数/某时期接收的订单数

仓库生产率=同时期装运的订单数/某时期装运的平均订单数

仓库生产率=同时期装运的订单数/某时期的直接工时数

提高仓库生产率可以采用下述途径。

（1）重新设计程序。程序的选择在很大程度上决定了生产率的水平，仓库可以对现有程序进行某些调整，如重新分配仓库的空间。但是，重新设计程序会导致用于改装设备和重新分配或培训人员的成本增加。

（2）更好地利用现有资源。许多仓库的设计都远远大于需求，当在一个设计储存50 000个托盘的仓库中，实际最多只存放了20 000个托盘时，多余的空间成本必须分摊到这些被储存的货物上去，从而使每件曾在仓库储存过的货物的成本增加。因此，要使仓库容量得到更好利用，计划非常关键。仓库空间管理追求的是满库存的目标。

（3）致力于改进问题严重的工作环节。在一些仓库中，某些工作环节的绩效常常与目标相差甚远，如分拣差错、包装破损等情况，仓库管理者需要致力于分析出现这些情况的原因，以提高仓库生产率。

三、程序效率

程序效率也是一种测定考核内部客户服务的方法，在仓库绩效管理中应用广泛，只要有产品或信息从一个人或部门传递到另一个人或部门，接受者就是内部客户。这种供应商与内部客户之间的关系是很重要的，会直接影响到企业对最终客户的服务。企业对内部客户服务失败的次数越多，外部或最终客户看到企业提供的服务质量可能就越低。因此，运用程序分析工具既能巩固仓储程序满足客户需求，又能提高程序效率，最终结果是客户得到更多的超值服务。

想一想，议一议

如何提高仓储绩效？

引导任务操作提示

第一步，计算库存量。
第二步，计算收发差错率。
第三步，计算业务赔偿费率。
第四步，计算账实相符率。
第五步，计算平均验收时间。
第六步，计算平均发运天数。
第七步，计算仓库面积利用率。
第八步，计算设备利用率。
第九步，计算全员劳动生产率。
第十步，计算客户投诉率。
第十一步，根据上述计算结果撰写该公司 2023 年的仓储绩效评估分析报告，提出相应的优化措施。

学习情况自评表

班级：　　　　姓名：　　　　学号：　　　　组别：　　　　时间：

序号	评价内容	分值/分	实际得分/分
1	仓储绩效评估指标设计全面、得当	10	
2	仓储绩效评估分析报告的格式规范，结论及原因分析正确	30	
3	优化措施的针对性和可操作性强	20	
4	不迟到、不早退、不缺课	5	
5	合作态度好，服从分工和领导	5	
6	课堂表现好，积极参与讨论	5	
7	课后作业正确且按时完成、书写工整	5	
8	PPT制作精美，汇报展示内容全面、详略得当、语言清晰	10	
9	撰写的学习报告内容正确、完整，有自己的心得体会	10	
	合　　计	100	

思政指导

仓储成本核算和绩效评估意在实现仓储运营的"降本增效",降哪些"本",从何处增效,是本部分的授课重点,同时也是节约型社会建设的基础。教师可以挑选含有节俭元素的案例进行展示,通过引导案例的操作引导学生树立成本最低的经营理念,使学生形成节俭的思维习惯,培养学生的职业道德、敬业精神及社会责任。

职业考证要点

★ 仓储成本的构成
★ 储存成本的核算指标
★ 降低仓储成本的措施
★ 仓储绩效评估的指标体系

Exercise 7 实践与思考 7

技能训练题

上海 MN 仓储有限公司的仓库面积为 38 500m^2,建造费用为 7635 万元,按照 30 年折旧;大型设备 3 台,每台 380 万元,按照 15 年折旧;柴油叉车和电动叉车各 1 台,其他作业工具多部,合计 65 万元,按照 5 年折旧;长期租赁他人仓库 9500m^2,租金为每天每平方米 0.45 元(全年以 365 天计算);有员工 96 名,平均每人每月基本工资为 1800 元;平均每人每月加班 10 小时,每小时加班费为 25 元;2023 年产生的设施、设备维护维修费用为建造和购置费的 0.5%,维护维修用到的零部件费用为 12 万元。

试分析:

1. 该公司 2023 年度的固定成本、变动成本和总成本分别为多少?

2. 假设该公司 2023 年的吞吐量为 8.76×10^{6}t,业务总收入为 1845 万元,累计收发了 1084 笔业务,发生了 4 次收货差错、6 次发货差错,赔偿客户 46 万元,货物损耗 8t,账实相符数为 1062 笔,平均每笔业务验收时间为 0.5 天,装卸作业总量为 8.62×10^{6}t,该公司占地 12 500m^2,设备应作业总台时为 63 210 小时,实际作业总台时为 57 840 小时,该公司实行三班制,每班 8 小时,全年工作日为 320 天。请对该公司 2023 年的仓储绩效进行评估,并写出评估报告。

Project 7 仓储成本核算与绩效评估

案例分析题

2005年，全部库房只丢了一根电缆；半年一次的盘库，由公证处做第三方机构检验，统计结果只差了几分钱；陈仓损坏率为万分之三；运作成本不到营业额的1%……这些数据都出自拥有15个仓储中心、库存货品上千种、价值达5亿元人民币的YM中国。他们是如何创造这些奇迹的呢？就让我们去看看YM中国的库房吧。

一、几组数据

0.123元：库房中所有的货物在摆放时，标签一律向外，没有一个倒置。这是在入库时就按操作规范统一摆放的，目的就是使出库和清点库房时查询方便。运作部曾经统计过，如果货物的标签都向内，即使一个熟练的库房管理人员要将其全部恢复标签向外，也需要8分钟，这8分钟的人工成本就是0.123元人民币。

3kg：每个库房中都有一本重达3kg的行为规范指导，细到怎样检查销售单、怎样装货、怎样包装、怎样存档等。行为规范指导上有流程图和文字说明，任何受过基础教育的员工都可以从中查询和了解到每个环节的操作规范说明。

5分钟：统计和打印出YM中国上海仓库或全国各个仓库的劳动力生产指标，包括人均收货多少钱、人均收货多少单，只需要5分钟。在Impulse系统中，劳动力生产指标时时在线，可随时调出，如果没有这一系统的支持，类似的指标统计至少要1个月的时间才能完成。

10厘米：仓库空间是经过精确设计和科学规划的，甚至货架之间的过道也是经过精确计算的。为了尽量增大仓库可使用面积，连运货叉车也仅获得了10厘米的空间，因此叉车司机的驾驶必须稳而又稳。

20分钟：仓库员工从接到订单到完成取货，规定的时间是20分钟。仓库对每个货位都标注了货号标志，并将其输入系统，系统会自动生成货号，货号与仓库中的货位一一对应，所以仓库员工在发货时就会非常便捷。

1个月：库房是根据中国市场的现状和公司业务需求而建设的。每个地区的仓库经理都能在1个月内完成对一个新增仓库的考察、配置与实施，保证了物流支持系统能够快速启动。他们的经营理念是，如果人没有准备，有钱也没有用。

二、几件小事

（1）YM中国库房中的很多记事本都是用打印过一次的纸张装订而成的，即使各层经理在使用中也不例外。

（2）所有物品进出库房都必须严格按照操作流程进行，如果违反操作流程，即使有总经理的签字也不行。

（3）货架上的货号标志用的都是可以重复使用的磁条，这样做可以节约成本。

（4）要求合作伙伴必须在所有运输车辆的厢壁上安装薄木板，以免货物包装在途受到损伤。

YM中国的运作优势，是不断改进每个操作细节、日积月累而形成的，然而，YM中国

的系统能力和后勤服务能力在公司的评估体系中仅得到了 62 分，刚刚及格。在美国的专业物流市场中，YM 国际也只能拿到 70～80 分。

（资料来源：华夏管理网）

试分析：
1. YM 中国是从哪几个方面降低成本、提升仓储绩效的？
2. YM 中国的仓储绩效管理指标有哪些？
3. 从这个案例中，我们得到什么启示？

知识巩固题

1. 仓储成本的要素包括哪些？
2. 仓储成本的构成包括哪些？
3. 仓储成本的计算方法有哪些？分别如何计算？
4. 如何降低仓储成本？
5. 仓储绩效评估指标有哪些？分别如何计算？
6. 什么叫对比分析法？可从哪几个方面进行对比分析？进行对比分析时应注意哪些问题？
7. 仓储绩效评估的标准有哪些？
8. 如何把握制定仓储绩效评估指标的原则？

附录

附录 A 仓储管理制度（范例）

一、×××仓储公司货物入库管理制度

（1）严把货物入库验收关，接收入库货物，手续要清楚，责任要分明。有货单不符、数量短缺、货物残损、包装损坏等现象的，一要摸清情况，二要分清责任，三要做好入库验收记录。

（2）未经检验的货物不准验收入库。

（3）货物验收入库时，入库管理员要现场监督，亲自同交货人办理交接手续，核对货物名称、数量是否一致，按"入库通知单"的要求签字，以明确承担保管的经济责任。

（4）货物数量验收准确后，入库管理员要及时将货物存放就位，并及时登记"货物资料卡"及填写"实物保管明细账"，要求做到货物的货单数量、规格一致。

（5）入库管理员要正确、及时地记载货物进、出、存动态，与记账员每季度对账两次，坚持"日动日碰"、季末盘点、年末彻底清点原则，保证账实相符。发现差错，认真查找，确属责任事故而又无法挽回的，如实填报，不准匿而不报，不准弄虚作假，不准诿过于人。

（6）账簿的记载、更正、结账、换账必须符合规定，凭证每月装订，妥善保管，未经批准不得销毁。

二、×××仓储公司货物保管养护制度

（1）仓库货物养护工作应贯彻"以防为主，防治结合"的方针。

（2）根据货物的性能要求，适时采取密封、通风、吸潮及其他控制和调节温湿度的办法，力求将仓库温湿度控制在适宜货物储存的范围内，确保货物质量安全。为此，仓管员每天上午 9:30 和下午 1:30 要对仓库的温湿度进行检查和记录，当仓库的温湿度超出客户要求的上下限时，仓管员应在 1 小时内通知上级主管，根据仓库的实际情况采取相应的措施，降低或提高仓库内的温湿度。

（3）做好储存货物的防霉腐工作和金属制品的防除锈工作。

（4）切实做好虫害防治工作。在仓库各个地面（一般靠墙）放上粘鼠胶，仓管员每天

对库房内的粘鼠胶进行检查并记录，对出现问题的粘鼠胶应立即进行清理更换。仓库门窗应全部关闭，防止害虫进入，门窗一定要长时间打开的，必须安装防虫网。在仓库周围的树林、沟渠等有可能滋生害虫的地方，每月要喷洒一次杀虫剂，如在仓库内喷洒杀虫剂，必须保证 3m 以内无货物，所使用的杀虫剂必须是得到客户认可的。为防止为害虫提供食物源，严禁在仓库内进食。各仓库每周检查白蚁一次，每年应在白蚁繁殖期对仓库建筑物和四周环境进行普检，防止蚁患。若在检查过程中发现白蚁或其他虫害，应根据具体情况采取诱杀、药杀、挖巢等处理方式。

（5）认真做好仓库卫生工作。每天要搞一小时卫生，包括清除仓库地面的垃圾、杂物，用鸡毛掸扫去货物上的灰尘。每周要进行一次"中扫"，包括用湿的拖把擦地面和地台板；对货物包装上的灰尘进行清除时，应尽量以除灰尘为主，避免过于潮湿，污染货物；对仓库内的管道进行清扫；对墙角和天花板上的蜘蛛网进行清除。每月要进行一次"大扫"，包括擦洗仓库的门窗及周边管道，对天花板进行清扫，对仓库四周的沟渠进行清洗。清洁时应尽量避免溅湿货物，对溅在货物上的水珠和地面上的积水应尽快擦干。所有清洁工作应记录在"仓库清洁记录"上。

（6）努力抓好安全防范工作，确保人身、货物及设施安全。人身安全方面：①仓库人员在汽车对位时应防止汽车碰撞建筑物和伤及人员；②装卸人员在搬运、堆放货物过程中应轻拿轻放，做到安全稳固，防止货物倒塌引起人员伤亡；③正确使用装卸工具，防止事故发生。货物安全方面：①每天检查货物，防止货物发生异变、虫蛀、鼠咬等；②作业完毕后对门窗进行检查，防止被盗、害虫进入和雨淋水淹。设施安全方面：①检查电源电路是否处于安全状态；②"以防为主，防消结合"，定期检查消防设施的有效性和存在的隐患，严格控制火种、火源；③定期对电梯、叉车等进行维修、保养；④禁止无证驾驶。

（7）按时做好库存盘点工作，保证库存的货物与"入库通知单"所列内容一致，且无混批、残损、短少情况。为此，仓管员每天要进行一次"小盘"，一方面，抽检库存货物，重点对前一天进仓的货物进行盘点；另一方面，核对仓库货卡与货物，对品名代码、货物批号、数量、库存排位进行复核。每周要进行一次"中盘"，对仓库所存货物进行盘点，利用复核仓库货卡与货物，检查品名代码、货物批号、库存排位、数量是否与进仓单相符。每月要进行一次"大盘"，仓管员在每月月初的第一个工作日对仓库所有储存货物进行盘点，复核统计处代账联与仓库货卡，对盘点过程中发现的单货不符、残损、混乱、短少等情况应做好记录并及时上报。每日、每周的盘点只在发现问题时填写"仓库盘点记录表"，其中货物明细项目从货卡上获得；每月的盘点都必须填写"仓库月盘点记录表"，其中成品明细项目由统计处获得，在盘点前填写，作为盘点的依据。仓库统计员应根据仓管员每次的盘点结果对代账联、货卡及计算机储存资料进行复核；仓库主管对每次盘点过程中发生的进仓单与货物及账目不符、混批、短少、残损等责任事故进行分析处理，及时整改。

（8）加强对在库保管养护货物的检查。要对特殊货物、贵重货物一天检查一次，要对一般货物每周或每月检查一次，并做好检查记录。

（9）加强货物出库复核工作。为此，公司设复核员，负责货物的出库复核工作。复核员必须逐一对出库单上的单位、品名、规格、批号、产地、数量等项目进行核对（多批号的应注明每个批号的数量），保证准确无误，质量合格，并办好交接手续；认真做好复核记录，并注意保存，每复核完一个品种就在发货单上或凭证上签字。

三、×××仓储公司货物出库管理制度

（1）按"先进先出，按单发货"的原则出库。

（2）货物出库必须有符合规定、符合制度、签字齐全的出库单，要严格执行"凭出库单发货，无单不发货，内容填写不全不发货，名称不准不发货"。

（3）出库管理员在接到发货通知后，应在仓库查看货物品种是否齐全，以备发货。

（4）出库数量要准确（账面出库数量要和出库单、实际出库数量相符），做到账、货相符。发生问题不能随意更改，应查明原因，看是否有漏出库、多出库的情况。

（5）出库货物当面点验、交接清楚，出库后不得退换。

（6）货物不可以不经出库管理员直接出库，如特殊情况急用，必须经相关领导批准。

（7）出库后要及时校对货、卡，结清账目，做到账、卡、货相符，并及时清理场地、整理货垛。

附录 B　仓库主要岗位工作职责及操作流程

一、仓库经理岗位工作职责及操作流程

1. 岗位工作职责

（1）制定公司物资最低库存量的申购计划，做到合理储存，不积压资金。

（2）对公司物资的保管和收发负有重要责任，加强控制、审查各部门领用物资审批手续、数量，做到严格把关，降低消耗。

（3）督促、监督仓管员严格把好物资进仓验收手续。

（4）切实贯彻管理制度，督促下属加强对库存物资的管理，检查、落实防火、防盗、防虫蛀、防鼠咬、防霉坏等安全措施和卫生措施，保证库存物资的完好无损。

（5）经常了解各种物资的使用情况，及时提出意见，供公司领导和各使用部门参考。

（6）定期抽查是否物卡相符、账卡相符、账账相符。

（7）管理好公司的财产物资，属于家具、用具或固定资产的物品要专账登记；做好物资的收、发、存、报损等手续，定期进行盘查。

（8）按制度要求及时填报收、发、存月报表。

（9）对下属的工作素质有培训之责，不断提高下属的业务水平和工作能力。

2. 岗位操作流程

仓库经理岗位操作流程如附图1所示。

流程一：编制申购计划。仓库经理根据安全库存量及现有库存量等理论与实际的结合，编制合理的申购计划，使库存合理化，降低库存成本。

流程二：入库控制。仓库经理应严把入库关，按照计划有条理、有秩序地进行入库工作，并仔细区分出不合格的货物，等入库工作结束后另行处置。

流程三：在库管理。仓库经理应监督保管员切实做好货物的养护工作，监督机务人员做好设备管理；定期检查库容，了解实际库存情况，并注意仓库的安全管理。

流程四：出库管理。仓库经理应严把出库关，按照出库凭证进行核实，办理好出库手续。

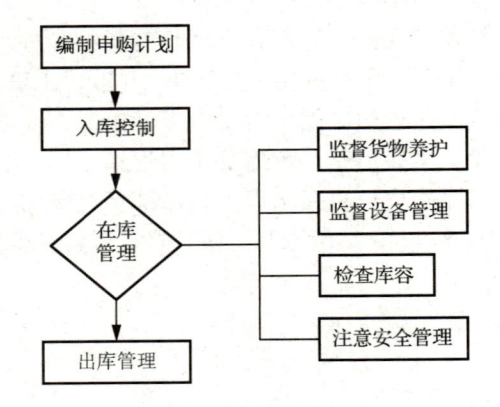

附图1 仓库经理岗位操作流程

二、仓库主管岗位工作职责及操作流程

1. 岗位工作职责

（1）负责安排仓库各岗位人员的日常工作，保证货物进/出库有序、准确、准时。

（2）合理安排货位，做到货物码放整齐、便于操作，确保库容利用最大化。

（3）通过加强各项管理提高客户满意度，积极维护与仓库相关单位的公共关系，确保突发（或困难）问题的及时、顺利解决。

（4）积极寻找有效方法，提高仓库各项资源的利用率，降低单位成本。

（5）积极寻找改善各项操作规程、管理工具的方法，使公司的服务更趋合理与完善。

（6）与财务部定期进行对账。

（7）对下属进行必要的岗位知识培训，同时对其工作进行激励及评估。

2. 岗位操作流程

仓库主管岗位操作流程如附图2所示。

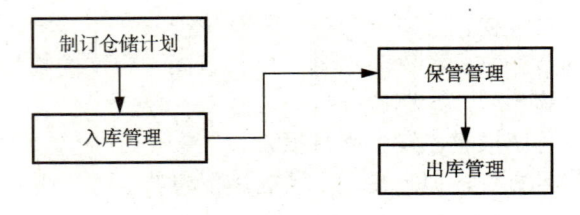

附图2 仓库主管岗位操作流程

流程一：制订仓储计划。仓库主管应先了解仓库，包括在货物入库期间、保管期间仓库的库容、设备、人员的变动情况，必要时对仓库进行清查、清理归位，以便腾出仓容；然后收集以上信息并进行数据处理，制订合理的仓储计划，从而合理利用仓储资源。

流程二：入库管理。仓库主管应建立货物入库台账，每日严格进行货物入库记录及统计，随时了解仓库、人员的实际情况；监督指挥入库管理员工作，帮助其顺利完成货物入库前的"准备—验收—堆垛—办理手续"工作；合理调派搬运工、理货员，组织协调工作，提高工作效率；将每次货物入库的单账与财务部进行核对，以免出错。

流程三：保管管理。仓库主管应监督、指挥保管员做好货物养护工作，严格控制库内温湿度，注意货物的防潮、防霉、防腐蚀、防虫害等安全养护，同时还应注意仓库的清洁卫生；对一些特殊的货物除了正常的安全养护，还需要特别照顾，如对货物涂刷油漆、保护涂料、除锈、加固、封包、密封等。

流程四：出库管理。仓库主管应建立货物出库台账，每日进行货物出库记录及统计，随时掌握仓库及人员的实际情况；监督指挥出库管理员工作，帮助其顺利完成货物出库前的"准备—理货—出库交接—装载"工作，并合理调派搬运工、理货员，组织协调工作，提高工作效率。

三、入库管理员岗位工作职责及操作流程

1. 岗位工作职责

（1）主要负责在货物入库过程中选用搬运工具与调派工作人员，并安排工具使用时段与工作人员的工作时间、地点、班次等。

（2）制定相应的货物入库管理制度及工作流程。

（3）负责货物的合理及安全存放。

（4）建立货物入库台账，每日进行货物入库记录及统计。

（5）严格按照规定办理货物入库。

（6）对退货及换货货物进行另行统计。

2. 岗位操作流程

入库管理员岗位操作流程如附图3所示。

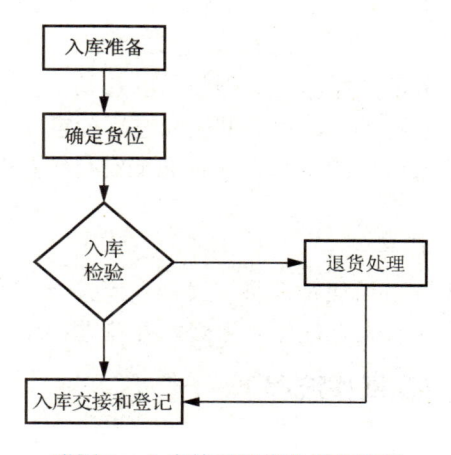

附图3 入库管理员岗位操作流程

流程一：入库准备。入库管理员应根据仓储合同或入库单、入库计划，及时进行准备工作，以便货物能按时入库，保证入库过程顺利进行。其准备工作如下。

（1）熟悉入库货物。入库管理员应认真查阅入库货物资料，必要时向存货人询问，掌握入库货物的品种、规格、数量、包装状态、单件体积、到库确切时间、货物存期、货物的理化特性、保管要求等，据此精确和妥善地进行安排、准备。

253

（2）掌握仓库情况。了解在货物入库期间、保管期间仓库的库容、设备、人员的变动情况，以便安排工作。

（3）准备苫垫材料、作业用具。在货物入库前，入库管理员应根据所确定的苫垫方案，准备相应的材料，并组织衬垫铺设作业；准备妥当作业所需的用具，以便能及时使用。

（4）验收准备。入库管理员应根据货物情况和仓库管理制度，确定验收方法；准备验收所需的点数、称量、测试、开箱装箱、丈量、移动照明等工具和用具。

（5）文件单证准备。入库管理员对货物入库所需的各种报表、单证、记录簿等，如入库记录、理货检验单、料卡、残损单等预填妥善，以备使用。

由于仓库不同、货物不同、业务性质不同，入库准备工作也有所差别，因此入库管理员应根据具体情况和仓库制度做好充分准备。

流程二：确定货位。为了使仓库管理有序，操作规范，存货位置能准确标示，入库管理员应根据结构、功能，按照一定的要求将仓库存货位置进行分块分位，形成货位。每个货位都有一个编号，以便区别。货位分为场地货位、货架货位，有的相邻货位可以串通合并使用，有的预先已安装地坪，无须垫垛。入库管理员应根据货物的性能确定合适的货位。仓库货位的使用有 3 种方式。

（1）固定货物的货位，货位只用于存放确定的货物，严格区分使用，决不混用、串用。固定货物的货位具有固定用途，便于查找货物，但是仓容利用率较低。

（2）不固定货物的货位，货物任意存放在有空的货位，不加分类。不固定货物的货位有利于提高仓容利用率，但是仓库内显得混乱，不便查找和管理。周转极快的专业流通仓库内的货物保管时间极短，大都采用不固定方式。

（3）分类固定货物的货位，对货位进行分区、分片，同一区内只存放一类货物，但在同一区内的货位则采用不固定使用的方式。这种方式有利于货物保管，查找货物也较方便，仓容利用率比较高，因此大多数仓库都采用这种方式。

流程三：入库检验。

货物的检验包括数量检验和质量检验。数量检验包括毛重、净重确定，件数计算、体积丈量等。质量检验则是对货物外表、内容的质量进行判定。

质量检验的方法根据仓储合同约定，仓储合同上没有约定的，按照货物的特性和仓库的习惯确定。

流程四：入库交接和登记。

入库货物经过点数、查验之后便是卸货，表示仓库接收货物。卸货、搬运、堆垛作业完毕，入库管理员应立即与送货人办理交接手续，并建立仓库台账。

四、保管员岗位工作职责及操作流程

1. 岗位工作职责

（1）主要负责保管区内货物的保管工作，对保管区内的货物做到账、卡清楚，账、卡、物相符。

（2）定期清扫保管区，保证保管区内干净卫生，无虫害、鼠害。

（3）定期检查保管区内通风设施、照明设施、防雨防潮设施的情况，保证保管区内通风、干燥、温湿度适宜。

（4）定期检查保管货物的品种、数量、质量状况，定期或不定期地对保管货物进行盘点，及时掌握保管货物的动态。

（5）严格遵守保管区的安全检查规定，包括消防器材的配备及其有效性，区内电器线路是否存在老化、破损等安全隐患。

（6）严格执行保管区内的劳动纪律，严禁非保管区人员擅自进入保管区。

2. 岗位操作流程

保管员岗位操作流程如附图4所示。

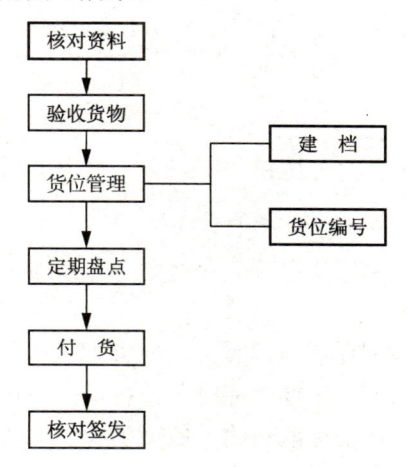

附图4 保管员岗位操作流程

流程一： 核对资料，即核对货物的入库凭证，清点入库货物，与送货人员办理交接手续。

流程二： 验收货物，即对入库货物进行数量、质量和包装验收，发现问题的，做事故记录。

流程三： 货位管理，即安排货物的存放地点，登记保管账、卡和货位编号。

流程四： 定期盘点，即清仓查库，向存货人反映并处理积压、呆滞、残损、变质等异状货物。

流程五： 付货，即根据货物的出库凭证付货。

流程六： 核对签发，即对出库货物进行复核，签发出库单。

五、出库管理员岗位工作职责及操作流程

1. 岗位工作职责

（1）主要负责在货物出库过程中选用搬运工具与调派工作人员，并安排工具使用时段，以及工作人员的工作时间、地点、班次等。

（2）严格按照出库凭证发放货物，做到账、卡、物相符。

（3）严格对货物进行复查，当出库货物与所载内容不符合时应及时处理，视具体情况对出库货物进行加工包装或整理。

（4）严格监督货物的装载上车，进行现场指挥管理。

2. 岗位操作流程

出库管理员岗位操作流程如附图5所示。

255

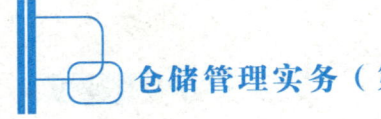

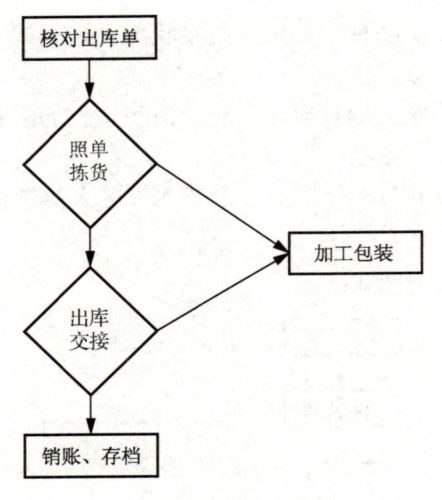

```
        ┌──────────┐
        │ 核对出库单 │
        └────┬─────┘
             ▼
          ╱照单╲
          ╲拣货╱
             │
             ▼
          ╱出库╲ ──────► ┌────────┐
          ╲交接╱         │ 加工包装 │
             │           └────────┘
             ▼
        ┌──────────┐
        │ 销账、存档 │
        └──────────┘
```

附图5 出库管理员岗位操作流程

流程一：核对出库单。货物出库必须凭盖有财务专用章和有关人员签章的出库凭证，出库管理员应仔细检查、核对。

流程二：照单拣货。在接到提货通知时，出库管理员应及时进行备货工作，以保证提货人按时、完整提取货物；在部分货物出库时，应按照"先进先出、易坏先出、不利保管先出"的原则安排出货；对于已损坏的货物，应动员提货人先行提货，然后根据与提货人达成的协议安排出货，没有协议的暂不出货。

备货工作主要有以下几项。

（1）包装整理、标志重刷。出库管理员应清理原货包装，清除积尘、脏物；对包装已残损的，要更换包装；对提货人要求重新包装或灌包的，要及时安排包装作业；对原包装标志脱落、标志不清的，要进行补刷或补贴；对提货人要求标注新标志的，应在提货日之前完成。

（2）零星货物组合。为了作业方便，出库管理员应对零星货物进行配装，使用大型容器收集或将货物堆装在托盘上，以免提货时有遗漏。

（3）根据要求装托盘或成组。若提货人要求装托盘或成组，则出库管理员应及时进行相应作业，并保证作业质量。

（4）转到备货区备运。出库管理员应将要出库的货物预先搬运到备货区，以便能及时装运。

流程三：出库交接。在提货时，出库管理员应核实提货人提供的收费等提货凭证，确定提货人已办妥仓库提货手续；认真核对提货人身份，避免错交，并收回提货凭证。

提货人到库提货，仓库管理员应会同提货人共同查验货物，逐件清点，或者查重验斤，检验货物状态；在货物装车前，要对来库车辆进行检查，确认车辆符合装车作业要求，并对车辆不利装运情况进行记载或要求车方妥善处理。

由仓库负责装车的，装车前应对车厢进行清扫及必要的铺垫。出库管理员应督促装车人员妥善装车，装车完毕后进行合适的绑扎固定。由提货人自理装车的，出库管理员应对装车作业进行监督，确认作业无损害。装车完毕，出库管理员应会同提货人签署出库单证、运输单证，留存单证，交付随货单证和资料，办理货物交接，按照一车一证的方式为车辆签发出门证，以便门卫查验放行。

流程四：销账、存档。货物全部出库完毕，出库管理员应及时将货物从仓储保管账上核销，以便账、货相符；将留存的提货凭证、货物单证、记录、文件等归入货物档案；将已空出的货位标注在货位图上，以便安排货物。

六、装卸搬运员岗位工作职责及操作流程

1. 岗位工作职责

（1）做好与上一道作业的衔接和配合，保证货物入库和出库的移动和搬运不发生各种不合理的停顿。

（2）严格按照装卸搬运业务规定进行，作业时做到轻拿轻放，不野蛮搬运和装卸。

（3）根据货物的特性合理选择和使用作业设备和工具，做好日常维护和保养。

（4）根据特殊货物对装卸搬运作业的要求，做出作业设计，合理安排人员和设备。

（5）加强装卸搬运作业的安全生产管理，不发生各种安全事故。

2. 岗位操作流程

装卸搬运员岗位操作流程如附图 6 所示。

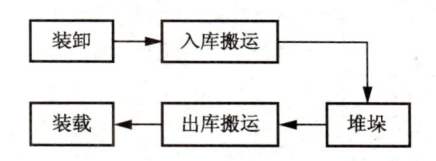

附图 6　装卸搬运员岗位操作流程

流程一：装卸。货物到库时，装卸搬运员应在入库管理员及护运员的指导下装卸货物，注意轻拿轻放，尽量避免损坏货物。

流程二：入库搬运。货物入库时，装卸搬运员应配合理货员将货物搬运至已安排好的储存位置。

流程三：堆垛。货物入库后，装卸搬运员应在理货员的指导下将货物有顺序、有规则地堆垛。

流程四：出库搬运。货物出库时，装卸搬运员应在理货员的指导下将指定货物小心搬运出库。

流程五：装载。货物出库后，装卸搬运员应在货物护运员的指导下将货物装载、堆垛。

七、理货员岗位工作职责及操作流程

1. 岗位工作职责

（1）核对货物的品种、数量、规格、等级、型号和重量。

（2）按照凭证拣选货物。

（3）对拣出的货物进行复核。

（4）检验货物的包装、标志，对出库待运的货物进行包装、拼装、改装或加固包装，对经拼装、改装和换装的货物填写装箱单。

（5）在出库货物的外包装上设置收货人的标记。

（6）根据货物的运输方式、流向和收货地点将出库货物分类整理、分单集中，填写货

257

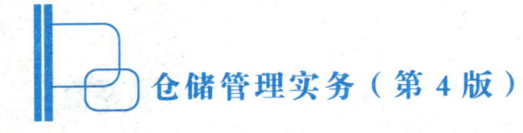

物启运单，通知运输部门提货发运。

(7) 对货物进行搬运、整理、堆码。

(8) 鉴定货运质量，分析货物残损原因，划分运输事故责任。

(9) 办理货物交接手续。

2. 岗位操作流程

理货员岗位操作流程如附图7所示。

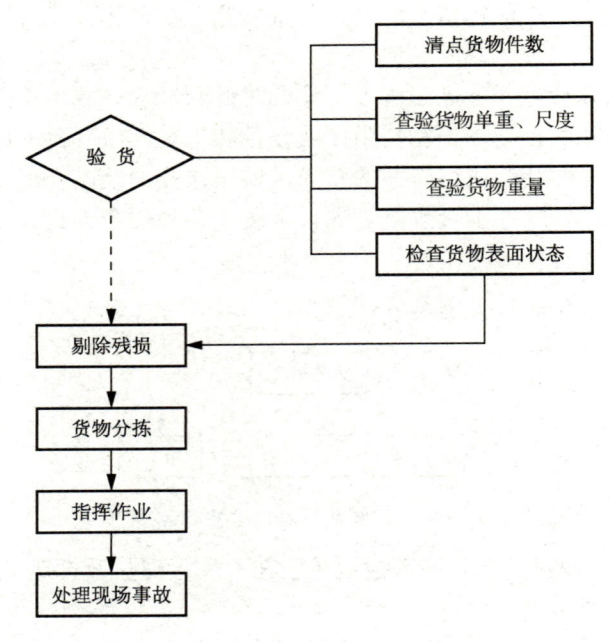

附图7 理货员岗位操作流程

流程一：验货。 货物入库时，理货员要对其数量、质量及包装等进行仔细验收，主要方法如下。

(1) 清点货物件数。对于件装货物，包括有包装的货物、裸装货物、捆扎货物，根据合同约定的计数方法点算完整货物的件数，合同没有约定的，则仅限于点算运输包装件数（又称大数点收）。合同约定的计件方法为细数及需要在仓库拆除包装的，理货员应点算最小独立包装（装潢包装）的件数，包括捆内细数、箱内小件数等；件数和单重同时要确定的，一般只点算运输包装件；入库拆箱的，则要在理货时开箱点数。

(2) 查验货物单重、尺度。单重确定了包装内货物的含量，分为净重和毛重，需要拆除包装的应核定净重。货物单重一般通过称重的方式核定，按照数量检验方法确定称重程度。对于以长度或面积、体积交易的货物，入库时理货员必须对货物的尺度进行丈量，以确定入库货物数量，丈量的项目（长、宽、高、厚等）根据约定或货物的特性确定，使用合法的标准量器，如卡尺、直尺、卷尺等。货物丈量还是区分大多数货物规格的方法，如管材、木材的直径，钢材的厚度等。

(3) 查验货物重量。计重货物（如散装货物）、件重并计货物（如包装的散货、液体）需要衡定货物重量。货物的重量分为净重和毛重，毛重减去净重为皮重，根据约定或具体情况确定衡量毛重或净重的方式。此外，设有连续计量设备的仓库，可以直接用该设备进行自动衡重。连续计量设备主要有轨道衡、胶带衡、定量灌包器、流量计等。连续计量设备必须经国家计量行政管理部门检验发证（审证）方可有效使用。另外，还可以通过测量容器或运输工具中液体货物的体积和液体的密度来计算其重量，此法被称为液量计算。

（4）检查货物表面状态。理货时应对每件货物进行外表感官检验，查验货物外表状态，接受外表状态良好的货物。外表检验是仓库的基本质量检验要求，确定货物有无包装破损、内容外泄、变质、油污、散落、标志不当、结块、变形等不良质量状况。

流程二： 剔除残损。在理货时发现货物外表状况不良，或者怀疑内容损坏的，理货员应将不良货物单独存放，避免与其他正常货物混淆；待理货工作结束后进行质量确定，确定内容有无受损及受损程度；对不良货物可以采取退货、修理、重新包装等措施，或者制作残损报告，以便明确和划分责任。

流程三： 货物分拣。仓库原则上采取分货种、分规格、分批次的方式储存货物，以保证仓储质量。对于同时入库的多品种、多规格货物，仓库有义务进行分拣、分类、分储。理货工作就是要进行货物确认和分拣。仓储委托的特殊分拣作业，如对外表的分颜色、分尺码等，也应在理货时进行，以便分存。需开包进行内容分拣的，应进行独立作业。

流程四： 指挥作业。理货员要进行卸车、搬运、码垛作业指挥。具体来讲，理货员根据货物质量检验的需要指定检验货位，对无须进一步检验的货物直接确定存放位置；要求作业人员按照预定的码垛方式堆码货物或上架；指挥作业人员按要求对垫垛、堆垛完毕的货物进行苫盖；作业完毕，要求作业人员清扫运输工具、搬运工具、作业现场，收集地脚货。

流程五： 处理现场事故。在验货中发现货物残损，不能退回的，仓库只能接收，但理货员要做详细记录，并由送货人、承运人签署确认。

八、养护员岗位工作职责及操作流程

1. 岗位工作职责

（1）主要负责库存货物的养护工作。
（2）把好货物入库关，防止不合格品入库。
（3）对入库货物进行合理堆垛苫垫，做到堆垛合理，安全牢固。
（4）掌握库存货物的性能，适当安排储存场所。
（5）加强仓库的温湿度管理，保持货物储存的合理温湿度。
（6）采取适当的措施，防止库存货物的腐蚀和霉变。
（7）对库存的特殊货物，根据其特性要求采取相应的措施，保证货物在库期间数量完整、质量完好。
（8）经常检查库容，保持仓库的卫生和清洁，防止鼠害和病虫害。
（9）经常检查仓库的设施设备的运转情况，保证仓库的储存条件处于良好的状态。

2. 岗位操作流程

养护员岗位操作流程如附图8所示。

流程一： 验货。货物入库时，养护员应严格验货，将不合格的货物与合格货物区分开来，以便入库管理员对不合格货物进行处理。

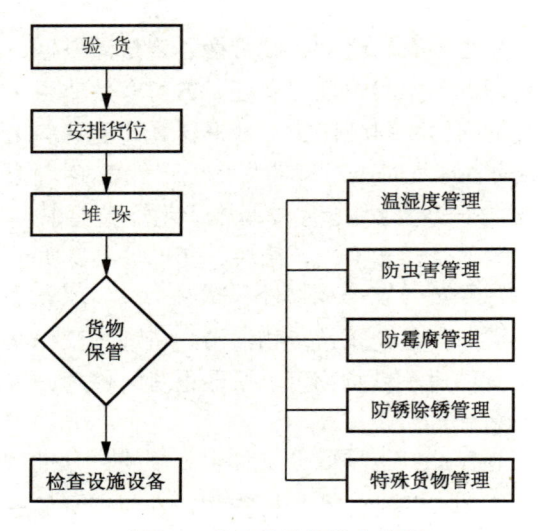

```
                    验 货
                     ↓
                   安排货位
                     ↓
                    堆 垛
                     ↓                      温湿度管理
                    货物 ─────────────────── 防虫害管理
                    保管 ─────────────────── 防霉腐管理
                     ↓   ─────────────────── 防锈除锈管理
                 检查设施设备  ────────────── 特殊货物管理
```

附图 8 养护员岗位操作流程

流程二：安排货位，即根据货物的自然属性、品质、性能等的不同，将货物安排至适合自身需求的位置。

流程三：堆垛，即将入库货物进行合理的堆垛苫垫。

流程四：货物保管，即货物保管期间，加强仓库的温湿度管理、防虫害管理、防霉腐管理、防除锈管理及对特殊货物的管理，尽量保证货物在库期间的质量不发生变化，不造成损失。

流程五：检查设施设备，即定期检查仓库设备设施的运转情况，保证其正常使用。

九、机务员岗位工作职责及操作流程

1. 岗位工作职责

（1）主要负责对仓库使用的各类搬运装卸设施和设备、养护设施和设备、运送车辆等进行维护和保养，保证其处于正常使用状态。

（2）制订合理的设备和车辆使用、维护保养计划，执行预防保养制度。

（3）定期检查各种在用的仓储设施设备，及时发现设施设备使用的各种事故隐患，保证生产安全。

（4）加强技术改造，节约设备的运营费用，降低仓储成本。

（5）对机械设备操作员进行定期的技术培训。

2. 岗位操作流程

机务员岗位操作流程如附图 9 所示。

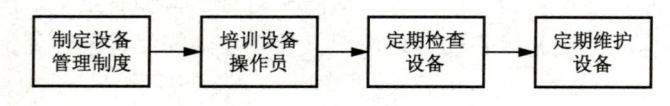

```
制定设备    →   培训设备   →   定期检查   →   定期维护
管理制度         操作员          设备            设备
```

附图 9 机务员岗位操作流程

流程一：制定设备管理制度，即制定合理的设备使用制度，保证其安全使用，同时制订设备维护保养计划，保证其正常运作。

流程二：培训设备操作员，即对机械设备操作员进行系统的定期培训，保证操作员的人身安全，以及其能够正规地使用设备，降低机械耗损。

流程三：定期检查设备，即确定其完好性，保证生产的正常进行。

流程四：定期维护设备，即延长设备的使用寿命，节约仓储固定资金的投入。

机务员还要在熟练操作设备的基础上对设备进行技术创新，节约设备的使用费用，从而降低仓储成本。

附录 C 包装储运指示标志一览表

包装储运指示标志如附表 1 所示。

附表 1　包装储运指示标志

标志名称	标　　志	说　　明
小心轻放	小心轻放	该标志表明运输包装件内装有易碎品，搬运时要小心轻放
禁用手钩	禁用手钩	该标志表明搬运包装件时禁用手钩
向上	向　上	该标志表明运输包装件应竖直向上放置
怕热	怕　热	该标志表明包装件怕热
由此吊起	由此吊起	该标志表示吊运时放链条或绳索的位置

续表

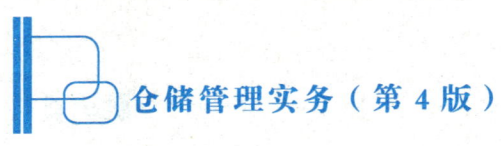

标志名称	标 志	说 明
怕湿	怕湿	该标志表明包装件怕雨淋
重心点	重心点	该标志表明货物重心所在处
禁止滚翻	禁止滚翻	该标志表明包装件不得滚动搬运
堆码层数极限	堆码层数极限	该标志表明这是必须遵守堆码层数限制的特殊货物
温度极限	温度极限	该标志表明这是在运输和储存过程中会受到温度限制的货物
怕辐射	怕辐射	该标志表明包装件一旦受辐射便会完全变质或损坏
此面禁用手推车	此面禁用手推车	该标志表明搬运货物时此面禁用手推车
禁用叉车	禁用叉车	该标志表明不能用叉车搬运包装件

续表

标志名称	标 志	说 明
由此夹起	由此夹起	该标志表明搬运货物时夹钳放置的位置
此处不能卡夹	此处不能卡夹	该标志表明装卸货物时此处不能用夹钳夹持
堆码重量极限	堆码重量极限	该标志表明包装件所能承受的最大重量极限

附录 D 危险品包装指示标志一览表

危险品包装指示标志如附表 2 所示。

附表 2　危险品包装指示标志

序号	标 志	名 称	外形描述	特性描述
1	爆炸品 1	爆炸品标志	底色：橙红色；图形：正在爆炸的炸弹（黑色）；文字：黑色	表示包装体内有爆炸品，当高热、摩擦、受冲击或与其他物质接触后，即发生剧烈反应，产生大量的气体和热量而引起爆炸，如炸药
2	易燃气体 2	易燃气体标志	底色：正红色；图形：火焰（黑色或白色）；文字：黑色或白色	表示包装体内有容易燃烧并因受冲击、受热而产生气体膨胀，引起爆炸和燃烧的气体，如丁烷等

263

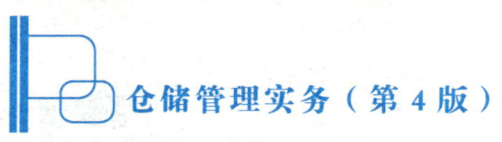

续表

序号	图标	名称	外形描述	特性描述
3	不燃气体 2	不燃气体标志	底色：绿色；图形：气瓶（黑色或白色）；文字：黑色或白色	表示包装体内有爆炸危险的不燃压缩气体易因受冲击、受热而产生气体膨胀，引起爆炸，如液氮等
4	有毒气体 2	有毒气体标志	底色：白色；图形：骷髅头和交叉骨头（黑色）；文字：黑色	表示包装体内为有毒气体，即易因受冲击、受热而产生气体膨胀，有引起爆炸、造成中毒的危险
5	易燃液体 3	易燃液体标志	底色：红色；图形：火焰（黑色或白色）；文字：黑色或白色	表示包装体内为易燃性液体，燃点较低，即使不与明火接触，也会因受热、受冲击或接触氧化剂而引起急剧的、连续性的燃烧或爆炸，如汽油、甲醇、煤油、香蕉水等
6	易燃固体 4	易燃固体标志	底色：红白相间的垂直宽条（红7、白6）；图形：火焰（黑色）；文字：黑色	表示包装体内为易燃性固体、燃点较低，即使不与明火接触，也会因受热、受冲击或摩擦及与氧化剂接触而引起急剧的、连续的燃烧或爆炸，如电影胶片、硫磺、赛璐珞、炭黑等
7	自燃物品 4	自燃物品标志	底色：上半部白色；图形：火焰（黑色或白色）；文字：黑色或白色	表示包装体内为自燃性物质，即使不与明火接触，在适当的温度下也能发生氧化，释放热量，因积热达到自燃点而引起燃烧，如香蕉水、黄磷、白磷、磷化氢等
8	遇湿易燃物品 4	遇湿易燃物品标志	底色：蓝色，下半部红色；图形：火焰（黑色）；文字：黑色	表示包装体内货物遇水受潮能分解，产生可燃性有毒气体，释放热量，会引起燃烧或爆炸，如电石、金属钠等

续表

序号	图标	名称	外形描述	特性描述
9	氧化剂 5.1	氧化剂标志	底色：柠檬黄色；图形：从圆圈中冒出的火焰（黑色）；文字：黑色	表示包装体内为氧化剂，如氯酸钾、硝酸钾、硝酸铵、亚硝酸钠、铬酸酐、过锰酸钾等，具有强烈的氧化性能，当遇酸、受潮、高热、摩擦、受冲击或与易燃有机物和还原剂接触时即能分解，引起燃烧或爆炸
10	有机过氧化物 5.2	有机过氧化物标志	底色：柠檬黄色；图形：从圆圈中冒出的火焰（黑色）；文字：黑色	表示包装体内为有机过氧化物，本身易燃、易爆、极易分解，对热、震动、摩擦极为敏感
11	有毒品 6	有毒品标志	底色：白色；图形：骷髅头和交叉骨头（黑色）；文字：黑色	表示包装体内为有毒物品，具有较强毒性，少量接触皮肤或侵入人体内能引起局部刺激、中毒，甚至造成死亡的货物，如氟化物、钡盐、铅盐等产品
12	剧毒品 6	剧毒品标志	底色：白色；图形：骷髅头和交叉骨头（黑色）；文字：黑色	表示包装体内为剧毒物品，如氰化物、砷酸盐等，具有强烈毒性，极少量接触皮肤或侵入人体、牲畜体内即能引起中毒，造成死亡
13	有害品（远离食品）6	有害品（远离食品）标志	底色：白色；图形：玉米十字交叉；字体：黑色	表示包装体内为有害物品，不能与食品接近。这种物品和食品的垂直、水平间隔距离至少应为3m
14	感染性物品 6	感染性物品标志	底色：白色；符号：黑色；字体：黑色	表示包装体内为含有致病微生物的物品，误吞咽、吸入或接触皮肤会损害人的健康

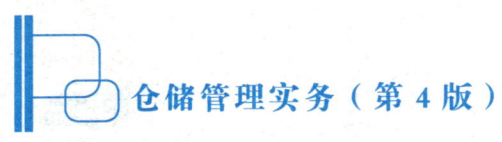

续表

序号	图标	名称	外形描述	特性描述
15	一级放射性物品 Ⅰ 7 二级放射性物品 Ⅱ 7 三级放射性物品 Ⅲ 7	放射性物品标志	底色：白色； 图形：上半部三叶形（黑色），下半部白色，下半部一条、两条或三条垂直的红色宽条； 文字：黑色	一级：表示包装体内为放射量较小的一级放射性货物，能自发地、不断地放出α、β、γ等射线； 二级：表示包装体内为放射量中等的二级放射性货物，能自发地、不断地放出α、β、γ等射线； 三级：表示包装体内为放射量很大的三级放射性货物，能自发地、不断地放出α、β、γ等射线
16	腐蚀品 8	腐蚀品标志	底色：上半部白色，下半部黑色； 图形：上半部两个试管中液体分别向金属板和手上滴落（黑色）； 文字：白色	表示包装体内为带腐蚀性的货物，如硫酸、盐酸、硝酸、氢氧化钾等产品，具有较强的腐蚀性，接触人体或货物后，即产生腐蚀作用，出现破坏现象，甚至引起燃烧、爆炸，造成伤亡

参考文献

[1] 钱芝网. 仓储管理实务情景实训[M]. 北京：电子工业出版社，2008.
[2] 刘艳良. 仓储管理实务[M]. 北京：人民交通出版社，2008.
[3] 史小峰. 仓储作业实务[M]. 北京：化学工业出版社，2009.
[4] 李振. 物流系统规划与设计[M]. 武汉：武汉理工大学出版社，2008.
[5] 沈默. 现代物流案例分析[M]. 2版. 南京：东南大学出版社，2015.
[6] 赵立平. 电子商务概论[M]. 上海：复旦大学出版社，2000.
[7] 袁瑷瑷. 仓储作业实务[M]. 成都：西南交通大学出版社，2021.
[8] 李云清. 物流系统规划[M]. 上海：同济大学出版社，2004.
[9] 刘彦平. 仓储和配送管理[M]. 北京：电子工业出版社，2011.
[10] 方仲民，郑秀妙. 物流系统规划与设计[M]. 3版. 北京：机械工业出版社，2017.
[11] 余建海，李玉清，盛舒蕾. 物流信息管理[M]. 2版. 北京：中国人民大学出版社，2023.
[12] 陈佳贵，冯虹. 现代物流管理[M]. 北京：经济管理出版社，2006.
[13] 李洛嘉. 模拟库管员岗位实训[M]. 北京：高等教育出版社，2006.
[14] 梁军，李志勇. 仓储管理实务[M]. 3版. 北京：高等教育出版社，2014.
[15] 杨晓雁. 供应链管理[M]. 上海：复旦大学出版社，2005.
[16] 翟学智，王强. 现代物流管理概论[M]. 北京：水利水电出版社，2019.
[17] 刘常宝. 现代仓储与配送管理[M]. 北京：机械工业出版社，2020.
[18] 施国洪，钱芝网. 仓储管理实务[M]. 北京：中国时代经济出版社，2007.
[19] 杨凤祥. 仓储管理实务[M]. 北京：电子工业出版社，2005.
[20] 钱芝网. 供应链管理[M]. 北京：中国时代经济出版社，2006.
[21] 甘友清. 医药商品学[M]. 北京：中国中医药出版社，2018.
[22] 张典焕. 现代物流实务[M]. 上海：立信会计出版社，2004.
[23] 夏鸿林. 药品储存与养护技术[M]. 2版. 北京：化学工业出版社，2008.
[24] 弗布克管理咨询中心. 仓库管理员精细化管理工作手册[M]. 北京：化学工业出版社，2020.
[25] 高本河. 仓储与配送管理基础[M]. 深圳：海天出版社，2004.
[26] 程淑丽. 物流管理职位工作手册[M]. 3版. 北京：人民邮电出版社，2012.
[27] 冯耕中，尤晓岚，徐金鹏. 物流配送中心规划与设计[M]. 3版. 西安：西安交通大学出版社，2018.
[28] 王霄涵. 物流仓储业务管理模板与岗位操作流程[M]. 北京：中国经济出版社，2005.
[29] 赵光忠. 企业物流管理模板与操作流程[M]. 北京：中国经济出版社，2004.
[30] 李作聚，陈伊菲，宋晓黎. 仓储系统规划与管理[M]. 北京：中国建材工业出版社，2015.

[31] 缪兴锋．现代物流技术与装备实务[M]．武汉：华中科技大学出版社，2023．
[32] 武德春．现代物流仓储与配送[M]．苏州：苏州大学出版社，2004．
[33] 蔡临宁．物流系统规划——建模及实例分析[M]．北京：机械工业出版社，2013．
[34] 王之泰．新编现代物流学[M]．北京：首都经济贸易大学出版社，2018．
[35] 李永生，郑文岭．仓储与配送管理[M]．3 版．北京：机械工业出版社，2011．
[36] 周云霞．仓储管理实务[M]．3 版．北京：电子工业出版社，2015．
[37] 宋玉．仓储实务[M]．北京：对外经济贸易大学出版社，2004．
[38] 王学锋，孙秋高．仓储管理实务[M]．上海：同济大学出版社，2007．
[39] 傅卫平，原大宁．现代物流系统工程与技术[M]．北京：机械工业出版社，2007．
[40] 邹安全．企业物流工程[M]．北京：中国物资出版社，2005．
[41] 蒲震寰，李海华．仓储管理实务[M]．北京：中国人民大学出版社，2015．
[42] 黄浩．仓储管理实务[M]．北京：北京理工大学出版社，2008．
[43] 钱芝网．物流成本管理实务[M]．北京：中国时代经济出版社，2008．
[44] 何东．药品仓储与养护技术[M]．2 版．北京：中国医药科技出版社，2009．
[45] 郝皓，史毅平，等．化工物流服务运作管理[M]．上海：上海财经大学出版社，2013．
[46] 叶健恒．冷链物流管理[M]．北京：北京师范大学出版社，2018．
[47] 孙秋高，方照琪，周宁武，等．仓储管理实务[M]．4 版．北京：电子工业出版社，2020．